난세 속 새벽 하늘에 띄운
샛별 이야기

일러두기

1. 이 책은 저자의 블로그 글 중에서 2020년부터 2025년 동안 쓴 독서 에세이를 엮은 것이다.

2. 『뜻으로 본 한국역사』, 『매천야록』, 『사필』, 『후설』, 『누비처네』 독서 에세이는 2018년 10월 7일 ~ 11일자 경향신문 〈최영록의 내 인생의 책〉에 게재된 글이다.

3. 단행본은 『 』, 잡지는 「 」, 제목은 〈 〉로 구분했다.

4. 저자가 쓴 사투리와 구어체는 그대로 옮겼다.

생활글 작가
최영록의
독서 에세이

찬 샘 별 곡

난세 속 새벽 하늘에 띄운
샛별 이야기

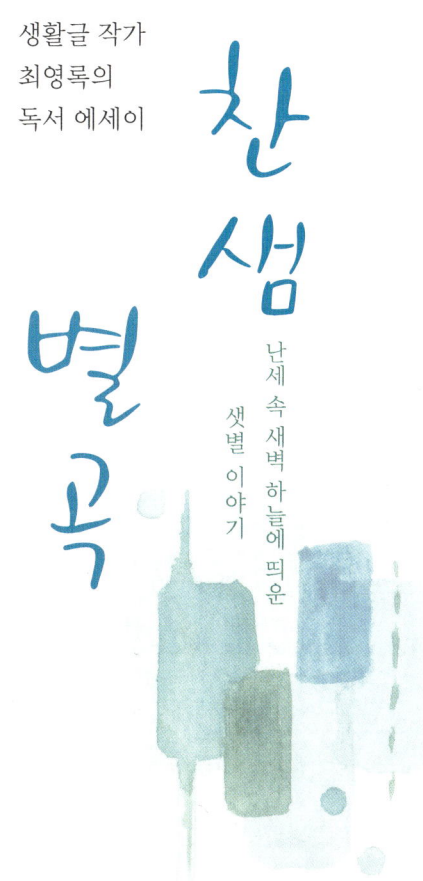

viaart

추천사

아버지 세월의 강을 되돌아보라

장인용(출판인, 『사연 없는 단어는 없다』 저자)

　동년배라 하면 대개 다섯 살 터울 안쪽의 사람을 말한다. 그렇지만 실제에서 이 연배의 차이는 더욱 세밀한 느낌이다. 가령 낯선 이들과 어울려 이야기하다 보면 '저 사람이 내 동년배구나' 하는 느낌이 밀려올 때가 있다. 그럴 때 확인하면 대개 같은 나이거나, 아니면 한 살 정도 차이가 있어도 같은 학년이었던 경우가 많다. 그것은 그만큼 오랜 기간 같은 분위기에서 비슷한 생각을 하며 자랐기 때문일 터이다.

　이 책의 저자인 우천과는 오래 알고 지낸 사이가 아니다. 올해 이른 봄 책으로 인연이 되어 알게 되었고, 늦은 봄에 만나 한잔하게 되었을 뿐이다. 바로 그 자리에서 이 글을 써줄 수 없냐 물었고, 그래서 책 발간을 위해 편집 중인 원고를 읽고 이 글을 쓰고 있다. 물론 같은 시기에 같은 학교에, 그것도 같은 문과대학 건물에서 강의를 들었으니 오가며 스치지 않았을 리가 없다. 그러나 기억에 남지 않은 인연은 허망할 뿐이다.

첫 만남 첫 술자리에서 서로 알만한 사람을 꼽아 이야기했을 때 깜짝 놀라지 않을 수 없었다. 너무 많은 부분이 겹치고 아주 친한 사람이 서로의 가운데 있는 경우가 많았다. 세상의 인연이란 얽히고설켜 두세 다리 건너 아는 사람이라고 하지만, 서로 이름조차 모르고 일흔 가까이 살아온 세월을 생각하면 놀라지 않을 수 없는 일이다.

그런데 이 책의 원고를 보니 더 놀라웠다. 원고에서 소개하는 책 또한 인연이 겹쳤다. 같은 세월을 보냈으니 젊은 시절 읽은 책이 겹치는 것은 당연하다. 그러나 거기에는 내 친구나 선배가 쓴 책도 있고, 내가 잘 아는 출판인의 책도 있고, 심지어 내가 아는 사람이 책 내용을 위해 나를 불러 취재해서 쓴 책도 있었다. 게다가 청년기를 벗어나 서로 다른 곳에서 다른 일을 하며 살았어도 비슷한 책을 읽으며 비슷한 생각을 하며 살았음을 느낄 수 있었다. 사실 요즘처럼 책이 쏟아져나오는 세상에서 이렇게 비슷한 책을 읽기란 쉽지 않다. 다만 내가 요즘 읽는 분량의 절반이 넘는 과학책이 거의 없는 것만이 달랐다.

이번에 저자를 만나 집에서 하루 묵으며 함께하다 보니 '생활 글' 또는 '생활 문학'이 무엇인지를 살짝 엿볼 수 있었다. 그가 일상의 분주한 시간 속에 잠깐 서재에서 컴퓨터 앞에 앉아 있으니, 바로 그의 블로그에 글이 한 편 올라온다. 바로 몇 시간 전에 있었던 일이 기록되는 것이다. 그러니 '생활 글'이란 일상에서 건져 올린 생각과 느낌의 기록이다. 아마 이 책에 나오는 책에 관한 글도 그렇게 쓰지 않았을까 싶다. 바쁜 일상 가운데 틈을 내서 책을 읽고, 그 감흥이 가시기 전에 바로 글로 기록을 남기지 않을까 상상한다.

사실 글쟁이는 글을 멋지게 쓰는 것에 목숨을 건다. 공들여 논리를 짜고 적절한 어휘를 고르는 데 시간을 물 쓰듯이 쓰고, 문장의 모양과 읽는 소리까지 염두에 두고 한껏 멋을 낸다. 모양새가 시원치 않으면 애초에 짠 논리까지 슬쩍 바꾸는 일도 마다하지 않는다. 겉보기에는 멋있을지 몰라도 사실 분칠을 하고 눈썹과 입술을 그리며 한껏 멋을 냈기에 알맹이는 시원치 않을 수 있다. 그런데 '생활 글'은 바로바로 쓰기에 이렇게 꾸밀 여유가 없다. 그래서 글이 솔직하여 무게가 있고 질박하다. 마치 아름다운 변려문(騈儷文)에 싫증 나서 순박한 고문(古文)으로 돌아가는 듯한 그런 글이다.

이 책은 이처럼 소박하고 곧은 글로 자신의 독서 생활을 피력한다. 그 대상이 된 책들은 대체로 젊은이가 관심 가질 분야가 아니다. 출간 시기야 오래된 것도 있고, 요즘 나온 신간도 있지만 대체로 지금 60~70대의 감성이 오롯이 담긴 목록이다. 그러나 저자는 자신의 '사랑하는 아들'이 백기완 선생도, 함석헌 선생도 모르고 사는 것이 화가 난다고 말한다. 과연 젊은 세대가 흥미를 갖고 이 책들을 읽어낼 수 있을까? 쉽지 않을 것이다. 그네들은 그네들이 읽어야 할 책이 있고, 글이 있다. 게다가 그들이 처한 환경도 세상을 이해하는 법도 다를 것이다.

그렇지만 어느 세대나 앞의 세대들이 무엇을 하고 무슨 생각을 하며 살았던가를 이해하고자 노력해야 하는 의무가 있다. 우리도 아버지 세대에 대해 종종 거스르고 반항하며 무시하고 살기는 했어도, 그렇다고 그 세대가 산 세상과 그들이 지닌 생각을 이해조차 하지 않으려 한 것은 아니다. 그리고 이제 우리가 그들 나이를 넘어선 뒤에 젊었을 때 이해하지 못했던 그들의 방식을 어느 정도는 알고 있다. 그리고 그들이 나이 들어 느끼던 느낌이 이제 우리도 슬슬 공감이 가는 나이가 되었다.

그렇다. 우리 아들딸 세대들이 비록 관심이 없더라도 그들에게 이야기해 줄 필요가 있다. 우리가 젊어서 경험한 박정희 독재, 학교 앞에 탱크, 5·18 광주, 전두환, 민주화, 촛불 등등의 모든 것들과 그때 우리가 느끼고 생각했던 모든 것들을 전부 이해시킬 수는 없더라도, 우리는 이렇게 생각했다고 하는 이야기를 건넬 필요가 있다. 이 이야기를 다 듣고 이해하든가 못 하든가는 그들 몫의 일이다. 이 책이 그런 이야기를 듣고자 하는 우리 아들딸들의 정서를 격발하리라고 믿는다. 그들이 우리 생각을 알아야 다시는 '계엄' 같은 경거망동이 이 땅에서 발을 붙이지 못할 터이니 말이다.

2025년 늦은 봄 고봉산 자락에서
장인용

프롤로그

여기에 실린 70편의 졸문은 순전히 책 그리고 책과 관련된 사람들 이야기이다. 내가 읽은 모든 페이지에 맹세코 언젠가 이런 식의 책을 펴내고 싶었던 까닭은, 동시대를 사는 우리 친구들과 후배 그리고 우리 아들 세대들이 읽었으면 하는 마음이 간절했기 때문이다. 그런데, 참 신기한 일이 생겼다. 10여 년 동안 블로그에 올린 나의 졸문을 모두 읽은, 어느 '눈 밝은 편집자'가 1천여 편이 넘은 생활글 중에 '책과 사람' 주제의 글이 한 권의 책으로 손색없겠다며 상의 없이 70편을 뽑아, 아예 편집툴에 앉혀놓고 교정지를 보내온 것이다. 그 편집자는 생면부지는 아니고 30여 년 전 한 직장에서 잠깐 스친 후배였다. 이 얼마나 가상하고 고마운 일인가. 세상을 살다 보면 이런 일도 있나 싶었다. 나는 내 멋대로 작명한 이름 없는 '생활글 작가'에 불과한 것을. 그러니까 수필가도 시인도 소설가도 아니고, 문학청년을 꿈꾸며 공부를 한 적도 없다. 혹자는 나의 생활글을 '사랑방 문학'의 시작이라며 칭찬도 했으나, 일기도, 에세이도, 아닌 나의 글이 창피할 때가 많다는 것을 고백한다. 뭘 잘 모르시는 아버지는 여태껏 나를 '문학가'로 부르지만 말이다.

이 글들은 그럴듯하고 번드레한 북리뷰(서평)나 독후감이 아니다. 그저 책을 좋아하는 한 '생활글 작가'가 쓴 한없이 거친 책의 품평 같은 것이다. 감탄과 감동을 잘하는 체질로, 유난스럽게 칭찬한 책도 많고, 읽는 내내 울분이 쌓여 금방이라도 터져버릴 듯한 책도 많았다. 그래서 나를 알거나 모르는 많은 이들이 나의 그런 마음을 이해는 못 해도 짐작이라도 해주면 좋겠다는 생각으로 늘어놓은 푸념의 글이다. 사랑으로 읽어야 하고, 읽으면 분명 보일 터인데, 그때 보이는 것은 읽지 않은 때와 천지 차이라는 것을 힘주어 말하고 싶었다. 한때는 결국 파면으로 끝난 '미친 정부'의 행태를 꼬집는 〈고독시평〉을 쓰다 지치기도 했다. 한마디로 마음속에 '불'이 잔뜩 들어있는데, 끌 줄도 모르고, 끌 수도 없는 지경에 빠져 헤매기도 했다.

나의 사랑하는 아들들이 영원한 '불쌈꾼(혁명가)' 백기완 선생을 모르는 것도 화가 나고, 우리 현대사 교과서에 민주와 통일을 위해 온몸을 바친 유명과 무명의 위인들이 실리지 않는 것도 화가 나고, 초록별 지구의 암담한 미래를 깨쳐 떨치고자 노력하는 과학자들의 준엄한 경고를 가볍게 생각하는 것도 분통이 터지곤 했다. 일제에 항거한 독립운동가들의 이름을 열 명 이상 열거할 자신이 있는 우리가 얼마나 있을까. 이름 없이 죽어간 수많은 애국 선현의 넋은 그 누가 위로할 것인가. 특히 성인이 된 젊은 친구들이 학교에서 배우지 않고, 보지 않고, 듣지 않고, 읽지 않아서 모른다고 하는 것은 깨어 있는 시민으로서 일종의 '직무유기'라고 생각한다. 졸저를 왜 읽어야 하느냐고 묻는다면, 한 세상의 큰 강을 건너며 우리가 반드시 읽어야 할 좋은 책이 많을 뿐 아니라 '그 이름' 석 자와 그분들의 삶과 사상에 대해 알고 배우며 사랑해야 할 분들이 너무나 많기 때문이라고 답하겠다. 그래서 동서고금을 막론하고 '읽는다, 고로 존재한다'는 명제가 맞다는 생각이다.

아무튼, 어쭙잖은 나의 글들이 묶여 한 권의 책으로 세상에 나오는 것이 부끄럽지만 한편으론 기분이 좋다. 책의 제목 〈찬샘별곡〉은 6년 전 귀향하면서 마을 이름 '냉천'을 순우리말 '찬샘'으로 나 홀로 고친 후 시도 때도 없이 생활글을 쓰면서 글의 문패로 삼은 것이다. 별곡은 '귀거래사'처럼 42년 만에 고향에 돌아와 나 홀로 부르는 노래라 하겠다. 잊힌 글들의 교정을 보면서 '제법 맛깔스럽게 썼네' '잘 읽히네'라는 생각이 들어 실실 웃었다. 하지만, 조금 어려운 것도 쉽게 요점을 정리한 덕에 눈이 미끄러지듯 술술 읽힐 거라고 말하겠다. 바로 옆에서 도란도란 얘기를 듣듯이 우리 한번 읽어보면 어떨까. 글의 주조가 따뜻함에서 시작해 따뜻함으로 끝이 난다고 하면 오버일까. 언감생심, 이런 어쭙잖은 생활글이 나를 알거나 모르는 사람들의 마음이 따뜻해지고, 나아가 세상을 따뜻하게 하는 데 일조한다면 바람이 없겠다. 책의 목차를 보면, 공교롭게도 도올한 철학자의 『난세일기』에서 시작해 『상식』으로 끝나는 것도 뭔가 시사하는 바가 있는 듯하다. 일독을 권하는 마음 간절하다. 고향에서 홀로 책 읽고 글 쓰는 것을 응원하는 아내와 두 아들네, 비아트 박은희 대표와 박진희 편집자에게 고맙다는 말을 전한다.

2025년 계절의 여왕 가정의 달에
임실 우거에서 우천 최영록 절함

차례

추천사 ●4

프롤로그 ●8

1장 ----- 지금, 들려주고 싶은 이름

어느 철학자가 쓴 『난세일기』 ●21

시인 김남주는 전사? ●25

문익환 목사님! ●31

백기완 선생의 오래된 책 ●39

'거리의 시인' 송경동 ●43

조국의 『디케의 눈물』 ●50

'사상가 시인' 박노해의 잠언집 ●55

시인 신경림 ●62

신영복 선생 ●66

『나는 빠리의 택시운전사』 홍세화 ●71

함석헌 선생님! ●75

우리 민족의 장쾌한 출발 ●81

2장 ----- 옛 책 읽기의 즐거움

직필로 쓴 '조선망국사 50년' 『매천야록』 ●86

오늘을 바라보는 거울 『사필』 ●88

『후설』 '민낯의 역사'에서 교훈을 ●90

칼럼의 으뜸은 '고전 칼럼' ●92

『학산당인보』와 전각 ●97

무명의 서지학자 박영돈 ●101

사물의 개념을 잡아주는 320자 『김성동서당』 ●105

1958년 펴낸 『서재여적』 ●109

마음을 담은 한 장, 척독 ●114

87세 선생님이 보내주신 책 선물 ●118

3장 ----- 책에서 흔들린 마음

"마시지 않을 수 없는 밤이니까요" ●124

수주 변영로의 『酩酊 四十年』 ●129

대한민국 1호 칼럼니스트의 『건배』 ●134

『아버지의 해방일지』 ●139

『김택근의 묵언』 ●143

권정생 작가와 평전작가 ●147

『이어령의 마지막 수업』 ●152

글대로 산 무명의 수필가 ●157

세상에 다시 없을 두 권의 책 ●159

명창 배일동의 『독공』 ●165

시각장애인 송경태 ●169

삼일절 105주년, 김구응열사 ●174

『처음 만나는 청와대』 ●178

어느 숲속의 작은 오두막집 ●183

4장 ----- 책에서 찾은 아름다운 길

작가 한강의 『소년이 온다』 ●190

숫자로 본 조정래의 문학 ●194

조정래의 『대장경』 ●200

'황금종이'가 무엇이길래? ●203

작가 김진명의 소설, 소설, 소설 ●206

소설 『불편한 편의점』 ●210

오월 '오늘의 햇살'이 순금이랍니다 ●214

「시현실」 발행인 원탁희 ●217

아버지 문집을 엮다 ●220

'아버지의 원적'은 시인의 고향 ●224

문학교양지 「대산문화」를 만든 시인 ●228

문화계의 대부 김종규 ●233

「전라도닷컴」 황풍년 ●236

『언론 의병장의 꿈』이라는 책 ●240

출판인 김언호의 『서재 탐험』 ●244

〈책풍〉의 촌장과 어느 사제 ●249

어느 간서치의 인문학 특강 ●253

『줬으면 그만이지』 북토크 ●259

5장 ----- 책에서 지금, 우리를 만나다

정치인 이해찬의 퍼블릭 마인드 ●266

심리학자 김태형 ●271

이어령의 유작 『너 누구니』 ●275

동물생태학자 최재천 박사의 경고 ●280

유홍준의 『나의 인생만사 답사기』 ●285

'페스탈로치'는 어디에든 있거늘…. ●290

참스승 최규동 ●295

김누리 교수의 저서 두 권 ●299

『요즘 역사』의 황현필 ●304

의로운 검사 이성윤 ●307

"계속 가보겠다"는 임은정 검사 ●311

"이로운 보수, 의로운 진보" ●316

조국의 함성 들리시나요? ●321

유시민의 격려와 위로 "희망은 힘이 세다" ●325

김대중 『다시, 새로운 시작을 위하여』 ●329

Antman 최재천 교수 ●332

도올 김용옥의 『상식』 ●337

[부록 1] 아버지 고맙습니다 ●344
[부록 2] 수능 치른 아들에게 보내는 독서 편지 ●347
『찬샘별곡』 속 책 ●362

지금, 여기, 오늘의 시점을,

그는 '난세'라고 확실하게 규정했다.

우리는 전대미문의 난세에 살고 있다.

1장

지금, 들려주고 싶은 이름

어느 철학자가 쓴 『난세일기』

2023년 6월 27일

30대 이상이라면, 도올 김용옥 선생을 모르는 이들은 거의 없을 터. 동서고금을 무시로 넘나들며 거의 모든 학문에 대해 무불통지, 고명한 철학자이면서도 신학자이고, 동양고전 학자에 시인, 수필가, 소설가, 시나리오작가, 글도 잘 쓰고 말도 잘하고 등등등등. 나 같은 범생이 그분을 한마디로 어떻게 말할 수 있으랴.

이틀간 정신없이 몰입한 그분의 책, 이번에는 '일기'다. 그것도 올해 4월 24, 25일 5월 1, 4, 7, 8, 10, 11, 12, 13, 14, 15, 22, 24일, 단 14일 치의 일기를 한 권으로 묶었다. 『난세일기』(2023년 6월 통나무출판사 발행, 359쪽)가 그것이다. 이충무공의 『난중일기』가 아니고, 도올 김용옥 선생의 『난세일기』. 제목부터가 심상치 않다. 그야말로 따끈따끈한 신간이다. 그제 밤 전주 홍지서림에서 부리나케 구입,

이틀간 통독한 소감을 뭐라고 말할까? 한마디로 도저하다. 이제야말로 조금도 주저치 않고 어디서든 말하겠다. 도올은 우리 역사 5천년사에 있어 최고의 천재라고. 정말 천재가 아니라면 이럴 수는 없다. 다재다능, 이런 수식어가 무색하다. 그냥 천재다. 다행이다. 우리 시대, 그분 말대로 '완벽한 난세'에 그분이 있다는 게. 한때 젊은 시절엔 자신을 '우주보'니 뭐니 자화자찬이 지나쳤지만, 이젠 겸손하기까지 하다. 호 도올도 '돌대가리'의 '돌'에서 따왔다던가? 그분은 계속 잘난 체해도 괜찮다는 게 나의 생각이다.

일기라니? 일기는 원래 사적인 글이므로, 조금은 내밀한 게 정상일 터지만, 그에게는 하등 거칠 것이 없다. 내뱉고, 씹고, 조지고, 연구하고, 친절히 설명하고, 같이 한숨 쉬며 분노하자고 한다. 그가 지은 명제 "나는 씹는다. 고로 나는 존재한다"의 '씹는다'는 '먹는 것'을 이른다고 한다. 아하-너무 재밌다. 너무 심각하고, 너무 무섭다. 나의 무식이 창피하다. 일본의 핵 폐기수 방류는 '건곤'를 파괴할 것이기에 현생 인류 최대의 재앙이라고 단언한다. 아무리 바쁘고 여유가 없어도, 한국이 낳은 브네쥴의 실학사의 일기를 읽어보심이 어떠하시인고? 읽고 듣고 알고 배워야 할 것 투성이이다. 그는 어느새 한국 현대사에도 여느 학자 못지않다. 여순사건과 제주 4·3사건을 풀어내는 것을 보시라. 나는 늘 도올에게 고맙다고 말하고 싶다. 감사의 표시로 절인들 못 하겠는가.

'지금, 여기, 오늘'의 시점을, 그는 '난세'라고 확실하게 규정했다. 우리는 전대미문의 난세에 살고 있다. 6학년인 우리야 살 만큼 살았다고 해도 우리 아들과 손자 세대는 어찌할 것인가? 통일은 요원하고 정치는 '개똥'이지 않은가. 이승만도, 박정희도, 전두환도, 노태우도 겪어 봤지만, 검찰 독재, 검찰 공화국은 웬 말인가? 그 끝은 과연 어디일까? 두 달 14일 치의 일기를 보라. 그가 왜 난세라고 했는지? 무슨 말을 하고 싶은지? 거의 모든 게 담겨 있다. 그러니, 어찌 읽지 않을 수가 있으랴? 도산 안창호 선생이 1938년 숨지기 직전에 병원 복도가 떠나가도록 큰 목소리로 "목인아! 목인아! 네가 정말 큰 죄를 지었구나!"라고 외쳤다 했는데(목인은 히로히토의 할아버지 명치천왕), 이번엔 도올이 "석열아-석열아, 네가 정말 큰 잘못을 저지르고 있구나!"라고 외치고 있다. 왜 그럴까? 빈틈없이 바쁜 우리의 석학이 장문의 일기를 쓰며 왜 그렇게 외치는 걸까? 그 이유가 궁금하지 않으신가? 어떤 힌트도 줄 생각이 없다.

　일본이 한국을 비롯한 지구촌 나라에 무릎을 꿇는 것이 왜 인류사의 성스러운 사업인지? 미국의 '트루먼 독트린' 부활이 무슨 의미인지? 미 의회 연설에서 윤석열이 왜 그렇게 많은 기립박수를 받았는지? 원로 목사 김상근의 윤석열에 대한 고언은 왜 나왔는지? 천안에 동학농민혁명기념 도서관을 왜 세워야 하는지? 성균관대 교수들이 개교 이래 최대 규모의 시국선언을 왜 했는지? 키시다라는 일본 총리가 아베보다 얼마나 더 교활한지? 국유현묘지도(國有玄妙地道)라는 풍류가 무엇인지? 「뿌리 깊은 나무」 「샘이 깊은 물」을 펴낸 한창기 선생이 남기고 간 유산은 무엇인지? 풍류가 왜 우리 민족 예술의 전체인지? 과연 민중이 자기 스스로를 구원할 수 있을지? 이 모든 것에 대한 석학의 정답과 해답이 이 일기책에 있는 것을. 우리는 거저 앉아서 눈동자만 돌리면 되는 것을. 이런 '무임승차'에 책값 18,000원은 '껌값'이 아닐까? 강추!

시인 김남주는 전사?

2023년 5월 26일

아내가 '선물'이라며 갖다준 『김남주 평전』(김형수 지음, 다산북스 2022년 펴냄, 563쪽)을 사흘 동안 내리읽었다. 신간이다. 시인으로만 알고 있었던 김남주가, 명실공히 이 땅의 당당한 '전사(戰士, warrior)'였다는 것을 처음 안 게 부끄러웠다. 끝내 후반부 몇 곳에서는 차마 그다음 대목을 읽을 수 없을 정도로 눈물을 쏟았다. 그랬구나? 그랬었구나? 이 땅의 '자유와 평등'을 위하여 자신의 온몸을 불태우며, 이토록 치열하게 살다간 전사가 있었구나. 30여 년의 독재 시절 김지하의 시를 잇거나 그에 버금가는 저항 시인으로만 알고 있었다. 물론 '남민전'의 실제 행동대원으로 검거된 것은 알았으나 '그놈의 언론'이 지금과 똑같이 그때에도 '북한 지령을 받은 지하조직'이라고 온 국민의 눈과 귀를 가렸기에 세세히 몰랐다. 이럴 수가?

새로이 알게 된 이재문 선생, 신향식 선생의 이름을 김시인의 평생 친구 이강 선생의 이름과 함께 조용히 불러본다. 이토록 한 인간의 평전을 완벽하게 펴낸 문학평론가 김형수, 장한 일을 해냈다. 서가를 급히 뒤졌다. 아뿔싸, 『조국은 하나다』(실천문학사 1993년 펴냄) 『나의 칼 나의 피』라는 시집을 지난번 책 정리할 때 헌책방에 넘긴 것을 알았다. 속이 상했다. 다행인 것은 『김남주 농부의 밤』이라는, 연도나 펴낸 곳도 없는 유인물 같은 시집(72편 수록)이 서가에 끼어 있었다. 다시 읽어본다. 세상에 어느 시인이 이렇게 '살벌한' 시를 지을 수 있을까? 솔직히 김지하도, 고은도 아니었다. 오직 〈한국의 체 게바라〉였던 김남주만이 쓸 수 있었던 시들이었다. 소름이 돋을 만큼 무섭기까지 했다. 아아-, 시 구절이 바로 그의 칼이고 총이며 피였던 것을. 누가 그랬던가. 펜은 칼보다 강하다고. 그렇다. 그의 시 구절구절이 바로 총이고 피이고 칼이었다. 시 〈종과 주인〉, 〈자유〉 두 편만 예로 들자.

주인이 종에게 ㄱ자도 모른다고 깔보자

비로 그 낫으로 종이 주인의 목을

베어 버리더라.

. . .

만인을 위해 내가 노력할 때

나는 자유이다

> 땀 흘려 힘껏 일하지 않고서야
>
> 어찌 나는 자유이다라고 말할 수 있으랴
>
> 만인을 위해 내가 싸울 때 나는 자유이다
>
> 피 흘려 함께 싸우지 않고서야
>
> 어찌 내가 자유이다라고 말할 수 있으랴 (후략).

섬뜩하고 무섭지 아니한가. '만인을 위해 일할 때'만이 진정한 '자유'라 말하고 있다. 세상에 어느 누가 감히 이런 '어록'을 남길 수 있을까? 어찌 그런 일이? 단순하면 무식하다는 말이 있지만, 허나 그는 단순하지 않고 심오하기까지 했다. 알제리 해방운동의 기수, 폭력론자였던 프란츠 파농의 저서 『검은 피부 하얀 가면』을 『자기의 땅에서 유배당한 자들』이라는 제목으로 국내에서 처음으로 옮겨 펴낸 번역가이기도 했다.

췌장암으로 고통받다 만 48세 귀천. 하늘은 왜 이렇게 고결한 영혼의 소유자들을 일찍 데려가는 걸까? 아무리 생각해도 모를 일이다. "하늘이시여!"라는 한탄이 절로 나온다. 참으로 야속한 일이다. 얼핏 생각만 해도 불러볼 수 있는 이름들이 어디 한둘이랴. 조영래 변호사, 빈민운동가 제정구, 신영복, 윤한봉 선생 등을 비롯한 숱한 민주화 운동가, 재야인사들. 이름 없이 스러져간 수백, 수천의 영혼들, 조국의 독립을 위해 항일투쟁에 목숨을 건 순국선열들처럼 많은 애국자들. 타살

된 장준하 선생이나 스스로 불꽃이 된 수많은 열사와 의사들은 차치하고, 그들의 몸에 왜 '몹쓸 병들'이 침투해 어찌할 수 없게 만드는 걸까? 살아만 있다면, 민족을 위해 그들의 할 일이 '태산같이' 많은데 말이다. 살아 있고, 살아남은 자들의 슬픔은 대체 어떻게 하란 말인가? 김남주와 동시대 친구, 선후배들은 그를 어떻게 보냈을까? 책 속에 나오는 사람들만 해도 족히 100명이 넘었다. 가슴이 너무 아팠다.

앞으로 '치열'이라는 단어를 쓸 때는 정말 조심해야겠다고 생각했다. '불꽃 치' '매울 열'은 아무에게나 붙이는 말이 아닌 것을. 이 평전의 부제 '그대는 타오르는 불길에 영혼을 던져보았는가'처럼 김남주의 치열은 치열의 극치였던 것을. 생각만 해도 끔찍한 그 지독한 고문들을 인간의 '가냘픈 신체'로 김남주 시인은 어떻게 버티고 이겨냈을까? 인간 정신의 한계치는 대체 어디까지일까? 그들이 있어 오늘이 있고 우리가 있다고 하면 지나친 말일까? 아닐 것이다. 우리는 그들의 '자유투혼'에 빚을 져도 단단히 졌다고 말해야 한다. 조작된 〈민청학련〉의 피해자들이 국가로부터 무죄를 받았듯, 간첩 조직으로 몰아붙인 〈남민전〉의 피해자들도 아구룩이 복권, 복원되어야 할 것이다. "그까짓 임기 5년의 대통령이 뭐가 대단하다고 무서운 것이 없다"던 지금의 대통령, 그 권력의 끝은 어디까지인가? '할 일'은 태산 같은데, 소는 뒷걸음치다 쥐를 잡을 수 있어도 '역사의 뒷걸음질'은 방법이 없다. 오직 퇴보만이 있을 뿐. 김남주 시인은 지하에서도 한시도 쉬지 못하고 '전사의 역할'에 골몰하고 있을까?

부기 1

책 말미 김남주 연보에 따르면, 시인은 1994년 2월 13일 고려병원에서 눈을 감았다. 2월15일 서울 경기대 민주광장에서 고 김남주 시인 추모의 밤 '만인을 위해 일할 때 나는 자유'를 개최했다. 16일 '민족시인 김남주 선생 민주사회장'이 전남대 5월광장에서 열리고 5·18묘역에 안장됐다. 당시 동아일보 충정로사옥에서 근무했는데, 추모의 밤 행사가 열린다기에 동료 몇 명과 참석, 그 열기를 보며 가슴이 너무 아팠다. 안치환이 노래 부르는 것도, 고은 시인도, 그때 처음 보았다.

부기 2

이 평전을 선물로 사준 아내가 고맙다. '차도녀' 비슷한 아내와 완전 촌놈인 나는 어느새 결혼생활 40년을 앞두고 있다. 성격이 달라 사사건건 말다툼이 잦았으나, 책을 좋아하는 것만큼은 일치한다. "제발 책 좀 고만 사라"는 지청구에 귀가 아프지만, 다행인 것은 진보성향의 책들을 아내가 다 사놓은 덕분에 내가 늘 먼저 읽는다. 읽지 않아도 사야 하는 책, 이를테면 조국의 저서 3권을 비롯해 탁현민, 김어준의 책들은 나에겐 너무나 고마운 '보너스'다.

부기 3

『김남주 평전』을 쓴 김형수는 시인이자 소설가, 평론가로 저서가 많다고 하는데, 유독 내 눈에 띈 게 『문익환 평전』이었다. 지은이가 김남주의 일생을 워낙 완벽하게 기술해 놓은 것을 보고 감탄, 오늘 아침 막역한 전우에게 "『문익환 평전』을 부탁한다."는 카톡을 보내니 즉시 답변이 왔다. "오케이. It's my pleasure." 늦봄 문익환, 시인 윤동주의 친구. 당신이 돌아가실 줄은 꿈에도 모르고, 마지막 순간까지 김남주를 살리려 날마다 병원을 찾았던 문익환 목사. 그분의 평전, 김형수의 필력과 내공, 기대 만빵이다.

문익환 목사님!

2023년 6월 12일

『문익환 평전』(다산책방 2018년 펴냄, 726쪽)이라는 엄청 두꺼운 책을 나흘 만에 정독, 완독하게 된 것은, 순전히 아내가 선물한 김형수의 『김남주 평전』을 접하며, 그가 『문익환 평전』도 썼다는 것을 알았기 때문이다. 한 권의 평전으로 '전사(戰士)' 김남주(1945~1994) 시인의 '모든 것'을 알게 되는 행운을 맛보면서, 문익환(1918~1994) 목사에 대한 '모든 것'도 틀림없이 알게 되겠구나, 하는 기대감으로, 오랜 전우가 택배로 보낸 이 책을 끝내 다 읽었다. 역시, 문학평론가 김형수의 필력은 대단했다. 2년이면 끝낼 줄 알았다는 『문익환 평전』은 5년의 시간으로도 부족했다고 한다. 중국, 간도, 일본에 이어 북한까지, 한 위인의 평생 발자취를 더 트는 것이 어디 쉬운 일이었으랴. 그러나 그는 너무나 그 일을 짱짱하게 해냈다. 내공이 정말 만만찮았다. 김형수는

〈유시민의 알릴레오 북스〉에서 "김남주 평전을 MZ세대들이 읽기를 바라며 썼다"고 했다. 제발 그렇게 되기를. '평전은 이렇게 써야 한다'는 것을 그가 여실히 보여준 셈이다. 그가 쓴 『소태산 평전』(소태산은 원불교를 창시한 박중빈)도 곧 구해 읽을 생각이다.

아무튼, 소감을 한마디로 말하자면, 가슴이 벅찼다. 눈물이 났다. 그리고 정말 고마웠다. 이 땅에, 나의 시대와 접하며 이런 '성자'가 다녀가셨다는 것이 믿기지 않았다. 이제야 그분의 '정체'를 제대로 알게 된 나의 무지를 탓했다. '또 오버한다'고 쉽게 말하지 않으면 좋겠다. 오버할 때는 해야 하고, 눈물이 날 때에는 울어야 한다. 그리고 잊지 말아야 할 것은 그 모든 것에 대한 '분노'를 품고 살아야 한다는 것이다.

하여, 모처럼 서울 나들이에 수유리 4·19 묘지 근처 인수동사무소 바로 옆 골목에 있는 〈문익환 통일의 집〉을 찾았다. 그분이 30여 년 동안 부모님을 모시고 자녀들과 사셨던 집인데, 이제 〈문익환 기념관〉이 되어 우리를 반기고 있다. 곱게 늙어가시는 그분의 따님이 관장이 되어 부모님에 대하여 조용조용히 말씀해 주신 것도 고마웠다. 무엇보다 기념관 입구에서 티 하나 없이 환하게 웃는 목사님의 웃음을 접할 수 있어 좋았다. 금방이라도 사진 속에서 튀어나오셔 '왜 이제 오느냐?'며 '아무것'도 아닌 나를 껴안아 주실 것 같았다.

늦봄(문 목사님의 호)과 봄길(사모 박용길의 호), 두 분이 평생 기거하신 방 벽에 걸어 놓은 사진에 두 번 절을 하며 묵념했다. 가시밭길이었던 민주화의 긴 여정에 '큰 획'을 그으시느라 갖은 고생을 했던 그분들이 아니었다면, 우리가 어찌 오늘날의 '미완성 호사(豪奢)'를 이렇게 누릴 수 있으랴? 기념사업회에서 아카이브를 근거로 「월간 문익환」을 내는 것도 처음 알았다(2023년 6월호 통권 14호). 타블로이드판 8쪽, 이런 월간신문을 보거나 들어본 적이 있으신가? 그리고 돌아가신 지 30년이 흘렀는데도, 이런 월간지를 앞으로도 얼마든지 낼 수 있는 위인이 이 땅에 몇 명이나 있을까를 생각해 보시라. 왜 지금도 '문익환'인지를 알면 그 답을 알고 있으리라.

    평전을 쓴 이에게 문 목사는 어떤 사람이었냐고 물으면, 그가 "시인 김남주는 시인이라기보다 전사였다"고 말했듯, 곧바로 "문 목사는 그리스도적인 민족주의자"라는 답이 돌아올 것 같다. 예수가 석가를 만났다고 생각해 보시라. 배척할 것 같은가? 무슨 말이 필요할까? 서로 보듬는 것이 우선이었을 것을. 민간인 문익환이 북한의 주석 김일성을 보자마자 달려가 크게 보듬은 것처럼 말이다. 당시 북조선에서는 얼마나 놀랐을까? 그가 '고구려적 사람'이었기 때문에 가능한 일이었다. 고구려적 사람, 고구려적 인간, 이 얼마나 그리운 말인가. 태생에서부터 돌아가시는 날까지 목사님에게서 '대륙 정서'를 빼면 아무것도 아닌 듯했다. 대마도가 우리 땅이듯이 간도는 아주 오래전부터 우리 땅이었던 것을. 그의 아버지 문재린 목사, 어머니 김신묵 여사 그리고 그의 조부모, 증조부모, 모두 고구려인에 다름 아니었고, 항일운동, 독립운동, 민주화운동에 일생을 바친 열혈 투사들이었다. '명문가'를 아시리라. 귀족이 아니어도 명문가는 얼마든지 있다. 그들의 언행일치를 '노블레스 오블리주 (Noblesse Oblige)'라 하면 틀린 말일까? 아니다. 맞다. 그들에게서 문익환 목사와 그의 동생 문동환이 탄생한 것임을 자연스럽게 알게 된다. 그래서 그에게는 민주가 먼저냐? 통일이 먼저냐? 가 아니고 민주=통일, 통일=민주였다. 절대로 선후의 문제가 아니었음을. 그러기에 한낱 민간인이 국가보안법을 어기면서 평양으로 달려가 김일성을 만나 '4·2 공동성명'을 끌어낸 것이 아니겠는가.

목사님은 시인 윤동주와 요즘 말로 '절친'이었다. 그러기에 평생 '윤동주 콤플렉스'에, 통일과 민주화운동에 온몸을 던져 산화한 '장준하 콤플렉스'에 시달렸다. 그것을 극복하는 긴 세월 동안, 그는 신학자였고, 교수였으며, 성경 공동 한글 번역과 우리 말과 글을 몹시 사랑한 시인이었다. 환갑이 다 되어서야 감옥을 제집 드나들기 6차례, 모두 11년 3개월이었다. "감옥에 오지 않았으면 인생 헛살 뻔했다"고 수시로 진심으로 말했다. 호 '늦봄'처럼 뒤늦게 시인이 되어, 오랜 윤동주 콤플렉스도 벗어났다. 그의 시는 김남주의 시처럼 전사의 시였으며, 하나같이 눈물의 시였다. 보라. 이한열 열사 장례식장에서 그가 호곡한 것은 오직 16명 열사의 이름뿐이었다. 그밖에 무슨 말을 더 할 수 있었으랴. 우리는 그분에게 너무나 '큰 빚'을 졌다. 어디 '시대의 빚'뿐인가? '겨레의, 민족의 빚'은 더 말할 나위가 없다. 그래서, 결코 잊을 수 없는 그 이름 석 자, 문.익.환, 우리는 세세토록 세세하게 기억해야 한다. 우리가 넬슨 만델라를, 마하트마 간디를, 마틴 루터 킹을, 체 게바라를 기억하듯, 우리 아들과 손자 세대에게 '그 이름 석 자'를 알려 줘야 한다. 나는 진짜로 그렇게 생각한다.

사랑에 대해서도 한마디 말하자. 사랑을 하려면 딱 이렇게 하렷다 식인 늦봄과 봄길의 사랑, 순애보는 끝도 갓도 없었다. 스무 살에 만나 처음부터 '연분홍 코쓰모쓰'라 불렀는데, 일흔이 넘어도 그 애칭으로만 불렀다. 친정 부모의 반대를 무릅쓰며 한 봄길의 말을 떠올리자. "이분과 6개월만 살아도 죽어도 후회하지 않겠다"는 강기를 보라. 그들은 쇠창살을 가운데 놓고도 '사랑의 꽃'을 피웠다. 2천 통이 넘는 봄길의 편지, 1천여 통에 이르는 늦봄의 편지, 읽기에도 조금은 민망한 그들의 애정 표현, 요즘 아이들의 설익은 사랑에 편지가 어디 소통의 수단이 되던가? 그들의 사랑은 '옥중문학'으로 거듭난 것을. 그는 말했다. "사랑을 가져라! 사랑은 지치지 않는다" 그 사랑이 어찌 남녀 간의 사랑만이랴. 『만인보』를 쓴 고은의 〈문익환〉 제목의 시 끝 구절처럼 〈그는 군법회의에서 군검찰을 꾸짖을 때도/그것이 노기가 아니라/알고 보면 넘치는 사랑이었다〉가 아니고 무엇일 것인가. 그는 100% 그런 순정의 '댄디 보이'였던 것을.

1976년 〈3·1민주구국선언사건〉를 아시는가? 1985년 〈민통련(민주통일민중운동연합)〉을 아시는가? 1990년 〈범민련(조국통일범민족

연합)〉을 아시는가? 이렇게 굵직한 사건과 그 배후에는 언제나 문익환 목사가 있었다. 역사에는 가정이란 게 없지만, 문 목사가 방북한 민족 최대의 성과인 '4·2 공동성명'에 대해 당시 노태우 정부가 진지하게 검토하여 추진했다면 통일이 성큼 다가오지 않았을까? 그까짓 보안법이라는 이름으로 '민족의 영웅'을 구속하다니, 언제나 낙천적이었던 그가 감옥에서 너무 아픈, 회복할 수 없는 '마음의 병'을 얻은 것이다. 그게, 그것이 슬프다. 아아- 새대가리들이여! 그렇게도 좀팽이들뿐이었던가? 그렇게도 민족문제를 한 치 앞도 볼 수 없었다니? 고은의 시구절 〈70년대 이래 한반도에서/가장 어린 사람/이어서/80년대 이래 한반도에서/가장 젊은 사람/70년대 이래 한반도에서/가장 순정의 사람〉이 문 목사였다. 〈60세 따위, 70세 따위는 나이가 아니라구/감옥이나/감옥 밖이나 너무 똑같아서/감옥이 아니라〉던 그를, 〈아이들한테도 배우고/누구한테도 배워/온 세상을 사랑으로 채워/물이(이미) 넘치〉게 만들던 그를, "하나 되는 것은 더 커지는 일"이라던 그를 끝내 병들게 했다.

  1월 18일은 문 목사님이 눈을 삼으신 날이다. 지금도 해마다 마석의 모란공원에는 많은 이들이 문 목사님의 묘를 찾는다고 한다. 이제껏 가볍지 못한 게으르고 무식하고 무심한 나를 묵묵히 바라보실까? 천상병 시인처럼 〈괜,찮,다,/괜,찮,다,/다,괜,찮,다,〉며 천진난만하게 웃으실까?

대학 1학년인 76년 3월에 구입, 여러 번 감명 깊게 읽었던 표지가 너덜너덜해도 도저히 버릴 수 없는 나의 애장서 『새 것 아름다운 것』에 실린 〈꿈을 비는 마음〉이라는 절창의 시를 읊조린다.

개똥 같은 내일이야

꿈 아닌들 안 오리오마는

조개 속 보드라운 살 바늘에 찔린 듯한

상처에서 저도 몰래 남도 몰래 자라는

진주 같은 꿈으로 잉태된 내일이야

꿈 아니곤 오는 법이 없다네.

(중략)

비나이다. 비나이다.

천지신명님 비나이다.

밝고 싱싱한 꿈 한자리

평화롭고 자유로운 꿈 한자리

부디부디 점지해 주사이다.

늦봄 문익환 목사와 봄길 박용길 여사의 생전 모습.
"하나가 되는 것은 더욱 커지는 일이다"를 외치신 문 목사의 모습이 선하다.

백기완 선생의 오래된 책

2023년 8월 14일

　백기완 선생님이 '통일의 꿈'을 안고 일평생 고군분투한 〈통일문제연구소〉라는 개인 연구 기관을 아시는가? 벌써, 어느새, 선생님이 별세하신 지 2년이 넘었다. 언제나 그랬지만, 이런 '개판 시국'에 참 그리운 분이다. 선생님의 사자후를 한 번만이라도 더 들으면 좋겠으나, 다시 들을 수 없다는 것은 비극이다. 얼마 전 〈함석헌 기념관〉과 〈문익환 통일의 집〉을 다녀오는 길에, 내처 백 선생님의 자취가 역력한 대학로 〈통일문제연구소〉를 찾았더니 기념관 개관 준비로 문이 닫혀 있었다. 세 곳을 찾은 까닭은 순전히 목마름이자 그리움 때문이다. 그리움의 발길은 멈춰 섰지만, 선생님이 우리에게 주고 간 교훈은 얼마나 많고 크던가.

　며칠 전 〈백기완 노나메기재단〉 사무처장의 카톡이 왔다. 나의 졸문을 읽다가 『백기완 수상록-거듭 깨어나서』라는 책 사진을 봤는데, 〈기념관〉에 기증해 줄 수 있냐는 것이다. "당근. 다른 책도 얼마든지"라고 답장을 보냈다. 나도 까마득히 잊어먹고 있던 책이어서 새삼스레 읽어봤다. 1984년 10월 〈아침〉이라는 출판사에서 펴냈다. 지금 읽어도 뭐 하나 틀리거나 잘못된 글이 하나도 없다. 한마디로 똑소리가 난다. '전작주의자'(필이 꽂힌 문인이나 사상가 저서는 모조리 소장하여 읽는 사람)는 아니지만, 아마도 글을 알고부터는 선생님의 저서라면 거의 다 샀던 것 같다.

재밌는 것은, 책 맨 뒷장에 이 책을 결혼 전 여자 친구(당연히 현재의 아내이다)에게 선물하며, 한 줄 써놓은 메모를 발견한 것이다. 1984년 11월 1일. 10월에 펴냈으니 따끈따끈한 책이었다. 결혼을 한 달 앞둔 시점. 내용도 재밌다. "우리, 그냥(아무렇게나) 살아도 말이야. 생각만이라도 해야 할 일은 (반드시) 있다. 최소한, 아니 최대한. 우리 '사랑'이란 말을 생각해야 되리라. 統一은 곧 사랑이니까, 곧 民主니까". 하하-, 이런 메모가 남겨 있다니, 반갑기까지 했다. 상경하는 길, 기차 속에서 읽으면서 웃음이 비어져 나왔다. 아내에게 보여줬더니 "전혀 기억이 없다"고 한다. 그랬었구나. 그때도 평생 평범한 소시민으로 살 줄 알았던 모양이다. 그래도 민주, 사랑, 통일, 이런 의식만큼은 가지고 살자고 했었구나. 다행이다. 신문사 수습이 막 끝난 초년기자 시절의 일이었다. 나 호올로 재미난 일이다.

책 기증을 부탁한 재단의 사무처장은 선생님을 만날 때마다 거의 다 같이 자리를 했던 것 같다. 그녀는 선생님과 30년 동안 고락을 같이 한 동지이기도 했다. 혹자는 '작은 백기완'이라고 부를 정도로, 선생님을 지근거리에서 모셨다. 이것은 선생님의 큰 복이었다. 선생님이 혼자 운영하는 통일문제연구소에 '간사'라는 이름으로 합류한 게 97년. 처음 인연을 갖게 된 것은, 선생님이 '민중후보'로 대통령 선거에 나선 1992년. 노동자로서 '안양민주청년' 단체에서 일하면서 선거대책본부 일을 도왔다고 했다. "가자! 백기완과 함께! 민중의 시대로" 대학로에서 사자후를 토한 후 5,000여 명과 광화문까지 행진하던 그때, 그야말로 노도의 물결이었던 것을 지금도 생생히 기억한다. 특유의 말갈깃머리. 손가락빗으로 쓱쓱 빗어 올리면 그만이었다. 민중들의 성금으로 공중파 방송 유세를 두 번이나 했던가. 예행연습 하나 없이 20분을 깔끔히 해치워 관계자들을 놀라게 했다던가. 선생님에 대해 어찌 한두 마디 일화를 늘어놓을까?

아버지처럼 섬기던 선생님의 추모문화제 때 '작은 백기완' 동지는 이렇게 말했다고 한다.

"선생님께서 평소 노동자들에게 남기신 말씀은 '기죽지 말라'입니다. 가진 것이라곤 알통밖에 없는 노동자 민중들 기까지 죽으면 안 된다는 것이었습니다. 싸우다 투쟁이 어려워져도 노동자들이라면 온 힘으로 함께 싸우면 이길 수 있다고 자기가 자기를 달구는 '달구질'을 하고, 곁에 동지가 기죽어 있으면 같이 나가 싸우자고 서로 용기를 주는 '을러대기'를 하자고 말씀하셨습니다. 많은 시간 선생님을 모시고 비정규직, 해고 노동자들의 투쟁 현장을 누빈 것은 저한테도 큰 영광의 시간이었습니다. 이제는 노동자들에게 큰 힘을 주시던 선생님의 '부리질' 소리를 더 이상 들을 수 없습니다. 하지만, 오늘 모이신 우리 모두 앞으로도 기죽지 말고, 노나메기 노동해방 세상 만들 때까지 끊임없는 달구질과 을러대기를 하겠다는 다짐의 시간이면 좋겠습니다. 한평생 한마음 한뜻으로 일관된 삶을 살아오신 백기완 선생님의 고귀한 뜻을 가슴에 새겼으면 좋겠습니다. 비정규 투쟁 현장에서 선생님의 뜻인 '노나메기 정신'(너도 일하고 나도 일하고, 너도 잘살고 나도 잘 살되 올바로 잘 사는 세상)으로 뵙겠습니다. 고맙습니다."

짝-짝-짝, 역시 '작은 백기완' 만세닷! 머지않아 〈백기완 기념관〉에서 선생님의 목소리를 생생히 듣고 싶다.

'거리의 시인' 송경동

2023년 9월 18일

지난 2일 밤, 남원 귀정사에서 열린 '인드라망 사회연대 쉼터 10주년 후원의 밤'(정태춘·박은옥 후원 콘서트)에서 불쑥 송경동 시인과 손인사를 나눴다. 송 시인이 누구인지, 어떤 활동을 하고 있는지는 조금 알고 있었으나, 시 한 편 읽어본 적은 없었다. 인드라망에 대해서도 처음 제대로 알고 난 후, 정말로 후원해야 하겠다 싶어 '대책 없이' 월 1만 원 CMS 후원 계좌에 사인했더니, 선물로 준 것이 송경동 시인의 『꿈꾸는 소리 하고 자빠졌네』(2022년 창비, 204쪽) 시집이었다.

어제사 처음으로 50여 편의 시를 심독했다. 감상 수준을 훨씬 넘어서기에 많이 놀랐다. 우리 사회에, 우리 노동계에 이런 보석 같은 시인이, 이런 보석 같은 노동시, 이런 보석 같은 사람(예수나 석가 같은)이 있는 줄 몰랐다. 그동안 겨우 알았던 것은 송,경,동, 이름 석 자뿐이었다. 내가 아는 '노동 문학'이라는 것은 80년대를 온통 뒤흔든 박노해의 시집『노동의 새벽』과 잡지「노동해방 문학」, 백무산 시인이 노동시를 쓴다는 것 정도였다. 어쩌면 90년대, 2000년대, 2010년대, 2020년대인 지금도, 그 전 세대보다 훨씬 더 노동운동과 노동문학이 필요하다는 것을 알게 된 것은, 지극한 소시민인 나로서는 '수확'이었다.

전남 벌교산인 67년생 송 시인은 나보다 열 살이 적다. 30여 년 동안 말도 못 하게 죽으라고 치열하게 싸워온 송 시인은 하룬들 편하게 잠을 잤을까? 이 땅에 노동계뿐만 아니라 모든 생명의 평화와 평등이 온 적이 하룬들 없었으니 하는 말이다. 그의 목표는 온전히 '(인류의) 평화와 평등'이었다. 세상에 이타적인 사람이 많고도 많지만, 예수나 석가, 공자 같은 성인이 아니고는 그 길을 걷는 것은 절대로 쉬운 일이 아니다. 민주화운동유가족회 등의 단체야 아들이나 딸 등의 '피해 관계자'들이니까 그렇다 쳐도, 아무 연고도 없는 시민이 항상 그 길에 적극 동참하는 게 말처럼 쉬운 일이겠는가? 백기완, 문익환 선생님같이 말이다. 그들은 나라와 국가를 위한 국량과 심성이 그만큼 크고 깊기 때문이다. 세월호 참사에 분노하는 예술인들이 많다. 그들은 왜 그렇게 자기의 인생을 걸고 진상규명을 위해 싸우는 것일까? 그런 분들일수록 겸손하고 자신을 한없이 낮추는 것을 볼 수 있다. 참 아이러니하다. 숱한 정치인들이 아무 생각도 없이 생색을 내며 흰 거짓말을 뿌리는 것과 비교해 보면 말이다.

아무튼, 시집을 일독한 후 지난해 시집 발간 이후 오마이뉴스 등과 한 인터뷰 동영상을 두어 편 보았다. 오후 내내 '송경동 공부'에 나선 것이다. 보람이 있었다기보다 가슴이 아파 혼났다. 불쑥 〈테스형〉 노랫말 "아 테스형/아프다 마음이/눈물 많은 나에게"가 생각나 어쩌지 못했다. 어쩌다 신문 지상을 통해 한 번쯤 듣고 흘린 숱한 노동 열사들의 이름을 새로이 듣는 기분은, 어쩐지 그들에게 죄를 지은 듯한 미안함으로 가득했다. 대학 시절 전태일 열사 이야기를 듣거나 조영래 변호사가 쓴 전태일 이야기를 읽을 때처럼.

고공농성, 고공이 무슨 뜻인 줄 아시리라. 여성 최초 용접공이었던 연약한(?) 노동자 김진숙은 무단 해고에 항의, 복직시켜달라며 2011년 어느 날 75m 높이의 크레인 위로 올라가 혼자서, 놀라지 마시라, 물경 309일 동안 농성을 벌였다. 한진중공업, 김진숙, 희망버스, 그 이름을 들어보셨으리라. 정태춘은 〈바다로 가는 시내버스〉라는 노래를 지었고, 시인 송경동은 '희망버스'를 기획하여 수많은 '깨시민(깨어있는 시민)'들과 매주 부산의 현장을 찾아 복직을 요구하며 고공농성을 응원하며 동참했다 한다. 언젠가는 희망버스가 125대였다. '영원한 재야' 백기완 선생과 문정현 신부도 여러 번 함께 했다. 흘러가는 한 컷 뉴스로만 알고 있던 분명한 사실을, 우리는 어쩌면 요즘의 '가짜 뉴스'로 알고 있었을까? 그래서 '마음의 빚'을 졌다고 하는 것이다.

우리는 GNP 3만 달러가 넘으면서 갓 접어든 '선진국'에서 얼마나 행복하게 살고 있는 걸까? 행복? 내가 어림짝도 없는 일이라고 하면, 일상이 '행복한 소시민이 행복에 겨운 모양'이라며 나를 욕할까? 운동권이나 노동운동의 노래가 아니고, 예로부터 '일하지 않는 자는 먹지도 말라'고 했다. 농사꾼과 노동자가 받쳐줘야 경제, 즉 우리의 살림살이가 지탱된다는 것을 모르는 분은 없을 텐데도, 우리는 그들을 너무나 경시하는, 못된 인성(최악의 갑질 등) 내지 습관이 있다. 명백히 잘못된 것이다. 직업에 귀천은 없다. 농민노동자든 산업노동자든 정신노동자든 블루칼라든, 모두 존중받고 존경받아야 할 소중한 대상이다. 이들이 언제까지 이렇게 무시당하는 한, 선진국이 아니다. 결단코 선진국이 될 수 없다.

그래서 아무 힘없는 시인이 글로써 대항하고, 온몸으로 부닥친 게 30년이었다. 그의 시 한 편 한 편을 보면, 우리의 마음이 틀림없이 감정 이입될 것이다. 순국열사에 대한 묵념만 할 게 아니고, 한 번쯤 이름 없는 노동 열사들을 위해 묵념을 해야 할 것이다. 이 시집은 시인이 건건이 노동자들과 어깨를 겯고 싸워 왔던 투쟁일지이기도 하다. 수십 차례의 연행, 기소, 구속의 과정에서 듣고 보고 배운 이야기를 진솔하고 거칠게(서정이 무슨 말라빠진 개뼈다귀인가?) 글로 고백하고 있다. 시인은 〈청소 용역 노동자의 선언〉이라는 시를 '제2의 공산당선언'으로 여긴다고 했다. 〈오늘 난 편지를 써야겠어〉라는 시를 울면서 썼다 하여 '울보 시인'이라는 별명도 붙었다. 우리는 공동체니까 '놀자 놀자, 신명나게 놀자'는 게 무슨 잘못이고 무슨 죄인가?

    5부로 구성된 시집에서 5부의 〈세월호를 인양하라〉〈세상에서 가장 아름다운 시〉〈진상을 규명해야지요〉 등의 시는 압도적이다. 4부의 〈영풍문고 앞 전봉준 씨에게〉〈평화의 소녀상을 세우며〉 등은 또 어떤가? 시인이 왜 그렇게 수많은 노동 집회를 쫓아다녔는지를 단적으로 알 수 있는 시가 바로 〈연루와 주동〉이다. 눈으로만 읽는 감상이 아니고, 소리 내어 한번 읽어봐 주시면 고맙겠다.

    그간 많은 사건에 연루되었다

    더 연루될 곳을 찾아 바삐 쫓아다녔다

    연루되는 것만으로는 성이 안 차

    주동이 돼 보려고 기를 쓰기도 했다

    그런 나는 아직도 반성하지 않고

    어디엔가 더 깊이깊이 연루되고 싶다

    더 옅게 엷게 연루되고 싶다

    아름다운 당신 마음 자락에도

    한 번쯤은 안간힘으로 매달려 연루되어 보고 싶고

    이젠 선선한 바람이나 해질 녘 노을에도 가만히 연루되어 보고 싶다

    거기 어디에 주동이 따로 있고

    중심과 주변이 따로 있겠는가

경험과 체험에서 우러난 '거리의 시인' '투사 시인'의 절창이다. 문득 '전사 시인' 김남주도 생각난다. 시인은 검사의 인정신문에 대해 이렇게 시로 말했다.

"피고는 미신고 집회를 진행하며 공권력의 해산명령에 불응했지요?"
"아니요. 나는 재벌의 사병이 되어 정의를 해산하려는 부당한 공권력의 참주선동에 따르지 않았을 뿐입니다."
"피고는 불법 옥외시위를 하고 가두행진을 하며 야간시위 금지 및 일반교통방해죄를 위반했지요?"
"아니요. 나는 야간시위를 한 게 아니라 인류의 새로운 새벽을 꿈꾼 것입니다. 이는 역사에 자주 있는 특수한 길로 '일반교통방해'로 좁게 해석하거나 가둬지지 않습니다."
"그럼 경찰집기를 뺏고 부수며 폭행을 가하기도 한 특수공무집행방해죄는 인정하는 거죠?"
"아니요. 모든 이의 생이 노역과 고역이 되지 않는 사회혁명을 꿈꾸는 일은 인류의 보편적인 요구로, 여기에 맞서 특권층의 이해만을 대변하는 국가의 어떤 '특수공무'도 인정할 수 없습니다."

시인의 약력과 작품은 이렇다.
2009년 용산 철거민 참사 진상규명 국민대책위

2011년 부산 한진중공업 김진숙 고공농성 '희망버스' 기획

2014년 세월호 만민공동회

2016~2019년 촛불항쟁 광화문 캠핑촌 촌장, 문화예술계 블랙리스트 진상규명위 총괄간사

시집 『꿀잠』(2006), 『사소한 물음들에 답함』(2009), 『나는 한국인이 아니다』(2016), 산문집 『꿈꾸는 자 잡혀간다』(2011)

조국의 『디케의 눈물』

2023년 9월 25일

    나는 아내가 고맙다. 어쩌면 그렇게 내가 읽고 싶어 하는 책들을 말없이 사놓는 지, 벌써 몇 번째인지 모르겠다. 아내가 사는 용인집은 책 때문에라도 늘 가고 싶다. 지난 수요일 밤, 책꽂이에 또 여지없이 조국의 『디케의 눈물』(2023년 다산북스 발행, 335쪽) 신간이 꽂혀 있어 화들짝 반가웠다. 아내는 이런 '좋은 책'의 정보를 어디에서 얻는지 모르겠고, 또 이런 책들을 부지런히 읽는지도 모르겠다. 『김남주 평전』 『미스터 프레지던트』 「월간 김어준」 등이 그것이다. 나도 어쩌다 『줬으면 그만이지』 등을 선물하기는 한다. 어쩌면 시골 농사꾼의 세상 보는 눈을 틔워주기 위해 말없이 애쓰는지도 모르겠다. 나는 고마운 아내를 외경하는 편이다.

    나는 오늘 새벽에 그 책을 통독했다. 책의 부제가 '대한검국에 맞선

조국의 호소'라서 더욱더 할 말은 많지만, 모두 생략한다. 묵언은 좋은 말이다. 다만, 새벽 3시 반, 책 말미의 한 대목을 읽다 끝내 눈물이 왈칵 쏟아졌기에, 자리에서 벌떡 일어나 타이핑을 해놓았다.

2003년 10월 17일, 한진중공업 85호 크레인에서 129일 고공농성을 벌인 김주익 씨(한진중공업 노조위원장)는 "투쟁은 반드시 승리해야 한다"는 유서를 남기고 목숨을 끊었다. 닷새 뒤 10월 22일 당시 MBC라디오 「정은임의 FM 영화음악」을 진행하던 고 정은임 아나운서는 당일 방송 오프닝 멘트에서 다음과 같이 말했다.

"새벽 3시, 고공 크레인 위에서 바라본 세상은 어떤 모습이었을까요? 100여 일을 고공 크레인 위에서 홀로 싸우다가 스스로 목숨을 끊은 사람의 이야기를 접했습니다. 그리고 생각했습니다. 올가을에는 외롭다는 말을 아껴야겠다구요. 진짜 고독한 사람들은 쉽게 외롭다고 말하지 못합니다. 조용히 외로운 싸움을 계속하는 사람들은 쉽게 그 외로움을 투정하지 않습니다. 지금도 어딘가에 계시겠죠? 마치 고공 크레인 위에 혼자 있는 것 같은 느낌. 이 세상에 겨우겨우 매달려 있는 것 같은 기분으로 지난 하루 버틴 분들 제 목소리 들리세요?"

정 아나운서는 11월 18일 오프닝 멘트에서 다시 한번 이 사건을 언급했다.

"19만 3,000원, 한 정치인에게는 한 끼 식사조차 해결할 수 없는 터무니없이 적은 돈입니다. 하지만 막걸리 한 사발에 김치 한 보시기로 고단한 하루를 마무리한 사람에게는 며칠을 버티게 하는 힘이 되는 큰돈입니다. 그리고 한 아버지에게는 세상을 떠나는 마지막 길에서조차 마음에서 내려놓지 못한 짐이었습니다. '아이들에게 힐리스(바퀴 달린 운동화)를 사주기로 했는데 그 약속을 지키지 못해 정말 미안하다.' 일하는 아버지 고 김주익 씨는 세상을 떠나는 순간에도 이 19만 3,000원이 마음에 걸려 있었습니다. 19만 3,000원, 인라인스케이트 세 켤레 값입니다. 35미터 상공에서 100여 일도 혼자 꿋꿋하게 버텼지만, 세 아이에게 남긴 마지막 편지에는 아픈 마음을 숨기지 못한 아버지. 그 아버지를 대신해서 남겨진 아이들에게 인라인스케이트를 사준 사람이 있습니다. 부자도, 정치인도 아니고요. 그저 평범한, 한 일하는 어머니였습니다. 유서 속에 그 힐리스 대목에 목이 멘 이분은요, 동료 노동자들과 함께 주머니를 털었습니다. 그리고 힐리스보다 덜 위험한 인라인스케이트를 사서, 아버지를 잃은, 이 위험한 세상에 남겨진 아이들에게 건넸습니다. 2003년 늦가을. 대한민국의 노동귀족들이 사는 모습입니다."

정 아나운서는 서울대와 미국 노스웨스턴대를 졸업한 엘리트였다. 그러나 그는 항상 사회·경제적 약자의 고통을 공유했고, 그들과 연대하려고 했던 '호모 엠파티쿠스'였다. 그는 2004년 자동차 사고를 당해 37세의 젊은 나이로 유명을 달리했다. 그러나 그 오프닝 멘트는 지금도 나의 마음속에서 사라지지 않는다.

287~289쪽의 대목을 그대로 옮긴 것이다. 이럴 때 가장 좋은 것이 묵언이 아니고 무엇이랴. 조국의 글에는 늘 유식한 티가 난다. 호모 엠파티쿠스 Homo Empathicus? 잘은 모르지만, 영어 empathy의 라틴어 어원일 것이고, 굳이 번역한다면 '공감하는 인간'이라 할 것이다. 이런 오프닝 멘트를 남겨준, 틀림없이 얼굴도 예뻤을 아나운서가 고맙다. 그대 울지 않은가? 그렇다면 강심장이다. 하지만, 최재천 교수는 '호모 엠파티쿠스'에서 나아가 '호모 심비우스 Homo Symbious'야말로 21세기가 추구하는 이상적 인간이라고 말한다. 호모 심비우스는 또 무엇인가? 경쟁 일변도에 빠진 사람이 아니라 '협력하고 공생하는 인간'이라는 뜻이란다. 어렵다.

얼마 전(8월 2일), 남원 귀정사에서 '인드라망 사회연대 쉼터' 후원의 밤이 있었다. 정태춘 박은옥 부부가 산사 콘서트에 힘을 보태 더 기분이 났다. 그 자리에 한진중공업 해고 노동자(여성 최초 용접사) 1960년생 김진숙이 있었다. 무대에 세우지 말라며 손사래를 쳤다. 앞은 자리에서 손만 흔들었을 뿐, 머리가 온통 흰머리 소녀인 것을 처음 보았다. 이 땅의 김진숙이라는 노동자는 누구이던가? 2011년 1월 6일 75m 고공 크레인에 올라가 그해 11월 10일까지 309일 동안 '나 홀로 투쟁'을 했다. 용기 있는 여성이라고 말하지 마라. 누구든 사는 것은 죽기 아니면 까무러치기인 것을. 2003년 35m 고공 크레인에서 투쟁하다 숨진 김주익 노동 열사의 뒤를 이은 것이다. 백기완 선생이 눈을 감는 직전에도 그를 못 잊어 힘들게 "김진숙 힘내라"라는 글씨를 써 응원을 보냈다. 노동 시인 송경동은 '희망버스'를 기획해 서울에서 부산까지 매주 토요일 힘찬 응원 투쟁을 했다. 엠파티쿠스에서 심비우스로 나아가야 하는 까닭이 여기에 있다.

'사상가 시인' 박노해의 잠언집

2022년 4월 12일

박노해의 『걷는 독서』(느린걸음 2021년 발행)를 보고 화들짝 반가웠다. 작은 크기, 879쪽 엄청 두껍다. 에세이도, 시집도 아니다. 말하자면, 80년대 우리 사회를 휘저었던 치열한 불쌈꾼(혁명가) 박노해의 어록집이다. 500개도 넘은 짧은 잠언이 한 장의 예쁜 사진과 함께 두 쪽을 장식하고 있다. 잠언 아래에는 영어도 깔끔하게 번역돼 있다. 일단 그 의미들을 되새기기에 앞서 무조건 '탐'이 나는 책이다.

'걷는 독서'라니? 지은이의 서문은 이렇게 시작된다. "돌아보니 그랬다. 나는 늘 길 찾는 사람이었다. 길을 걷는 사람이었고 '걷는 독서'를 하는 이었다." 그러면서 그가 회고하는 '걷는 독서'의 인생은 한 편의 영화 같았다. "어린 날 마을 언덕길이나 바닷가 방죽에서 풀 뜯는 소의 고삐를 쥐고 책을 읽었고, 학교가 끝나면 진달래꽃 조팝꽃 산수

국꽃 핀 산길을 걸으며 책을 읽었다. 벗꽃잎이 하르르 하르르 날리는 길을 걸으며, 푸르게 일렁이는 보리밭 사이를 걸으며, 가을바람에 물든 잎이 지는 길을 걸으며, 붉은 동백꽃이 떨어진 흰 눈길을 걸으며 '걷는 독서'를 했다." 그리고 또 무기수가 되어 한 평짜리 아득한 감옥 독방에 던져졌을 때도 '한 걸음 두 걸음 반이면 눈앞에 쇠창살, 돌아서 한 걸음 두 걸음 반이면 코앞에 벽'이었어도 '걷는 독서'를 계속했다는 것이다. 자유의 몸이 되고 국경 너머 눈물 흐르는 지구의 골목길에서도 '걷는 독서'를 계속했다는 그의 길이 오직 'Reading while walking along.'(걷는 독서, 그 자체)였음을 알게 됐다.

한평생 걷는 독서를 통해 그가 알게 되고 깨달은 '참'은 무엇인가? 그가 표지에 내세운 대표적인 듯한 어록을 보자. 〈마음아 천천히/천천히 걸어라/내 영혼이 길을 잃지 않도록(Ah, heart, slowly/slowly, walk/Lest my soul lose its way)〉. 지난 30여 년간 날마다 계속해 온 걷는 독서의 길에서 번쩍, 불꽃이 일면 발걸음을 멈추고 수첩에 새겨온 '한 생각'이 그의 품속 오랜 편지이다. 그 편지를 띄워 보내는 결론은 간단하다. 우리 안에 있는 하 많은 생각과 지식을 '목적의 단 한 줄'로 꿰어내는 삶의 화두가 되고, 창조의 영감이 되고, 어려운 날의 도약대가 되기를 빈다는 것이다. 어디서든 어디서라도 자신만의 길을 걸으며 '걷는 독서'를 멈추지 말라는 것이다. 간절한 마음과 사랑의 불로 책을 읽으면 그 '걷는 독서'가 우리를 지켜주고 우리를 밀어 올리는 신비한 힘을 우리 자신으로부터 길어내 줄 것이라면서. 멋진 결론이다.

그가 펼치는 10여 개의 잠언(어록)을 보자.

봄은 볼 게 많아서 봄

아직 보이지 않는 것을 보는 봄

마음의 눈을 뜨고 미리 보는 봄

In the spring there are many things to see

A season for seeing the as yet unseen

The heart's eyes open, see the future spring

. . .

온몸으로 살아낸 하루는

삶의 이야기를 남긴다

나만의 이야기가 없는 하루는

살아도 산 날이 아니다

A day lived thoroughly

leaves behind tales of life

A day without tales of myself

was lived yet not lived

겸손한 자만이 당당할 수 있고

당당한 자만이 겸손할 수 있다

Only someone humble can be confident,

only someone confident can be humble.

. . .

비바람 속에서도

명랑한 얼굴로 피어나는

눈부신 꽃들에 경배!

A toast to the dazzling flowers

that blossom with cheerful faces

in the midst of wind and rain!

. . .

사람은 사람을 알아봐야 한다

누구와 선을 긋나

누구와 손을 잡나

이로부터 다 세 달라진다

One person must appreciate another

Start to draw a line with someone

Hold hands with someone

Then everything changes

아름다움을 추구하라

그리고 그 빛에 둘러싸이라

Demand beauty

and surround yourself with that light

. . .

마음이 사무치면 꽃이 핀다

When the heart is touched flowers bloom

. . .

내 작은 글씨가

꽃씨였으면 좋겠다

내 가슴에 심겨지는

I wish my little letters

were flower seeds

sown in your heart

. . .

꽃은 달려가지 않는다

Flowers never hurry

. . .

베푼 것은 잊고

받은 것은 기억하기

Forgetting

what was given away

recalling

what was received

. . .

키 큰 나무숲을 지나니 내 키가 커졌다

깊은 강물을 건너니 내 영혼이 깊어졌다

As I walked between tall tress, I grew taller

As I crossed a deep river, my soul grew deeper

우리가 '한 삶'을 살아가면서 언제까지나 '키'가 커져야 하고, '영혼'이 깊어져야 할 일이 아니겠는가. 박노해 님의 어록은 아무 쪽이나 펼쳐 읽어도 '소리 없는 울림'이 있다. 이것이 '글의 힘'이다.

이제 지은이에 대해 짧게 말하자. 1957년생. 그는 80~90년대 노동운동의 레전드(신화이자 전설)였다. 이름만 봐도 알 수 있다. '박해받는 노동자의, 해방'. 시인 김남주의 아들 이름이 '금(김)토일'이듯이, 이런 선각자들 덕분에 이제 주 4일 노동 시대가 열리고 있다. 1984년 27살에 펴낸 첫 시집 『노동의 새벽』이 금서였는데도 100만 부가 금세 팔려 우리 사회와 문단에 큰 충격을 줬다. '얼굴 없는 시인' 박노해는 '사노맹(남한사회주의노동자동맹)'을 결성, 본격적이고 가장 치열한 혁명가가 되었다. 1991년 7년간의 수배 끝에 체포, 사형 구형에 무기징역을 선고받아 7년 6개월간 수감생활을 했다. '민주화운동 유공자'로 복권되었으나 국가보상금을 거부하면서 "과거를 팔아 오늘을 살지 않겠다"고 선언하고, 비영리 사회운동단체 '나눔문화'를 설립했다. 2003년 이후 이라크 전쟁터에 뛰어들면서, 세계의 가난과 분쟁 현장에서 평화 활동을 이어오고 있다. 나눔문화가 운영하는 〈라 카페 갤러리〉(종로구 효자동)에서 박노해 사진전을 상설 개최하고 있다. '적은 소유로 기품 있게' 살아가는 삶의 공동체를 꿈꾸고 있다.

20~30대 태반은 박노해, 이름 석 자조차 알지 못하고, 알려고도 하지 않겠지만, 나와 동갑내기인 그에게 우리 국민은 '마음의 빚'을 졌다고 생각한다. 일제강점기 독립투사들처럼 오래 간직해야 할 아름다운 그 이름, 박노해. 두 아들 내외에게 선물하려고 『걷는 독서』 두 권을 즉석 주문한 까닭이다. 그의 혁명은 계속되고 있다. 아마도 지금부터 오래오래 시작인 듯하다.

시인 신경림

2024년 5월 23일

'시인 신경림' 하면 지금의 정서로는 어림 반쪽도 없겠지만 1983년에 발표한 〈농무〉라는 시가 맨 먼저 떠오른다. 소생하고는 일면식도 없는 원로 문인이지만, 그의 삶과 작품세계에 대해선 쪼금 안다고 할 수 있을까? 그분이 어제 세상을 뜨셨다. 향년 88세. 언론은 '한국 문단의 거목' 또는 '거인'이라고 약속이나 한 듯 제목을 달지만, 나는 이런 지칭에 대해 찬성하지 않는다. '거목'임에는 틀림없으나 언론에서 의례적으로 쓰는 말 같아 천박한 느낌을 지울 수 없기 때문이다. '아, 돌아가셨구나. 참 조용한 성품에 쉬운 시에 민중을 사랑했던 진짜 시인이셨는데' '저그(레거시언론)들이 언제 신경림을 거목 취급하며 비중 있게 띄워본 적이 있나?' 중얼거리며 묵념했을 뿐이다. 그분은 민중 시인이라 해야 맞다.

책꽂이를 뒤졌다. 창비에서 펴낸 『농무』라는 시집은 없어진 듯하고, 『신경림의 시인을 찾아서』(정지용에서 천상병까지 22명 시인의 삶과 작품세계를 적확하게 풀어쓴 해설서. 신경림 저, 2002년 10쇄 펴냄)와 실천문학사에서 펴낸 신경림이 해설한 『농민시선집』(1985년)이 있는데, 〈농무〉 등 5편의 시가 실려 있다. 탈농화가 진행 중인 시대에 쓴 〈농무〉를 지금 읽으니 전혀 와닿지 않는다. 징이 울리고 막이 내리는 시골 동네 민속 잔치가 전멸하다시피 했고(그 대신 별 개떡 같은 '축제'가 빈 농촌지역에 6,000개가 넘는다 한다), 꽹과리를 앞세워 장거리로 나서도 따라붙어 악을 쓰는 조무래기는 눈을 씻고 봐도 없기 때문이다. 그 대신에 그분의 대표작이라 할 〈가난한 사랑 노래〉는 지금도 울림이 크다.

책을 좋아하다 못해 책방까지 차린 어느 정치인은 "민족의 삶과 아픔을 노래한 많은 시편이 지치고 힘든 일상을 살아내는 이들에게 큰 위로와 힘을 주었듯, 선생님이 두고 간 시들은 우리의 마음을 오래도록 울릴 것"이라고 썼지만, 지금, 오늘, 여기, 누가 한갓지게 시나 소설 나부랭이를 읽으며 이런 감상에 잠긴단 말인가, 그것이 문제로다. 또 한 신인 정치인은 "군홧발 세상에서 사람의 이야기를, 삶을 질박하게 노래한 분. 내 형제자매와 우리 부모가 밥상머리에서 하는 말을 시집으로 채운, 물 말은 밥에 짠지 같은 시를 남기셨다"며 애도한 후 "그 세상이 지나간 줄 알았는데, 아직도 입을 틀어막는 주먹이 있다"며 정치가다운 여운을 남기기도 했다. 군홧발 세상을 시로 이겨낸 깨끗한 시인. 시로 세상을 아름답게 하려고 조용히 바빴던 시인의 시를 한마디로 '물 말은 밥에 짠지 같은 시'라고 했다. 정치가가 되려면 이 정도 멘트는 날릴 줄 알아야 하지 않을까, 이건 인문학적 소양 문제가 아니고 인간(시인)에 대한 깊은 애정의 발로일 것이다.

그렇다. 시인 신경림은 진짜 '짠지 같은 시'를 썼다. 절친인 문학평론가는 "노인(1935년생) 속에 아기가 들어있는 (시인이 아닌) 사람. 권위주의라고는 조금도 찾아볼 수 없는 순수한 분. 시만큼이나 인품이 진짜 훌륭한 분"이라며 슬픔을 토했다. 안동의 은자 전우익 선생의 『혼자만 잘 살믄 무슨 재민겨』(현암사 발행)를 읽고 두 분이 심우(心友)라기에 부러워한 기억이 뚜렷하다. 한 문단 후배의 추모칼럼(한겨레 게재)이 너무 아파 링크를 걸었다. (https://v.daum.net/v/20240523142006815)

내가 지적(知的)으로 선악을 분별할 수 있었던 후부터, 존경하고 따르며 삶의 멘토로 삼고 싶었던 분들이 한 분 한 부 세상을 떠나는 현실이 가슴 아프다. 가슴이 먹먹하다. 김구, 장준하 선생까지 거슬러 갈 것까지 없다. 김대중 선생, 함석헌 선생, 문익환 목사, 백기완 선생, 신영복 교수, 홍세화 선생, 이어령 박사 등의 빈자리는 오래도록 클 것이다. 글로써만 만나 뵐 수밖에 없는 일은 슬픈 일이다. 좋은 사람과 이별도 슬픈데, 영별(永別)은 어쩔 것인가?

시로써 세상을 따뜻하게 만들려고, 평생 조용히 웃으며 애쓰던 '참 시인' 선생님의 명복을 빕니다.

신영복 선생

2024년 7월 16일

    신영복(1941~2016년) 선생님을 떠올리면, 직접 강의를 듣거나 뵌 적이 없어 잘 모르지만, 그분의 탁월한 저서 『강의-나의 동양고전 독법』『담론』 등을 탐독한 독자로서, 먼저 무조건 '존귀한 분'이라는 생각과 함께, 하늘이 왜 그런 분을 일찍 불렀는지 원망스럽기도 하다. 민중의 소주 〈처음처럼〉을 모르는 분은 없을 테지만, 〈어깨동무체〉로 불리는 독특한 필체의 글씨가 선생님의 작품. 서예가이기도 하다.

    최근 인문서 출판의 대명사라 할 〈돌베개〉 대표가 『신영복 평전』(최영묵·김창남 지음, 2020년 발행, 583쪽)이라는 귀한 책을 보내줬다. "야호" 소리가 절로 나왔다. 〈돌베개〉 출판사는 선생님과 처음 어떻게 인연을 맺게 됐을까? 장준하 선생의 『돌베개』를 비롯하여 백기완 선생 그리고 신영복 선생의 저서를 거의 전담하다시피 펴내고 있다.

꼭 읽어야 할 책을 미처 몰라서 읽지 못한 후배를 챙겨주는 한철희 대표에게 고마움을 전한다. 두꺼운 평전은 공저자들이 선생님을 제대로 기리려는 노력이 책갈피 갈피마다 빛나고 있었다. 책을 어렵게 다 읽은 소감을 단 한마디로 말하면 "읽는 내내 가슴이 먹먹했다" 그리고 아주 아팠다.

숙명여대와 육사에서 경제학 강의를 하던 27세의 교수가 운명처럼 통일혁명당 사건으로 2년도, 12년도 아니고 교도소에서 20년의 세월을 복역해서도 아니고, 지금은 고전이 된 옥중 서한집 『감옥으로부터의 사색』를 펴내서도 아니다. 정신적으로 고결한 인간이 엄청난 시련을 겪은 후에 피워낸 업적(후학 양성)과 깊은 사상을 다 펼치지 못한 것 같기 때문이다. 내처 책꽂이에 꽂아두고 읽지 않았던 그분의 서화에세이집 『처음처럼』(신영복 글·그림, 2008년 랜덤하우스 펴냄, 231쪽)도, 『더불어숲』 2권도 읽고, 『강의』도 펼쳐 보면서, 가신 지 8년이나 된 지금, 그분의 삶과 사상을 새삼 곱씹어볼 수 있어 좋았다. 이런 분들을 접할 때마다 '나는 무엇을 해야 하나? 어떻게 사는 게 잘 사는 건가?'를 생각한다. 지적 자극을 무한히 주면서 별로 볼일이 없는 삶을 성찰토록 해주니 얼마나 고마운 일인가. 무엇보다 정말로 '아름다운 사람'인 것을 알게 됐으니 좋은 일이다.

선생님의 동양고전 독법은 단순하다. 사람은 어울려 함께 산다는 것. 그분이 잘 썼던 "더불어숲"이라는 글자와 철학의 의미를 보자.

유교는 종교가 아닌 '관계의 철학'을 집대성해 놓은 것이라는 것을 여러 번 역설하고 강조한다. 너와 나, 너와 우리, 관계를 얼마나 많이 말씀하셨던가. 사람은 삶의 준말이라며 '삶'이란 멋진 글자도 자주 썼다. '사람'의 분자와 분모를 약분하면 '삶'이 되지 않던가. 우리의 삶은 사람과의 관계로 이루어져 있지 않은가, 가장 아픈 상처도 사람이 남기고 가고, 가장 큰 기쁨도 사람에게서 오는 것처럼 말이다. 유배지(장기 복역한 교도소)에서 핀 '사색의 꽃'이 바로 선생님이 남긴 몇 권의 저서와 서예 작품들이 아니던가. 그분의 해적이(일대기와 경력)는 『처음처럼』의 낱개 표지에 있는 설명으로 충분할 테니 대신한다. 낱개 표지에서 가장 인상 깊은 것은 '20대 청년 신영복'의 사진이다. 엘리트 청년의 반듯한 외모에 예리함이 숨어 있는 것 같다. 감옥에 가기 전의 사진 속, 그는 그때 무엇을 생각하고 어떤 꿈과 희망을 품고 있었을까? 그의 앞날이 그렇게 굴곡지리라는 생각을 한 번이라도 했었을까?

   글도 그 사람이고, 글씨도 그 사람이다(書如其人)라 하지 않던가. 그 말에 영락없는 사람이, 단연코 신영복 선생님이나. 평생 거짓말을 한 번도 하지 않으셨을 것 같은 선생님, 지천명이 다 되어 한 늦깎이 결혼, 사모님을 속 깊이 사랑하며 단 한 번도 부부싸움을 하지 않으셨을 것 같은 선생님(슬하에 아들이 한 명 있다), 참 깨끗하게 사시고, 좋은 말과 글 많이 남기시고, 따르는 많은 이들의 안타까움을 뒤로 하고 먼 길을 떠나셨다(한 문장에 존칭 어미는 한 번만 넣어야 하나, 선생님이기에 세 번이나 붙였다). 하지만, 선생님의 한뉘(일평생)는 '베스트 인플루언서'로서, 아니 우리의 '사상의 스승'으로서 우리의 삶에 오래오래 자양분이 될 것이다.

선생님이 즐겨 쓰시던 어록을 소개하며 졸문을 맺는다.

"인생에서 가장 먼 여행은 '머리에서 가슴까지의 여행'이라고 합니다. 냉철한 머리보다 따뜻한 가슴이 그만큼 더 어렵기 때문이지요. 그런데 그보다 더 먼 여행이 있습니다. 그것은 '가슴에서 발까지의 여행'입니다. 발은 실천이고, 현장이며, 더불어숲입니다."
⟨The longest journey for anyone of us is from head to heart. Another longest one is from heart to feet.⟩

아무리 따뜻한 가슴이라도 실천과 현장의 세계인 '발'까지 가지 못하면 '말짱 꽝'이겠지요. 선생님다운 어록이 아닌가요?

부기

선생님을 생각하면 겹치는 인물이 시인 박노해이다. 어쩐지 두 사람은 뭔가 꼭 집어 말할 수 없는데, 동일 인물로 느껴진다. 왜 그럴까? 실패한 혁명가, 지금은 전쟁과 가난으로 고통받은 제3국가를 걸어 다니며 흑백사진을 찍고 평화운동을 하는 박노해 시인도 선생님과 똑같은 '선인(善人)'이라는 생각

때문일 듯. 시인은 올해 초 『눈물꽃 소년』이라는 아름다운 자전 수필을 처음으로 펴냈다. 어렵지 않고, 우리 안에 고이 간직된 소년과 소녀를 만날 수 있을 것이다. 강추!

『나는 빠리의 택시운전사』 홍세화

2024년 4월 19일

정읍의 지인 형님이 "홍세화 선생 부고가 났네" 카톡을 보내왔다. 화들짝 놀라 검색을 해보니, 전립선암으로 1년 넘게 고생하다 항암치료를 끊은 채 마지막까지 사회활동을 하다 돌아가셨다 한다. 홍 선생을 잘 알지는 못해도(한겨레신문사에서 목례 인사를 나눈 적 있음), 1995년에 펴낸 『나는 빠리의 택시운전사』 책으로 처음 알게 됐고(망명자로서 삶의 폭풍을 겪는 과정과 애틋한 일화들로 열광적인 호응과 성원을 받음), 2000년 펴낸 문화비평서 『쎄느강은 좌우를 나누고 한강은 남북을 가른다』는 책을 통해, 그의 삶과 사상의 세계를 좀 안다고 할 것이다. 이미 '고전'이 된 두 권의 책은 아직도 서가에 있다.

1970년대 말 프랑스에서 회사원 시절 〈남민전:남조선민족해방전선〉에 연루돼 본의 아닌 망명을 했다. 순전히 먹고 살려고 빠리에서 택시운전사를 하다, 20년만인 1999년 그리운 고국으로 망명했다. 한겨레 편집위원 등 언론인으로, 노동운동에 늘 앞장선 진보적 지식인의 '상징'이 되었다. 무엇보다 그는 '관용'을 뜻하는 프랑스어 '똘레랑스(tolerance)' 개념(용어)을 이 땅에 선보임으로써, 흑백논리가 지배적인 우리 사회에 지적 성찰의 계기를 제공한 '똘레랑스의 전도사'였다.

그는 마지막 인터뷰에서 "이성의 빛을 잃는 순간, 우리는 인간임을 포기하게 된다. 맹자가 말한 측은지심, 수오지심, 사양지심, 시비지심, 이 사단(四端)이 바로 똘레랑스"라고 말했다. 또한 작년 1월 한겨레신문 칼럼에서 "자연과 인간, 동물과 인간, 인간과 인간의 관계는 성장하는 것이 아니라 성숙하는 것"이라고 했다. 그는 '소유(所有)에서 관계(關係)로, 성장(成長)에서 성숙(成熟)으로 뛰어오르는 단계'가 우리에게 주어진 숙제라는 것을 일깨워주는, 지상에서의 마지막 당부를 했다. 조국 대표가 말하는 '사회권 선진국'은 이를 뜻하는 것인지도 모르겠다.

똘레랑스, 하면 가장 먼저 떠오르는 그는 이 땅에서 사반세기 동안 진보 지식인 역할을 톡톡히 했다. 한겨레 기획위원과 편집위원으로 일했으며, 「르몽드 디플로마티크」 한국판 편집인을 지냈다. 그가 만든 한겨레 독자 페이지 '왜냐면'은 지금도 이어지고 있다. 그 페이지에 나의 졸문이 대서특필된 적이 있다. 진보신당 대표와 사회단체 〈장발장은행: 벌금형을 선고받고 돈을 못 내 형을 사는 사람들을 지원〉의 은행

장을 맡기도 했다.

　조용하고 올곧은 성품으로 많은 독자와 지인들의 존경을 받았던 홍 선생은 우리 곁을 떠나도 너무 빨리 떠났다. 맑은 얼굴만 보아도 선하고 사욕 하나 없는 의로운 사람이라는 게 확실하게 쓰여 있지 않은가. 선하고, 중요한 인플루엔서. 이런 슬픈 죽음의 소식이 있을 때마다 나는 종종, 자주 '하늘'을 원망하곤 한다. 100세가 흔한 요즘 세상에 1947년생이니 만 77세. 나보다 열 살 위 형님인 것을. 빨라도 너무 빠르지 않은가. 그는 '아름다운 사람'이 아니고 누가 뭐래도 '훌륭한' '존경받는 사람'이었다. 한국은 여전히 암담하고 할 일이 너무 많은데, 그처럼 공의와 타인에 대한 연민에 투철했던 사람들을 왜 이리 빨리 데리고 간단 말인가? 이런데도 그는 똘레랑스 하자고 외칠지 의문이다.

　함석헌, 문익환, 김대중, 백기완 선생은 고생은 하셨지만, 그래도 '거의 천수(天壽)'를 누렸다 치자. 하지만 조영래 변호사, 정치인 제정구, 전사(戰士) 시인 김남주, 장준하 선생과 쇠귀 신영복 선생을 비롯하여 이름이 많이 안 알려진 수많은 진보 인사들을 이렇게 일찍 꺾어버리는 그 '속내'는 과연 어디에 있는가? 도대체 알지 못할 일이다. 왜 이렇게 안타깝고 아쉽다는 말밖에 하지 못하게 만드는가? 반면에, 금방이라도 데려가야 할 '인간'들은 왜 데려가지 않고, 그들은 또 명까지 길고 부귀와 공명을 다 누리게 하는지 모를 일이다. 화가 난다. 하늘은 나의 이 '어리석은 질문'에 최소한 응답해야 한다. 근황을 모르고 있었기에 나로선 그의 돌연한 별세가 속상하고 애달프다. 삼가 고인의 명복을 빈다.

함석헌 선생님!

2023년 6월 13일

　　함석헌(咸錫憲.1901~1989) 선생님을 기억하시는 분들이-아직은 많이 있을 줄은 알지만-그래도 모르는 분들이 많을 것 같아 상당히 불안하다. '그 이름 석 자'를 알지 않으면 안 되는 분이기에 그렇다. 한국을 대표하는 인권운동가였다. 종교인이며 시인이자 역사가로서, 그가 지은 『뜻으로 본 한국역사』는 이미 고전이 된 명저이다. 1970년대 내내 「씨알의 소리」(1970년 4월호~1980년 7월호, 통권 95권 발행)라는, 50~60년대 한국의 지성계를 흔들었던 「사상계」을 뒤이은, 엄청나게 독특한 잡지를 만들어 낸 언론인이기도 했다.

　　서울 지하철 쌍문역 4번 출구에서 500m쯤 직진, 안내판을 따라 왼쪽 골목에 선생님의 체취가 고스란히 남아 있는 〈함석헌 기념관〉을 다녀왔다. 지난 목요일은 함석헌 기념관-문익환 기념관(통일의 집)-백기완 기념관을 찾으리라 작심하고 나섰다. 기념관이 꾸려지자마자 달려가도 부족할 일이었다. 선생님의 치열한 생애와 드높은 사상을 뒤늦게나마 기리고 또 기렸다. 한국인 최초의 노벨평화상 후보로 추천된 위인이어서가 아니다. '한국의 간디'라 불렸던 선생님을, 비폭력 평화사상가로서 그리고 동양고전(특히 노자와 장자) 특강 선생님으로 흠모했고, 실제로 강의도 여러 번 들었으므로, 진짜 '나의 선생님'이었기 때문이다.

 기념관 터는 아드님의 집으로 1983년부터 89년까지 선생님이 사신 곳이다. 선생님의 필봉은 매서웠다. 5·16 쿠데타가 일어나자마자 서슬 푸른 군부 세력에게 〈5·16을 어떻게 볼 것인가〉라는 제목의 글을 들이댔다. 50년대 후반 〈한국 기독교는 무엇을 하고 있는가〉와 〈생각하는 백성이라야 산다〉는 전무후무할 글을 「사상계」에 투고했을 때부터 알아봤어야 했다. 글 한 편으로 곧장 감옥행이라니? 선생님은 '펜이 칼이나 총보다 무섭다'는 진리를 실제로 보여줬다. 일제강점기에는 그렇게 수줍던 역사 선생님이 역사 전면에 나설 수밖에 없도록, 남북은 분단되어 통일의 길이 요원하고, 정치는 자유당 독재 공화당 독재로 나구 흘러가 끝 간 데를 몰라 '민중의 삶'은 갈수록 피폐해졌다. 재야 원로 투사가 된 것은 선생님이 원한 것이 아니었다. 그가 하느님처럼 믿고 떠받드는 민중, 즉 씨알을 살려야 했기 때문이었다. 용모부터 범상치 않았다. 잘 생기신 외모에 한 자나 되는 하얀 턱수염, 언제나 잘 차려입은 한복 차림의 선생님은 마치 산신령이 하강한 듯했다. 말씀은 조용조용해도 글만큼은 언제나 사자후였다. 사악한 위정자들을 겨누는 비수, 그 자체였다.

박정희 정권은 끝내 통일 운동가 장준하(張俊河.1915~1975)를 죽였다. 극도로 분노한 '행동하는 양심들'이 일어섰다. 어디 함석헌, 장준하의 뒤를 잇다 죽겠다는 문익환, 장준하의 아우 백기완뿐이랴. 74년 '유신체제 철폐를 위한 민주 회복 국민협의회'를 만들고 공동대표를 맡았으며, 76년 〈3·1민주구국선언〉에 앞장섰다. 3·1만세 시위에 참가한 이래, 45년 신의주 학생의거 '주범'으로 투옥된 이래, 감옥은 항상 선생님과 함께했다. 80년 신군부 세력은 선생님의 이름만 들어도 생래적으로 싫은 듯,「씨알의 소리」를 강제로 폐간시켰다. 88년 올림픽을 맞자, 그 연세에도 '서울평화선언'을 제창했으며「씨알의 소리」를 복간했다. 마지막까지 씨알(민중)의 자유와 인권을 위한 왕성하고 다양한 활동을 하는, 늘 민중의 자리에서 생각하고 행동하는 시대의 양심이었다.

아담한 기념관에는 평소 화초에 물을 주던 유리온실이 그대로 보존돼 있고, 전시실에는 선생님의 육필 원고와 저서, 유품 등이 전시돼 있으며, 정보검색과 영상으로 '인간 함석헌'의 면모를 느낄 수 있다. 사상 강좌, 기획 전시 등 '함석헌'을 주제로 한 프로그램으로 그의 삶을 재조명하고 사상을 깊이 배울 수 있을 것이다. 또한 2015년 개관한 이래 기념관은 주민 참여형 교양강좌 등을 많이 개설, 씨알 속에서, 씨알들과 함께 어우르는 작업을 많이 하고 있다고 한다. 사후에야 독립 유공자로 선정돼 대전현충원에 안장되었다.

 함 선생님은 시인이 아닌 시인으로 『수평선 너머』라는 시집을 유일하게 한 권 남기셨지만, 그 속에 영원히 빛날 시 한 편이 숨어 있다(대학로, 창동역 입구에 시비가 있다). 긴 전문을 모두 싣는 것은, 나직이 읊조려 봤으면 하는 생각에서다.

 만리길 나서는 날

 처자를 내맡기며

 맘 놓고 갈만한 사람

 그 사람을 그대는 가졌는가

 온 세상 다 나를 버려

 마음이 외로울 때에도

 '저 맘이야'하고 믿어지는

 그 사람을 그대는 가졌는가

 탔던 배 꺼지는 시간

 구명대 서로 사양하며

'너만은 제발 살아다오' 할

그 사람을 그대는 가졌는가

불의의 사형장에서

'다 죽여도 너희 세상 빛을 위해

저만은 살려두거라' 일러줄

그 사람을 그대는 가졌는가

잊지 못할 이 세상을 놓고 떠나려 할 때

'저 하나 있으니' 하며

빙긋이 웃고 눈을 감을

그 사람을 그대는 가졌는가

온 세상의 찬성보다도

'아니'하고 가만히 머리 흔들 그 한 얼굴 생각에

알뜰한 유혹을 물리치게 되는

그 사람을 그대는 가졌는가

'그 사람'을 가졌다면야, 세상 그 어떤 것도, 그 누구도 부럽지 않으련만 '그 사람'을 갖기가 어디 쉬운 일인가. 내가 누구에게 '그 사람'이 된다면, 한 세상 살아가는 가치와 나의 존재 의미가 충분히 있으련만. 나는 언제나 이 명시를 그런 마음으로 읊조린다.

부기

어쩐 일이었을까? 고교 2학년 때, 흥사단사무실에서 「기러기」라는 잡지를 보았던 것은. 그리고 「씨알의 소리」라는 잡지를 처음 보고 읽은 후, 정기구독을 신청했던 것은. 무슨 일이었을까? 지금도 알지 못하는 일이다. 오직 함 선생님의 고전 특강을 듣고자 하는 열망이 서울 지역 대학으로 진학하게 이끌었을까? 「씨알의 소리」 과월호를 대학교 앞 헌책방에서 하나둘 사 모았던 것도, 그것도 성에 안 차 「씨알의 소리」 영인본을 비싸게 샀던 것도, 이제 와 생각하면 모를 일이다. 졸시 '명제'를 투고해 실렸다는 기억만 있을 뿐, 오늘 새벽 영인본을 다 뒤져 끝내 찾아낸 것도 신기하다. 1979년 12월호 99쪽. 최상이라는 필명이 〈이별, 슬픔, 고통, 죽음을 날마다 잊지 말고 살아야 한다.〉는 무슨 말인지 모르겠다. 더구나 '주어진 한 삶'을 너무 열심히 살지 않아야 한다는 것은 또 무엇인가? 모르겠다. 하하하. 웃긴다. 당시 편집 잘못으로 마지막 구절 〈너와 난 언제고 '우리'이어야 한다.〉가 누락된 게 안타까워 연필로 써놓은 게 그대로 있었다. 이래서 기록은 소중하다. 노무현 바보 대통령도 "기록은 역사입니다."라고 썼다. 개인사는 개인사대로 중요하고, 국가사는 국가사대로 중요할 것이다. 미시가 거시가 되고, 거시가 미시도 되지 않던가.

우리 민족의 장쾌한 출발

2018년 10월 8일

"아득한 옛적의 어떤 날, 망망한 만주평원의 거친 풀밭 위로 먼동이 틀 무렵, (…) 흥안령 마루턱을 희망과 장엄으로 물들일 때 몸집이 큼직큼직하고 힘줄이 불툭불툭한 큰 사람의 한 떼가 허리엔 제각기 돌도끼를 차고, 손에는 억센 활들을 들고 선발대의 걸음으로 그 꼭대기에 나타났다. 흐트러진 머리털 사이로 보이는 널따란 그 이마에는 어진 이의 기상이 띠어 있고, 쏘는 듯한 그 눈빛에는 날쌤의 정신이 들어 있다. (…) 문득 솟는 해가 불끈 솟아 지평선을 떠날 때 그들은 한 소리 높여 '여기다!' 하고 외쳤다. 장사들의 우렁찬 소리는 아침 햇빛을 타고 우레같이 울리며 끝없는 만주벌판으로 내리달았다."

함석헌 선생의 역저이자 쾌저 『뜻으로 본 한국역사』는 이렇게 시작된다.

봉두난발한 채 형형한 눈빛으로 직시하던 우리 할아버지들의 땅, 만주벌판. 장쾌하지 않은가. 정말 찬란한 서사가 아닌가. 그렇다. 우리 민족은 곤륜산 기슭에서, 흥안령 마루턱에서, 천지 못가에서 이렇게 첫걸음을 내디뎠다. 삶에 조금씩 지쳐갈 때마다 나는 항상 이 구절을 떠올리며 힘을 냈다.

19세 때 이 책과 함 선생님을 동시에 만난 건 최고의 행운이었다. 단연코 내 인생의 책 제1호이다. 1975년 발간한(제일출판사) 고색창연한 책과 2003년 펴낸(한길사) 책을 대비해 본다. 몇 번을 통독했을까. 스스로도 기특하다. 이른바 역사관이 확립되었다.

저자는 셋째 판을 펴내며 『성서적 입장에서 본 조선역사』를 『뜻으로 본 한국역사』로 바꾸었다. "뜻"이 무엇이길래 바꾸었을까? 한국통사이자 통사의 큰 줄거리를 '만인의 종교'인 "뜻"이라 한 것이다. 이제, 그 뜻을 믿자. 우리 민족은 "5000년을 함께 살아왔고 (고작) 70년을 헤어져 살아왔"지 않은가.

함석헌 기념관에서 선물 받은 잡지와 책들.

문득, 다람쥐 쳇바퀴 같은 일상 속에서

재충전이 필요하다고 느낄 때,

마음의 힘을 채워주는 옛 사람들의 좌우명을 되짚어보자.

그들은 어떤 마음가짐으로 삶을 대했고,

 어떻게 삶의 파도를 헤쳐 나갔을까,

궁금하지 않으신가?

2장

옛 책 읽기의 즐거움

직필로 쓴 '조선망국사 50년' 『매천야록』

2018년 10월 11일

1910년 한일병탄이라는 미증유의 비극에 직면하자, 전남 구례에 사는 한 선비가 독약을 마시고 목숨을 끊었다. "나는 (꼭) 죽어야 할 의리는 없지만, 나라가 망하는 날 죽는 자가 한 명도 없다면 어찌 슬프지 아니한가"라는 유서와 절명시 네 편을 남겼다. 그중에 특히 가슴 먹먹한 한 편을 보자. "鳥獸哀鳴海岳嚬/槿花世界已沈淪/秋燈掩卷懷千古/難作人間識字人"(새와 짐승도 슬피 울고 강산도 찡그리네. 무궁화 온 세상이 이젠 망해 버렸구나. 가을 등불 아래 책 덮고 지난날 생각하니 인간 세상에 글 아는 사람 노릇하기 어렵구나.)

그가 구한말 '지식인'의 표상이라 할 매천(梅泉) 황현(1855~1910)이다. 그는 "도깨비나라의 미치광이(鬼國狂人)가 되지 않겠다"며 벼슬을 마다하고 궁벽한 시골에서 '역사의 기록자'로 은둔했다.

그가 기록했던 1864~1910년에 이르는 약 50년은 파란만장한 급변의 시대였다. 그가 이 기간의 역사적 사실과 사건, 공적인 문건, 단편적 일화와 해외 소식 등을 관찰하여 역사가의 관점으로 기록한 것이 『조선망국사』와 진배없는 『매천야록』이다. 취재원은 다양한 사료와 그가 교유한 여러 인물 그리고 관보와 신문(대한매일신보) 등이다. 이른바, 한국판 사마천의 『사기』라 할 수 있겠다. 최근 방영된 드라마 〈미스터 션샤인〉에 나오는 언론인을 보면서 매천이 자꾸 오버랩된 까닭도 그래서였을 것이다.

매천에게는 '구한말 3대 문장가'로 문명을 날린 '소울 메이트'(영재 이건창, 창강 김택영)와의 빛나는 우정이 있었는가 하면, 15세 아래의 아우 황원(1870~1944)과 뜨거운 우애도 있었다.

황원은 가형의 문집 제작을 위해 동분서주했으며, 항일독립투쟁에 헌신하다 해방 직전 절명시를 남긴 채 형의 뒤를 따랐다. 최근 『매천 황현을 만나다』(이은철 지음. 2010년 심미안 펴냄)에서 읽은 그들의 우정과 우애에 새삼 감동과 경의를 표하며, 다시 한번 역사를 생각한다.

오늘을 바라보는 거울 『사필』

2018년 10월 10일

〈조선왕조실록〉은 조선 태조부터 25대 임금 철종까지 472년간의 역사를 기록한 888책의 방대한 분량을 자랑한다. 왕실의 동정과 임금의 언행, 국사 처리 과정, 백성들의 풍속과 생활 등 다양한 사실이 기록되어 있다. 1993년 민족문화추진회(한국고전번역원의 전신)와 세종대왕기념사업회가 20여 년에 걸쳐 완역, 413책으로 발간했다. 실록은 세계적으로 유례를 찾기 어려운 귀중한 역사 문헌이다.

실록 기록의 중심에는 사관이 있다. 젊은 엘리트그룹인 사관들은 직필을 견지하고 곡필을 경계했다. 특히 이들은 임금을 비롯한 왕실에 대한 평가와 당대의 신하와 대형 사건 그리고 제도에 대한 주관적 의견을 남겼다. '사신왈(史臣曰)' '사신논왈(史臣論曰)' 등이 그것으로, 이를 사론(史論)이라 한다. 조선 전기 실록에만 3,400여 건의 사론이 실려 있는데, 57%가 인물에 대한 논평이다. 『사필(史筆)』은 대표적인 38건의 사론을 실었다.

　연산군은 폭군, 중종은 무능 군주 등으로 기록한 대목도 만나는데, 이는 후대 임금이 선대 임금의 실록을 볼 수 없게 법으로 규정하여 가능했을 것이다. 또한 명정승으로 알려진 어느 재상은 사실 적폐 청산의 대상이었다는 사실도 알게 된다. 임금 중 가장 터프한 태종도 사관을 두려워하여 사냥하면서 낙마한 사실을 사관에게 말하지 말라 일렀거늘, 사관은 이 말조차 기록해 놓았다. 군신의 선악(善惡)을 붓으로 기록하여 천추에 남기는 엄격한 역사, 어디 임금만 두려워했으랴. 부정부패를 일삼은 비리 공직자(신하)들도 한둘이 아니었을 것이다. 오늘날 우리가 이들의 사론에 주목해야 하는 까닭은 무엇일까? 조선의 현안을 직시한 사관의 논평에서 현재 사회를 진단하고 '거울'처럼 비춰볼 수 있어서이지 않을까.

『후설』 '민낯의 역사'에서 교훈을

2018년 10월 11일

사도세자는 영조의 아들로 뒤주에 갇혀 죽음을 맞이한 비운의 왕세자이다. 하지만 어린 시절에는 아버지의 눈길이 퍽 다정했다는 기록이 있다. 불과 네 살 된 동궁에게 "글씨 쓴 종이를 네 스승한테 갖다 드려라"고 하자 동궁이 일어나 이광좌에게 직접 주었다. 동궁이 다시 글씨 쓴 종이 1장을 어유귀에게 주었다(『승정원일기』 1738년 1월 21일 기사). 이때만 해도 훗날 참혹한 운명을 상상이나 했겠는가.

이 일기는 무엇이고, 『후설』은 또 어떤 책인가. 왕명의 출납을 관장하던 승정원은 오늘날 대통령비서실에 해당한다. 사극에 나오는 도승지는 비서실장(장관급)이고, 승지는 수석비서관이다. 임금의 언행 등 국정과 관련된 모든 내용을 정7품 주서가 일기 형태로 기록했다. 조선 전기의 일기는 임란 때 소실되었고, 1623~1910년 288년간의 기록이 3,245책에 2억 4,300만 자로 남아 있다. 이 일기에는 임금을 중심으로 펼쳐지는 다채로운 국정의 이모저모가 생생하게 담겨 있다.

승정원의 별칭을 제목으로 한 『후설』(임금의 목구멍과 혀라는 뜻)은 한국고전번역원이 『승정원일기』를 13%쯤 번역하는 과정에서 일반인들도 알아야 할 사실을 중심으로 펴낸 대중 인문 교양서이다. 조선조 정치·경제·사회·문화와 관련된 내용이 풍부하게 실려 있기에, 우리는 '민낯의 역사'를 낱낱이 엿볼 수 있다. 조선시대 기록문화의 금자탑, 역사 현장을 전달해 주는 생생 르포, 역사와 문화가 살아 숨 쉬는 생명체라고도 하지만, 중요한 것은 이 엄중한 기록에서 역사적 교훈을 얻어야 한다는 것이다. 또한 역사 문화 콘텐츠로의 활용을 극대화하여 우리 곁에 역사가 살아 숨 쉬게 해야 한다는 것이다. 1994년 번역을 시작한 이래 22%의 번역률을 보이고 있다. 100% 완역이 되려면 최소 50년이라는 게 큰 문제이다.

칼럼의 으뜸은 '고전 칼럼'

2024년 1월 4일

　연말연시 1주일 새 '고전 칼럼' 54편을 음미하며 읽었다. 좋아하는 분야의 글들이어서 더욱 그렇지만, 고전 칼럼은 여러 분야의 칼럼 중 으뜸이라고 생각한다. 54편은 한 한문학자(박수밀 한양대 교수)의 작품이다. 하루 한 편씩 읽는 게 좋을 듯한데, 두 달 동안 '해치우고' 나면, 뭐랄까, 정신이 조금은 성숙해 있지 않을까 싶다. 그런데 문제는 '하루 1편' 읽는다는 게 결코 쉬운 일이 아니다. 생각해 보라, 영어 회화 공부를 하루 15분씩 하루도 빼놓지 않고 반년만 하면 제법 잘할 터인데, 그게 어디 쉽던가. 무엇이든 꾸준히 한다면 그만큼 성취가 있을 터인데, 대부분 작심삼일에 그치고 만다. 그러니 『성경』이나 대하소설 『태백산맥』이나 『혼불』 등을 필사하는 사람들을 보면 존경심이 절로 우러난다.

아무튼, 신간 『오래 흐르면 반드시 바다에 이른다』(박수밀 지음, 토트출판사 펴냄, 242쪽)는 부제 '하루 한 문장, 마음에 새기는 성현들의 좌우명'답게 54인의 좌우명들을 칼럼으로 쉽게 풀이해 놓았다. 여기에서 성현이란 '역사 속 지식인'을 말한다. 퇴계, 율곡 등 유명한 학자도 있으나, 처음 들어보는 조선조 문인들도 많다. 좌우명은 늘 자리 옆에 가까이 두고 생활의 지침으로 삼는 말이나 문구. 영어로는 Motto나 Mission Statement라 할 것인데, 삶의 방향성, 정체성, 목적 등을 제시하는 '인생 교훈'일 것이다. 누군가 너의 좌우명이 무엇이냐고 단도직입적으로 물어보면 무어라 답변할 것인가? 한마디로 말하지 못해도 뭔가 있지 않겠는가? 하다못해 근면 성실이라고 할 수도 있겠고, 가화만사성을 들먹일 수도 있으리라.

　아아-, 조선조 성현들도 장삼이사인 우리와 다름없었다. 다만, 한문 지식으로 상당히 고차원적으로 풀었을 뿐이지, 사색하고 성찰하는 것은 마찬가지. 소소한 일상생활에서도 교훈으로 삼아야 할 덕목은 얼마든지 있다. 그들의 생각을 엿보는 것은, 우리가 살아가는 데 있어 오늘의 거울이 되기 때문일 것이다. 박제가는 "힘을 다해 책을 읽고 시간을 헛되이 버리지 말라(努力讀書 勿虛抛時月)"고 했다. 세종대왕은 "독서기불유익(讀書豈不有益)"이라며 '정사를 잘하려면 반드시 책을 읽어라'고 했다. 퇴계는 "자신을 속이지 말라"며 무자기(毋自欺)를, "삿된 생각을 하지 말라"는 사무사(思毋邪), "혼자 있을 때를 삼가라"는 신기독(愼其獨), "모든 것을 공경하라"는 무불경(毋不敬) 등 4개의 경구와 함께 평생의 좌우명으로 삼았다. 이용휴는 "어제는 지나갔고 내일은 오지 않았다. 하려는 것이 있으면 오늘에 달렸을 뿐이다(昨日已過 明日未來 欲有所爲 只在當日)"이라며 카르페 디엠(Carpe Diem)을 얘기했다.

그런가 하면, 이원익은 "남에게 원망함이 없고, 자신에게 잘못이 없도록 하라. 뜻과 행동은 위와 비교하고, 분수와 복은 아래와 견주어라(無怨於人 無惡於己 志行上方 分福下比)"라 했고, 장혼은 극히 가난하면서도 모든 것을 긍정하는 자족(自足)의 삶을 살면서, 호를 이이엄(而已广)'이라 했는데, 이이(而已)는 그뿐이면 됐다, 엄(广)은 집을 뜻한다. 그는 배고프면 밥을 먹으면 '그뿐'이고, 목마르면 물을 마시면 '그뿐'인 삶을 살다가, 죽으면 '그뿐'인 삶을 살았다. 채제공은 "편하게 살기 위해 최대한 힘을 기울이라"며 매사진선(每事盡善)을 좌우명으로 살았다.

문득, 다람쥐 쳇바퀴 같은 일상속에서 재충전이 필요하다고 느낄 때, 마음의 힘을 채워주는 옛사람들의 좌우명을 되짚어보자. 그들은 어떤 마음가짐으로 삶을 대했고, 어떻게 삶의 파도를 헤쳐 나갔을까? 궁금하지 않으신가. 저자는 말한다. "삶은 외롭고 가련한 것"이라고. 나도 그 명제에 늘 동의하는 사람이기에, 삶이 힘들고 지칠 때마다, 성현들의 삶의 철학이 녹아 있고 묻어나는 좋은 글들이 나에게 따뜻한 위로와 격려가 되곤 한다. '아항, 이분들의 삶도 내 삶과 별반 다를 게 없구나. 나와 다른 것은 이분들은 끊임없이 수양(마음의 도를 닦음)하면서 노력하고, 경건하게 산 게 다르다'는 것을 느낀다.

옛사람들은 대부분 살아 있을 때 문집을 내지 않았다고 한다. 본인이 살아생전 펴낸 문집은 몇 권 되지 않는다. 사후에 그의 아들들이나 제자들이 남긴 글들을 모아 한 권의 책으로 펴낸 게 상례이다. 한국고전번역원이 1986년부터 2012년까지 26여 년에 걸쳐 옛사람 1,258명의 문집(통일신라말 최치원의 '계원필경'을 비롯해 구한말 황현의 '매천야록'까지 1,259책)을 영인하여 500책으로 펴낸 게 『한국문집총간(韓國文集叢刊)』이다. 가히 우리 민족의 보물이자 위대한 유산인데도, 우리글로 100% 번역되려면 부지하세월인 게 안타까울 따름이다. 그나마 20% 번역된 국역 문집에서 우리 선현들의 삶의 숨결과 사상과 철학의 숨결을 엿볼 수 있어 얼마나 다행한 일인가. 솔직히 칸트고 뭐고 다 저리 가라! 인 것을, 우리 후손들이 모를 뿐이다. 박수밀 교수가 옛글에서 숱한 이야기를 캐내어 우리에게 한문을 벗어나 어떻게든 쉽게 우리글로 전달하고자 하는 기특한 뜻도 여기에 있을 것이다. 역사실록의 번역도 중요하지만, 문집 번역도 나라에서 총력을 기울여야 하는 까닭이 여기에 있다. 역사는 바로 오늘의 거울이므로. 그까짓 권력이 뭐라고 부나비처럼 날뛰는 철부지 설익은 정치인들은 명심하라.

참고로, 나의 좌우명은 고교 시절 명심보감에서 배운 구절 '일일청

한(一日淸閑) 일일선(一日仙)'을 지금껏 고수하고 있다. '하루를 살면서 마음을 깨끗이 하고 한가로우면 하루 동안만큼은 신선이 된다'는 뜻이다. 나아가 날마다(日日) 청한(淸閑)의 마음으로 산다면 날마다(日日) 신선이 되지 않겠는가. 마음대로 되면 얼마나 좋으리. 정초에 좋은 고전 칼럼 모음집을 읽어 기분이 좋다.

『학산당인보』와 전각

2024년 7월 30일

　한문학자 정민 교수(한양대)가 엮고 지은 『돌 위에 새긴 생각』(2000년 1쇄, 2017년 개정판 열림원 펴냄)을 통해 명나라 말기 장호(張灝)의 『학산당인보(學山堂印譜)』를 알게 됐다. 옛글에서 좋은 글귀를 간추려 당대의 내로라하는 전각가들에게 새기게 한 작품 200여 개가 실려 있는 인보(책)이다. 서예와 조각, 회화와 구성을 아우르는 종합예술이라는 '전각(篆刻)'의 세계에 관심을 두게 된 지 4년 만에야 이런 귀중한 '인보'의 존재를 알게 된 것은 순전히 게으른 탓이다.

　전각의 글씨는 바로 밑에 원문이 실려 있지 않으면 거의 한 자도 알아보지 못할 뿐만 아니라 뜻풀이도 할 수 없다. 흰 것은 종이, 검은 것은 글씨일 뿐. 그런데, 정교수가 좋은 글귀에 대해 짧은 '쏙쏙 해설'까지 해줌으로써 한 권의 아담한 책이 되어 나같이 우둔한 독자를 한없이 행복하게 해주고 있다. 고마운 일이다. 엮은이는 복 받을 것이다. 조선의 '책만 아는 바보' 간서치(看書癡) 이덕무를 아실 터, 그 이덕무가 이 인보에 필이 꽂혀 풀이 글을 따로 베낀 후 『북학의』라는 저서로 유명한 박제가에게 서문을 부탁했다고 하고, 그 서문 원문이 고스란히 남아 전하고 있다는 것이 아닌가. 감격스럽다. 아마도 정민 교수가 그 서문을 국역했을 텐데, 어찌나 명문인지(원문이? 국역문이? 아니면 둘 다? 그것을 내가 안다면 내가 아닌 것을), 이 책을 한 장 한 장 넘기며 사색과 성찰을 거듭할 수밖에 없는 일이다. 이런 일은 '큰일'이지만 '보람된 일'이다.

박제가는 대뜸 "오늘날 총명하지 못한 자는 옛사람의 책을 무덤덤하게 보는 것이 문제"라고 못 박았다. 옛사람들이 결코 범상한(보통의) 말을 하지 않았을 터인데, 오늘날 사람들은 어찌 그것을 무심코 보느냐는 질책이 잇따랐다. 또한 이 글귀들이 "멍청한 자를 지혜롭게 할 수 있고, 우뚝함은 여린 자를 굳세게 할 수 있으며, 소인들의 원망하는 마음을 가라앉히기에 충분하고, 군자의 바른 기운을 붙들어 세우기에 넉넉하다"면서 "진실로 명리의 심오한 곳집이요, 글쓰기의 열쇠이며, 용렬한 자의 눈에 낀 백태를 긁어내는 쇠칼이요, 무너지는 풍속의 버팀돌인 셈"이라고까지 상찬하지 않은가. 일단 서문만 읽어도 마음이 확 당겼다. 마지막 구절은 더욱 비장하다. "아! 압록강 동쪽에서 무덤덤하지 않게 책을 보는 자가 몇이나 되랴. 결국 사람들은 내 말을 믿지 않을 것이 분명하다. (嗚呼! 鴨水以東, 不淡看書者幾人. 則宜余言之不見信也夫. 噫!)" 하하하. 조선의 나라에서 자기의 말을 믿고 제대로 책을 읽을 사람이 없는 것을 한탄하고 있다.

대체 얼마나 대단한 글귀들이 실렸기에 이렇게 옛사람이 '호들갑'을 떠는 것일까? 아니나 다를까, 원문을 먼저 읽은 후, 원문을 새긴 인장을 살펴보고, 교수가 해설한 짧은 글을 읽으며 한 장 한 장이 한없이 더디게 넘겨졌다. 서안 머리에 인장 하나하나를 올려놓고 그 뜻을 곰곰 음미하자면 하루로도 부족할 좋은 글투성이다. 말하자면, 좌우명(늘 앉은 자리 옆에 갖춰두고 가르침으로 삼는 문구)으로 필요충분 조건을 갖춘 명구들의 집합이다.

전각이란 방촌(사각 모양)의 돌에 글자나 그림을 새기는 것인데, 글자를 새긴다는 것은 곧 자기의 마음을 돌에 새긴다는 뜻이다. 그러니까 돌에 글자를 새겨 꽃을 피우는 예술. 그래서 전각 예술인 진공재는 '심각(心刻)'이라는 단어를 만들었을 터. 그는 독학자습으로 익힌 전각과 서예를 바탕으로 나이 32살때부터 9년간 인대가 끊어지는 등 시련을 극복하며 혼신의 힘을 다해 명철보신의 글귀로 가득한 〈채근담〉 12,611자를 새겼다. 그 결과, 흑발이 백발로 변했다하니, 중국의 천자문을 왜 백수문(白首文)이라 하는지 그 까닭을 미뤄 짐작할 수 있겠다 (4자성어로 250구를 지은 주흥사의 머리가 몽땅 흰머리가 됐다는 고사).

오죽했으면, 당대의 거장이 진공재의 채근담 작품을 보고 "암중분

효한(暗中分曉漢. 어둠에서 새벽을 가르는 사나이)"이라고 했을 것인가? 미쳐야 미친다(不狂不及 불광불급)는 말이 절로 생각난다. 무슨 일이든 미치지 않고서야(不狂), 미치는(성취하는) 일이 어디 있겠는가(不及)?『미쳐야 미친다(不狂不及)』라는 제목으로 책을 펴낸 사람이, 여기 소개하는『학산당인보』를 엮은 정민 교수이다. 정 교수는『한시미학산책』『와당의 표정』『한서 이불과 논어 병풍』『다산의 재발견』『책벌레와 메모광』『옛사람이 건넨 네 글자』『우리 선시 삼백수』『석복』『일침』『18세기 한중 지식인의 문예공화국』등 고전들을 풀이한 쟁쟁한 저서들이 수두룩하다.

 옛사람들의 뜨거운 숨결을 인장의 행간에서 느껴 보자. 돌 위에 새겨진 옛사람들의 생각을 따라 읽어가다가, 오늘, 지금, 여기 우리의 삶을 성찰해 보는 것이 어찌 헛된 일이랴. 200여 개의 인장 작품 중 개인적으로는 가장 마음에 드는 글귀는 맨 첫 페이지에 실린 아래의 글이다.

 〈好學者는 雖死若存이요, 不學者는 雖存이나 行尸走肉耳니라(배우기를 좋아하는 사람은 비록 죽더라고 산 것과 같고/배우지 않는 자는 비록 살아 있다고 해도 걸어 다니는 시체이고, 달리는 고깃덩어리일 뿐이다〉

무명의 서지학자 박영돈

2024년 3월 30일

〈시간여행〉(근현대 유물 수집 사무실)에서 문화유산국민신탁 김종규 이사장의 『사인본』 도록 다음으로 발견한 책이 『野樵二十五賢士手簡寫本集(야초25현사수간사본집)』과 『1962년 國防部長官 朴炳權 內務部長官 韓信 兩將軍手簡寫本(국방부 장관 박병권 내무부 장관 한신 양장군 수간사본)』을 함께 묶어놓은 앨범 크기의 두툼한 책이었다. 야초는 이 앨범을 엮은 박영돈의 호이고, 현사는 어질고 뛰어난 선비(학자나 문인), 수간은 본인이 받은 손 편지를 말함이니, 25명의 현사로부터 받은 손 편지의 진본을 영인한 사본 묶음집이다. 또한 1962년 당시 국방부 장관 박병관과 내무부 장관 한신의 손 편지를 같은 방식으로 묶은 것인데, 오고 간 봉투를 보니, 박영돈이란 분이 육군 일등병, 상병, 병장 시절에 감히 꿈도 꾸지 못할 두 장관(양장군)으로부터 받은 손 편지들이었다.

이럴 수가? 어떠한 연유로 당시 나는 새도 떨어뜨릴 만한 국방부 장관과 내무부 장관이 군대 졸병인 이분에게 정중하게 예를 갖춰 손 편지를 쓴 것일까? 본인이 보낸 손 편지는 사본이 없으니, 내용을 알 수 없지만, 너무 궁금했다. 또한 현사 25명의 손 편지는 호기심이 부채질해 부지런히 책(?)을 넘기는데, 이름들이 모두 낯익다. 소설가 박종화 김동리 오영수 이주홍, 철학자 박종홍, 시인 조지훈 신석정 서정주 이영도 유치환, 화가 오지호, 서예가 김응현, 사학자 황수영 김원룡 신용하, 한문학자 이우성, 서지학자 이겸노(통문관 관장), 석정 스님, 이지관 스님, 1999년 안기부장 이종찬 등이다.

더구나 이 현사들이 보낸 편지의 내용을 보면 하나같이 정중한 예를 갖추며 고맙다고 쓰여 있다. 도대체 이분이 누구이길래 당대 각계의 명사들과 손 편지 교류를 했단 말인가? 학력도 전북 완주의 화산 초등학교 졸업이 끝이고, 약력이 경남여고 정원사 5년, 부산은행 경비(수위) 30년. 지극히 평범하고 이름 없는, 야초라는 호처럼 들에서 나무나 풀을 베는 듯한 사람인데, 어찌 된 일일까? 수수께끼는 앨범 뒷장에 붙여진 2007년 노무현 대통령으로부터 받은 표창장으로 조금 풀렸다. "보각국사 비문 복원을 통하여 국가 사회 발전에 이바지한 공로가 크다"가 그를 표창한 이유였다. 보각국사라면 『삼국유사』를 지은 일연(1206~1289) 스님이 아닌가. 아하-, 재야의 이름 없는 서지학자여서 내가 한 번도 못 들어본 사람이구나.

1971년 청계천에서 우연히 보각국사비(군위 인각사, 보물 428호) 탁본 일부를 산 것을 시작으로 35년 동안 국내외에서 탁본 30여 종을 찾아 4,050자를 7년간 모두 집자(集字), 복원했다는 것이다. 삼국유사를 집필하고 그곳에서 열반한 일연 스님의 인각사 보각국사비는 원래 3.9m로 웅장했으나 몸체가 동강 나고 비문이 10% 정도만 남을 정도로 훼손되었다고 한다. 금석문의 정점으로 평가돼 명나라에서도 탁본을 요구할 정도였으니, 그 복원은 역사적으로나 문화적으로 큰 의미가 있을 터. 역시 '인생도처유상수'임을 또 한 번 느꼈다.

손 편지는 지금 거의 사라졌다고 해야 할까. 옛 분들은 편지 한 줄도 정성을 다했다. 어떻게 국방부 장관이 일개 졸병에게 이토록 정성을 다해 편지를 주고받았을까? 박영돈 일병이 무슨 사연으로 편지를 썼는지 모르지만, 장관조차 감동할 만한 내용이었기에 답신을 보냈으리라. 신기하고 믿기도 어려운 일이다. 직업의 귀천을 갖고 일개 여고의 정원사와 지방은행의 수위를 우습게 보는 것은 아니나, 누가 봐도 이런 일이 가능하다고 생각할 수 있을까. 아마도 편지마다 문자향이 폴폴 풍기는 진짜 향기롭고 아름다운 사람이 아니었을까? 대한민국 최고의 철학자(박종홍), 유명한 소설가(박종화 등)와 시인(조지훈 등)이 그와 편지를 주고받았으니, 그는 자기 삶에 있어 '영광'이라고 생각했을 터, 이처럼 정성스레 앨범으로 묶었으리라. 귀한 자료이다. 아직 살아

계신 듯한데, 검색해도 알 수가 없는, 무명의 서지학자가 일연 스님의 비문을 복원했으니 어찌 놀랍지 아니한가. 뵌 적도 없지만 경의를 표한다. 이런 분들이 우리 사회를 맑고 향기롭게 만드는 비타민 같은 분이 아닐까 싶다.

부기

전북 지역에 일찍부터 유명한 수필가 목경희 여사가 계셨다. 친구의 자당으로, 나를 친자식처럼 예뻐해 주셨다. 큰아들이 바둑 해설가로 유명한 박치문 씨. 그분의 수필집을 거의 다 읽었는데, '전북의 박완서'라 할 만한 문인으로 아름다운 글을 많이 남겼다. 말년에 새벽기도를 가던 중 뺑소니 교통사고로 기억력을 잃은 채 별세했다. 평생 중앙의 문인들과 주고받은 편지 3,000여 통을 골라 서한집 『숲의 향연』을 펴냈는데, 나와 주고받은 편지 서너 통도 실려 있다. 박영돈 선생의 『수간사본집』을 보며, 그분이 떠올라 새삼스레 그분의 서한집을 뒤적여보는 주말 아침이다.

사물의 개념을 잡아주는 320자 『김성동서당』

2022년 9월 29일

'언젠가는 제대로 읽어봐야지' 하며 사둔 책을 발견하는 것은 큰 즐거움이다. 그 재미가 제법 쏠쏠하다. 『김성동서당』(청년사 펴냄, 각 180여 쪽) 1, 2권이 그렇다. 발행 연도를 보니 2005년, 17년 전인데, 이제야 보다니? 해도 너무 했다. 지금은 틀림없이 절판되었을 터, 운이 좋다면 알라딘중고서점 등에서 구할 수 있을까. 김성동은 『만다라』를 쓴 소설가인데, 한문과 우리 말과 글에 조예가 깊은 것으로 알고 있다. '만다라'는 영화로도 히트를 쳤는데, 환속 스님의 운수행보(雲水行步) 내용이었던 것 같다. 최근엔 『국수』라는 화제의 소설을 쓴 것으로 기억한다.

한자 320자만 알면 사물의 이치와 개념을 확연히 알 수 있다는 『김성동서당』은 어떤 책인가? 예전에 한자를 진서라 했다. 진서 320자,

꼭 알아야 할 글자들이다. 작가의 말에 의하면, 5대조도 아닌 6대조 할아버지(순조 때 당상관 무신)가 직접 320자(천자문의 1,000자가 아니다)를 골라 해서로 쓴 책자로 네댓 살 때 배웠다는 것이다. 당연히 5대조, 고조부, 증조부, 조부와 부친도 이 책자로 한자를 배웠을 것은 불문가지. '어섯눈을 뜨다'는 말을 아시는가? 사물의 대강을 이해하여 스스로 생각할 수 있게 된다는 뜻이다. 작가가 풀어내는 320자만 알게 되면, 우리가 날마다 마주치는 사물들의 이름과 여러 가지 현상의 개념을 확실하게 이해하게 된다는 것이다. 사람의 자식으로 태어난 이상, 몇십 년을 살든 최소한 어섯눈은 뜨고 살아야 하지 않겠는가. 청맹과니는 안될 말이다. 따라서 이 책은 어린이와 청소년들을 위해 쉽게 풀어쓴 기초한자집이라고 해도 되겠다. 성인을 위한 책이 아니라고 무시해서는 안 될 일이다. 어른들이 동화를 읽어서 나쁠 까닭이 있겠는가. 문제는 나이를 먹어가면서 순수성을 잃어가는 게 아니겠는가. 오히려 어섯눈을 뜨는 데는 이런 책이 훨씬 더 나을 수도 있겠다.

어느새 한자와 한문 문맹자가 되어버린 우리는 뜻글자(표의문자)인 한자와 한문을 모름으로써 아주 중요한 것을 잊거나 잃고 살아가는 것이 아닌가, 종종 생각한다. 그런 의미에서 어른들이 이 책을 읽어야 할 필요가 있다. 우리 아이들에게는 '어떻게 살 것인가' '사람의 도리는 무엇인가' 등 인성을 기르게 하는데 "딱"이다. 6대조 할아버지도 후손들이 올바른 인성으로 '한 세상'을 살아가라는 뜻으로 320자를 골랐으리라. 작가를 비롯한 작가의 선조들도 어릴 적부터 이 책자로 '공부법'을 배웠을 터. 5대이면 최소 150년, 손때가 묻어 반질반질해졌을 책자, 할아버지들의 숨결이 바로 들리거나 사랑스러운 손길을 느끼지 않았겠는가. 하여, 6대조 할아버지가 쓴 그 글씨를 그대로 스캔하여 책에 실었다.

이 책을 통해 처음 안 사실 하나만 적시하겠다. 지금 사람들은 사람 수를 셀 때 "한 명, 두 명….." 또는 그냥 "하나, 둘, 셋….."이라 하지만, 크게 잘못된 것이라 한다. 사람은 '물건'이 아니기 때문에 예전 사람들은 "한이, 둘이, 서이, 너이, 다섯이, 여섯이, 일곱이, 여덟이, 아홉이, 열이"라고 했다는 것이다. 나도 옛날 어른들이 이렇게 세는 것을 어릴 적에 들었다. 참 다행한 일이다. 여기에서 '이'는 '그이' '저이' '이이'처럼 '사람'을 나타내는 높임말. 인본사상(사람이 먼저다. 사람을 존중해야 한다)의 밑바탕이라고 해야 할까.

작가의 머리말은, 50여 년 전 장죽으로 놋재떨이를 두드리며 320자를 가르쳐주시던 할아버지의 말이 상기도 귀청을 두들긴다며 "배우고 익히면 군자가 되구, 배우지 않은즉 소인이 되는 법, 아무리 아름다운 옥이래도 다듬지 않구서는 그릇을 맹글 수 읎듯이, 사람으루서 배우지 않는다면 의를 알지 뭇허너니…. 배운 사람은 논에 베(벼)와 같구 배우지 않은 사람은 피와 같은 법이니…."라고 끝을 맺는다. 아무리 인공지능 시대라고 해도 베와 피를 구별하지 못하면 되겠는가?

하여, 그 320자를 한지에 졸필이지만 몽땅 써 벽에 붙여놓았다. 제법 그럴듯하다. 이런 일을 하며 되작되작 나 혼자 깊어가는 가을에, 익어가고 있다.

권말 부록인 〈우리말 사전〉이 또 인상적이다. 가멸지다: 살림살이가 넉넉하다, 갑션무지개: 쌍무지개, 고갱이: 핵심, 고빗사위: 가장 종요로운 고비에서 아슬아슬한 순간, 능갈맞다: 얄밉도록 몹시 능청맞다, 띠앗머리: 동기간에 사이좋게 지내는 것, 뱀뱀이책: 교양서, 벼리: 일이나 글에서 뼈대가 되는 줄거리, 부림짐승: 가축, 손곤춤: 합장, 숨탄 것: 모든 동물, 쓰개질: 없는 일을 거짓으로 꾸며서 남을 못된 구렁텅이에 빠지게 하는 짓. 무함, 알음알이: 지식, 애젓하다: 가슴이 미어지게 안타깝다, 물몬: 사물(事物), 얄보드레하다: 속이 환히 들여다보일 만큼 얇고 보드랍다, 야로: 남한테 숨기고 우물쭈물하는 속셈이나 수작. 흑막, 웅숭깊다: 도량(마음, 그릇, 틀, 생각)이 넓고 크다, 일떠서다: 기운차게 일어서다, 저저금: 저마다. 제가끔. 따로따로, 종요로운: 중요한, 짯짯이: 빈틈없이 꼼꼼하게, 채신없이: 말과 몸가짐이 가벼워 남을 대할 때 낯이 없이. 경솔하게, 톺다: 샅샅이 더듬어 뒤지면서 찾다, 풀잎사람: 여느 사람. 서민. 백성. 민초(民草), 한허리: 중심, 헤살질: 남의 일을 짓궂게 훼방하는 짓, 활찌다: 드넓게 펼치어져 있다, 한갓지다: 아늑하고 조용하다

1958년 펴낸 『서재여적』

2024년 7월 26일

친구의 공방에서 '귀한 책'을 발견하자마자 즉시 빌렸다. 『書齋餘滴-大學敎授隨筆集(서재여적-대학교수 수필집)』이 그것인데, 단기 4291년 펴낸 것이니 1958년, 지금으로부터 66년 전이다. 화폐개혁 전의 정가 900圜(환). 251쪽. 고색 찬연하다. 당시 내로라하는 교수들에게 수필 몇 편씩을 써달라 했는지 차례가 '원고 도착순'이다. 모두 58편. 장정은 운보 김기창, 표지 제자는 월탄 박종화의 작품. 참으로 옛날 사람들의 존성대명들이다. 교수 17분의 이름 뒤에 괄호로 나이가 적혀 있는 게 특이했다. 모두 당대 최고의 지식인이자 지성인들로, 지금도 문명의 향기가 가득 남아있는 '명문장가'들이다.

피천득(48세. 6편) 박종화(58세. 5편) 양주동(56세. 6편) 김성진(54세. 5편) 주요섭(56세. 6편) 유진호(63세. 5편) 이병도(60세, 6편)

이희승(63세. 3편) 이양하(55세. 4편) 손우성(55세. 4편) 조용만(50세. 2편) 이헌구(54세. 2편) 박종홍(56세. 1편) 이하윤(53세. 4편) 오화섭(43세. 2편) 장익봉(54세. 1편) 권명수(48세. 2편). 이병도 교수는 친일 사학자라서 그랬는지 책에 그 부분만 잘려 있었다. 과문의 소치로 김성진(서울대 의대)-권명수(연세대 영문과) 교수 성함은 처음 들어봤지만, 다른 분들은 너무나 익숙한 이름이어서 반가웠다. 한 시대를 풍미한, 철학-역사-영문학-불문학-문학평론가 등 유명한 학자 교수들이자 빼어난 문필가들이다.

   당시만 해도 한자어는 모두 한자로 표기할 때여서 지금의 젊은 독자들은 거의 읽지 못할 터. 그들 특유의 한자투성이 고투의 표현들, 그리고 글 속에 배어 나오는 익살과 유머 등이 아주 재밌어 몰입했다. 수필이기에 현학적이지 않으나, 양주동의 〈서경별곡 평설〉만 완벽한 논문 형식이어서 난해했다. 지금 다시 읽어도 시대를 뛰어넘는 '글맛'이 있어 좋았다. 맨 첫 페이지에 나오는 수필가 피천득의 〈수필〉은 이렇게 시작된다. "隨筆은 靑磁 연적이다. 수필은 蘭이요 鶴이요, 청초하고 몸맵시 날엽한(날렵한) 여인이다." 이미 고전이 된 명구가 아니던가. 역사 소설가로도 유명한 박종화 교수의 〈僧舞〉라는 글을 보고 깜짝 놀랐다. 시인 조지훈의 유명한 〈승무〉 시의 해설인가 했더니, 민속무용으로 자리 잡은 승무가 환속한 여승의 회춘(懷春)의 음탕한 춤에서 유래됐다는 것이다.

'대한민국 국보'라고 호언장담한 양주동 박사의 글은 역시 천의무봉. 〈문주반생기〉를 읽는 듯했다. 〈신록예찬〉으로 유명한 이양하 교수의 수필은 또 어떠한가. 대부분 50대 나이로 학계에서 명성이 자자한 분들이라 그런지, 모두 글에 품격이 있었다. '그렇지, 글을 쓰려면 딱 이렇게 써야지'하는 '餘滴(여적)'(여록=학자나 언론인들이 틈틈이 쓴 심심풀이 잡문이랄까. 지금도 경향신문엔 '여적'이라는 고정칼럼이 매일 실린다)들이 대부분이었다. 두 번씩 읽은 글도 있었으나, 철학자 박종홍 교수의 〈길〉은 흥미로웠다. '길'이 어찌 길(way)일 수만 있는가? 길은 말씀(word)이고 방법(method)이기도 한 것을. 길의 중의적인 의미를 철학적으로 풀어놓아, 깊이가 있기에 지금 어디에 실려도 가치가 충분할 것이다. 일제강점기를 겪으며 살아온 지식인들의 고뇌 어린 글, 궁핍한 생활 속에서 발생하는 희로애락 등을 맛깔스럽게 풀어내는 데 시간 가는 줄 모르고 읽었다.

무엇보다 갈피 갈피마다 '문자향(文字香) 서권기(書卷氣)'를 충만하게 느낄 수 있어 좋았다. 그들이야말로 '골방 샌님'이 아니고 멋을 아는 풍류맨들이었다. 53년 휴전협정으로 분단이 굳어진 지 10년이 채 안 된 시점에서 문학평론가 이하윤 교수가 쓴 당시의 신조어 〈失鄕私民〉을 읽다 보면 가슴이 먹먹해진다. 글쟁이 의사였던 김성진 교수의 〈變節한 五倫〉의 한 대목을 보며, 작금의 세태와 사회윤리와 비교하면서 쓴웃음을 지었다. "君臣有義는 民主絶이요, 父子有親은 三八絶이며

夫婦有別은 解放絶이고 長幼有序는 同侔絶이며 朋友有信은 思想絶이라"는 재담은 무슨 뜻인가? 군신유의야 민주정치로 전환되었으니 충성과는 다른 개념이지만, 부자유친, 즉 효도는 어떠한가? 38선만큼 단절되었다는 뜻이다. 부부유별은 해방 이후 洋風(양풍)이 몰려와 부부의 엄격한 에티켓이 많이 흐트러졌고 남녀관계가 문란하게 되지 않았던가. 장유유서는 말할 것도 없다. 선생을 同接親舊(동접친구)로 아는 세상이 됐음을 개탄하고 있다. 붕우유신의 경우, 친구 간에 배신이 횡행하고 있지 않은가. 김 교수는 "倫理敎育을 徹底히 하고 道義心을 昂揚하여 무너져가는 五倫을 다시 일으켜 세우자"며 글을 마쳤다. 이제 와 오늘날은, 무슨 '개 풀 뜯어 먹는 소리'일까? 아니다. 그럴 수는 없는 일이다. 영국의 석학 토인비나 버트런드 러셀도 한국의 오륜 문화를 얼마나 상찬했던가.

 헌책방에서 구하기도 어려운, 이런 얇지만 귀한 책을 통하여 옛사람들의 일상과 생각들을 엿볼 수 있다는 것은 좋은 일이다. 소장하고 있다면 책값도 솔찮을 듯하다. 20~30년 후에 법정 스님의 수상록들을, 우리 손자 세대들은 어떤 마음으로 읽을까 궁금하다. 그때쯤이면 '활자 문화'는 완전히 거하고 100% 디지털 세상이 되어 있을까? 모를 일이거니와 내가 상관할 일이 아닐 듯하지만, 왠지 나는 그것이 걱정된다.

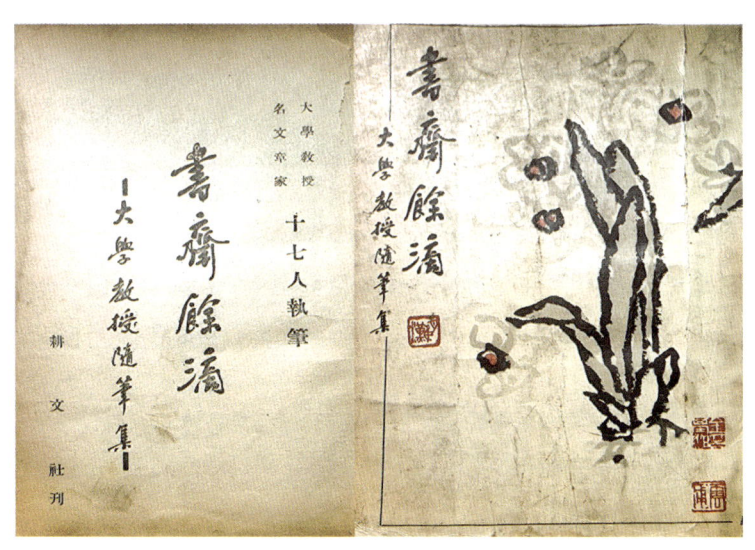

단기 4291년에 펴낸 『書齋餘滴-大學教授隨筆集』(서재여적-대학교수 수필집)

마음을 담은 한 장, 척독

2024년 4월 25일

　오늘 아침, 어젯밤 난생처음 무쳐 먹은 산취나물의 풍미 이야기를 단상으로 썼더니, 몇몇 지인이 반가운 댓글을 보내왔다. 두 시간 동안 논두렁 풀들을 예초기로 사정없이 '지지고' 돌아와 샤워한 후 핸드폰을 보니 5통이 와 있다. 기분이 삼삼했다. 멀리 포항에 사는 친구는 "네가 무친 산취나물 먹고 싶다", 인천의 여성 독자는 "다음에는 오라버니 밭 구경을 하겠다. 아내분 사랑하는 맴이 새록새록 하군요. 귀여우세요. 오늘도 행복한 날 되세요."라는 귀여운 댓글을 보내왔는가 하면, 또 한 친구는 말미에 아내에 대한 글을 보고 "남편이 지은 망부가로세. 하하. 건필!", 서울의 지인 선배는 "아내에게 바치는 우천(나의 호)의 산문이네!"라고 보내왔다. 아무리 졸문의 생활글이지만, 이 정도 반응만 있으면 '핑호와'가 아니겠는가. 게다가 오늘 새벽, 지난 3월 15

일 전주에서 연 '출판기념잔치' 때 사진을 찍은 후배 친구가 동영상을 5개나 보내왔다. 인근에 사는 원로 선배가 늘 하던 건배사가 떠올랐다. 그분이 참석자들에 대한 덕담을 한 후 "그렇다면?"을 선창하면, 우리는 "마시자"라고 외치며 술잔을 비우곤 했다. 좋은 건배사 같아 저작권을 언급한 후 써먹기도 했다. 아무튼, 오늘은 좋은 날이다! 그렇다면? 마시는 도리밖에 없질 않겠는가. 하하.

댓글을 대하며, 불현듯 생각나는 얇은 책이 생각나 서가를 뒤졌다. 『척독尺牘, 마음을 담은 종이 한 장』(박경남 지음, 2015년 한국고전번역원 발행, 162쪽)이 그것이다. 척독이란 1자(약 30cm)의 짧은 글로 된 편지를 이른다. 고대 중국에서 길이 1척쯤 되는 나무판을, 편지를 쓰는 재료로 사용했다고 하여 척독이다. 편지글은 대개 일정한 형식을 따르는데, 척독은 그런 형식에 구애받지 않고 자유로워 쓰는 이의 개성이 잘 드러난다. 엽서 글이라 보면 되는데, 요즘의 트위터 같은 SNS라 할까? 아무튼, 조선조 선비들이 자기의 생각이나 근황 등을 주고받은 대표적인 척독을 몇 편 모아놓은 책이다. 짧지만 내용을 압축하여 긴 여운을 느끼게 하는 시와 같은 예술성과 품격을 지닌 것이 많아, 읽으면 읽을수록 얼마나 멋지게 보이는지 모르겠다. 진정, 조선의 선비들은 멋을 아는 풍류남이 많았던 듯하다. 한자 원문은 생략하고, 번역본 중에서 압권이라 할 3개의 척독을 소개한다.

조선의 천재 이단아 허균이 친구 이재영에게 보낸 척독이다.

"처마의 빗물은 똑똑똑 떨어지고 향로의 향냄새 솔솔 풍기는데 지금 두엇 친구들과 맨발 벗고 보료에 앉아 연한 연근을 쪼개 먹으며 번뇌를 씻어볼까 하네. 이런 때에 자네가 없어서는 안 되겠네. 자네의 늙은 마누라가 으르렁거리며 자네의 얼굴을 고양이상으로 만들겠지만 위축되지 말게. 문지기가 우산을 받고 갔으니, 가랑비쯤이야 족히 피할 수 있을 걸세. 빨리빨리 오시게나. 모이고 흩어짐이란 항상 있는 것이 아니니, 이런 모임이 어찌 자주 있겠는가. 헤어지고 나면 후회해도 돌이킬 수 없을 것이네."

이런 초대장을 친구로부터 받으면 기분이 하늘을 날 듯하지 않겠는가. 멋찌당!

신정하라는 문인이 친구에게 보낸 두 번째 척독을 전재한다.

"시를 지어 기록하겠다는 말씀이 참으로 좋습니다만, 지금 그대가 보내온 편지를 읽어보니 글자마다 모두 시인데, 더 시를 지을 것이 있겠습니까? 만일 그대가 더 짓지 않는다면 나 역시 그대처럼 이 편지로 시를 대신하겠습니다. 어떤가요?"

다음은 연암 박지원이 친구에게 보낸 척독이다.

"그대는 짐을 풀고 말안장을 내리도록 하시오. 내일은 비가 올 거니 말이요. 샘물이 요란한 소리를 내고 시냇물이 비린내를 풍기고 흙 섬돌에는 개미 떼가 밀려들고 왜가리는 울며 북으로 가고 연기는 서려 땅으로 치닫고 별똥은 서쪽으로 흐르고 바람도 살펴보니 샛바람이 아니겠소?"

우정이 새록새록 솟아나는 것 같지 않은가? 이런 게 친구 간의 소통이고 커뮤니케이션이거늘. 조선의 선비들이 그립고 부럽다. 아아-, 내가 2백 년 전에 태어났다면, 그 '맛'과 '멋'을 쬐금이라도 누려볼 수 있었을 것을. 오호, 통재.

87세 선생님이 보내주신 책 선물

2023년 8월 29일

어찌하다 보니, 내 휴대폰에 1,300여 명의 명단이 있다. 오지랖하고는? 솔직히 별로 바람직하다고 생각지는 않는다. 그런데 그 많은 사람 중에 '선생님'이라는 이름으로 저장한 두 분이 계신다. 한 분은 초중고등학교와 대학교까지 통틀어 16년 동안 유일하게 존경하는 고3 때 담임선생님이다. 다른 한 분은 한국고전번역원(교육부 산하 전문학술기관)에서 4년여 근무하면서 만나 뵌 원로 한문학자이다. 그분을 존경하는 이유는 '내가 나이 들면 저런 분이 됐으면' 하는 '진짜 원로'이기 때문이다. 첫째 생각이 유연하시다. 1937년생, 우리 나이로 87세. 평생 한문학만 공부하셨지만(동아대학교 국문학과도 졸업했다), 한 번도 잘난 체하는 것을 못 봤고, 언제나 조용조용, 점잖으시다.

그분에게 한문 한 줄 배운 적이 없지만, 나를 늘 아끼는 제자나 후배 또는 동료처럼 대해 주셨다. 황감한 일이다. 산일(오전에 2년 선배의 묏자리를 파는 일)을 하고 오니, 툇마루에 놓인 책 선물. 얼른 뜯어 보니, 선생님이 펴낸 『뿌리 깊은 논어』(논어집주대전 현토 완역. 노상복 역주, 이스턴퍼블리싱 펴냄, 각 385쪽, 365쪽) 상, 하권이었다. 너무 반갑고 놀라 전화를 드렸다. "뭐 대단한 것이라고, 전화까지 하냐?"며 수줍어하신다. 2016년인가 선생님을 기관지에 싣고자 인터뷰를 한 적이 있었다. 그때 "논어는 인생독본서로서 200번을 읽어도 부족하다"고 말씀하신 것도 떠올랐다. 이 논어 역주 책은 2002년부터 현재까지 한국학중앙연구원의 청계서당에서 강의한 것을 제자들이 녹취하여 정리한 것이라 했다.

선생님은 청계서당 말고도 성고서당, 신고서당 등에서 사서오경을 강의해 왔으며, 지금도 『예기』와 『춘추』를 강의하는 87세의 '당당한 현역'이다. 원래 신학문을 공부한 후, 뒤늦게 고명한 선비를 만나 7년 동안 한학 공부에 전념했다고 한다. 그 선생님이 중재(重齋) 김황(金榥. 1896~1978)으로, 우리나라 마지막 유종(儒宗)으로 일컫는 분이다. 중재의 마지막 제자. 중재는 10년 공부를 중단한 제자를 "3년만 더 공부하면 문리(文理)가 완전히 트일 텐데" 하며 안타까워했다고 한다. 북한산록 진관사에서 인터뷰 당시에도 스승님과 선친을 회고하며 하염없이 우시던 선생님 모습에 뭉클했었다.

아무튼, 논어집주대전을 현토하여 완역한 역주집인 만큼 '새로 읽는다'는 마음으로 읽겠지만, 과연 완독할 수 있을까? 솔직히 장담은 못하겠다. 다만, 선생님의 저서 선물로 인하여, 2018년 무술년 원단에 선생님께 직접 받은 연하장을 기억해 내 여기저기 찾아 마침내 발견했다. 그때도 무슨 뜻인지도 몰랐지만, 기억을 더듬어 옥편을 찾았다. '餞迓茂祿(전아무록)'이라니? 헤어진다는 전(餞), 맞는다는 아(迓), 아름답다는 무(茂), 복록 록(祿) 자인데, 묵을 해를 보내고 새해를 맞으면서 일년 내내 아름다운 복록이 가득하기를 바란다는 뜻이다. 멋지다! 너무 유식하다! 그 아래에는 '구경재(久敬齋) 주인 최대아(崔大雅)를 위하여'라고 쓰여 있고, 끝에 '학산노초(學山老樵)'가 썼다고 되어 있다. '대아(大雅)'라니? 대아는 나이가 비슷하거나 문인에 대해 편지 겉봉의 상대편 이름 밑에 쓰는 '00 님께' 정도의 지칭이란다. 언감생심, 황공무지할 일이다. 학산은 선생님의 호. 이런 연하장을, 그것도 스무 살도 더 위인 원로 한학자로부터 받아본 사람이 있느냐며 자랑도 칠 일이다.

게다가 선생님은 퇴직 후 고향에 내려가 아버지와 '제2의 삶'을 살겠다니까 요즘 세상에 보기 드문 '송서(送書)'까지 써주셨다. 송서는 한문학의 독특한 문학 장르. 격식에 맞는 송서를 쓸 수 있는 사람은 대한민국에 열 명도 채 되지 않으리라. 감격, 감동한 기억이 새로웠다.

참, 나는 복이 많다. 많아도 너무 많은 것 같다. 한 친구가 "너는 참 행복한 놈이다"고 한 말이 맞다. 엊그제는 어느 고등학교 교장샘이 당신의 교육철학을 온전히 터놓은 칼럼 모음집 『부모, 쉼표』라는 역저를 보내주셔서 사람을 감동하게 했다. 또 연전엔 모교인 성균관대 중문과 교수로 퇴직한 분이 『우리말 속뜻 논어』와 『우리말 속뜻 금강경』을 보내주셨다. 이것 참. 바쁘다. 그 어려운 책들을 언제 어떻게 다 읽을까? '즐거운 비명'은 이럴 때 쓰는 관용구인가?

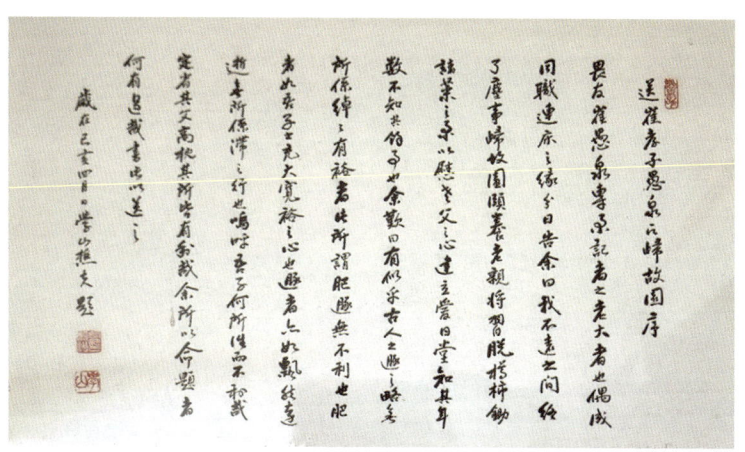

정년퇴임하고 고향으로 내려가 아버지와 제 2의 삶을 살겠다는 나에게 학산 노상복 선생님이 직접 써준 송서(送書)이다.

아무리 세상이 혼탁해도 어딘가에는

'눈 밝은 사람' '가슴 따뜻한 사람'이 있다는걸,

가슴 조이고 겨우겨우 살아가는 가난하지만,

마음만큼은 부자인 사람들을

한 마디 글과 말로 위로해 주는 사람이

'못된 인간'들보다 몇천 배 많다는 것을 알게 될 것이다.

3장

책에서 흔들린 마음

"마시지 않을 수 없는 밤이니까요"

2023년 9월 25일

누구든 언제나 "술을 왜 마시냐?"고 물으면, 즉석에서 즉각 "마시지 않을 수 없는 밤이니까요"라고 대답하는 '술꾼' 여성 작가가 있다. 그가 바로 수십 년 전 『빨치산의 딸』(2005년 필맥출판사 복간본 1, 2권으로 펴냄)로 실화 소설의 정점을 보여주더니, 지난해 『아버지의 해방일지』로 히트를 친 정지아(1965년생)이다. '대다난' 술꾼임을 처음 알았다. '혼술'로도 타의 추종을 불허하는 대가인 모양이다. '술의 입맛'도 별나게 고급이다. 어느 선지식은 자기를 보려면 3천 배를 하고 오라고 했다지만, 그는 '조니워커 블루라벨'과 '던힐 라이트' 한 보루를 가지고 오라고 했다던가.

그가 최근 에세이집을 냈다. 제목이 바로 『마시지 않을 수 없는 밤이니까요』(마이디어북스 발행, 319쪽)이다. 아산에 사는 아는 형이

"재밌어 죽는 줄 알았다"며 순전히 나에게 선물할 생각으로 서울로 가지고 올라왔다. 이게 어디 보통 성의인가? 이렇게 글로써 '친구'를 사귈 수도 있구나 싶어 눈물 나게 고마웠다. 이런 실례를 '이문회우(以文會友)'라 할 수 있을 듯하다.

좌우지간 34편의 '술 이야기'는 재밌어도 너무 재밌어 진짜로 단숨에 해치웠다. 토요일 오후, 수원에서 오수까지 오는 버스 안에서 잠시도 한 눈 팔 마음의 여유가 없었다. 술 이야기를 이렇게도 재밌게 쓸 수 있구나, 가능하다면 나도 함 써보고 싶은 생각이 들었으나, 주졸(酒卒)도 못 되는 주제에 언감생심, 언제나 저 지경(경지)에 오를꼬? 왕 부러웠다. 며칠 있다가 가을걷이를 한 후 차분히 재독할 생각이다.

집에 돌아와 서가에서 맨 먼저 찾은 책이 왕년에 자타가 공인하는 '국보' 무애 양주동 박사의 『문주반생기(文酒半生記)』(1962년 신태양사 발행, 1,800환)였다. 불행히도 수주 변영로 선생의 『명정 사십년(酩酊 四十年)』은 언제 어디서 잃어버렸는지 없어 서운했다. 술에 관한 한, 위의 두 책은 고전이다. 일세를 풍미했던 재사와 명사의 '고졸스런' 술 이야기였다. 이제사 그 뒤를 이은 술 이야기가 나타난 것은 불행 중 다행이라고 할까?

유튜브에서 작가의 인터뷰 동영상을 몇 편 봤는데, 환갑에 가까운 나이에 아름다운데도 예쁘지 않다고 말하는 게, 농담이지만, 내가 잘 쓰는 표현으로 '겸손의 개수작' 같았다. 하하. 구례 반냇골에서 백수(白

壽)의 어머니(물론 당연히 빨치산 출신. 아버지 역시 빨치산으로, 팔십이 넘은 얼마 전 돌아가셨다. 장례를 치르는 3박4일의 이야기를 소설로 꾸민 게 『아버지의 해방일지』)를 모시고 사는 촌뜨기 아줌마이자 문학박사 정지아. 나로선 뉘앙스까지 그대로 느낄 수 있는 구수한 사투리도 반갑고, 조근조근 풀어내는 그녀만의 독특한 수다가 밉지 않을 뿐 아니라, 하루빨리 만나 술 한잔하고 싶다. 블루와 던힐이 지금 당장 수중에 없어 안타까울 뿐이다. 진짜로 그 두 개의 선물을 갖고 가면 반겨줄까? 우리는 친구가 될까(친구 되기는 하늘의 별 따기다. 친해지려면 최소 10년은 걸리는 체질인 모양인 듯)?

유감이 있다면, 작가는 막걸리를 싫어하는 듯, 주종(酒種)에 한 번도 등장하지 않는다. 어제는 광주의 사귄 여동생이 해창막걸리 12도와 9도짜리 6병 한 박스를 추석 선물로 보내왔다. 황감한 일이다. 일반 장수막걸리가 1병(750ml)에 보통 1,500원쯤 하는데, 해창 12도(900ml) 1병에 16,000원이란다. 9도는 1만원. 상품 차별화가 좀 심했지만, 마셔보면 뭔가 달라도 다르다는 것을 알 수 있다. 게다가 같은 크기 1병에 12만원짜리도 있다니 기찰 노릇이다. 프리미엄 해창막걸리 1병에 12만원, 어디 이해가 되는가? 심지어 술 한 병에 160만원짜리도 있다니, 자본주의 만세라도 불러야 할 판인가.

4부로 구성된 (졸라) 재밌는 에피소드들은 앞으로도 그가 구례에 살든 서울에 살든 쭈욱 이어질 것이다. '지리산 행복학교'의 버들치 시인과 낙장불입 시인처럼. 가난은 뭐 조금 불편할 뿐, 별것 아닐 수도 있다. 우리 같은 범생들이야 언제나 절절매며 불평불만을 입에 달고 살지만 말이다. 스승님(소설가 신상웅)과 존경하는 선배(김사인 시인)와 몇 날 며칠 음주 여행 등의 이야기 속에는 술 잘 마시는 것을 자랑하는 게 아니고, 휴머니즘 같은 따뜻함이 배어 있다. 스승 그리고 동료와 선후배에 대한 인간적 사랑 같은 것 말이다. 어찌 슬픔이 없겠는가? 허나 그 속에는 해학과 위트, 풍자가 있다. "술이 소화제라"며 날마다 술을 마셔대는 할머니 이야기는 웃프기까지 한다. 빨치산의 딸이어서 슬펐던 때는 성장기의 트라우마처럼 그저 '한때'였다. 그런 후로는 줄곧 재밌게 살았지 않았는가. 그저 그렇고 그런 작가가 아닌, 그만이 쓸 수 있는, 그만이 그렇게 살 수 있는 '수줍은 자존심'이 있었지 않았을까. 그의 자당은 딸이 문학박사가 되어 얼마나 자랑스러울까? 2년이면 너끈히 보내드릴 수 있겠다 싶어 낙향했다는데, 어언 10년이 훌쩍 넘고, 온갖 약을 다 끊고 건강하시며 '딸바보'라니 행운아의 할머니가 아닌가.

　양주동 박사와 변영로 선생의 실수 연발의 술주정 이야기는 우리를 여러 번 포복절도하게 만들곤 했지만(『문주반생기』와 『명정 사십년』 책은 구하기 어려울 것이나, 다행히 범우사 문고판으로 나와 있다), 작가 정지아의 술 이야기는 술을 잘 못하는 우리로 하여금 '무슨 술을 그렇게 (여자가) 만나게(맛나게가 아니다) 마실까? 원 세상에 참'이거나 '술이 그렇게 만날까? 그럼 나도 한번 마셔볼까?' 슬그머니 술을 당기게 만든다. 『아버지의 해방일지』 제목처럼 『마시지 않을 수 없는 밤이니까요』도 제목 한번 참 잘 지었다. 블루나 발삼(발렌타인 30년산) 그리고 던힐 라이트를 구하기 위해서라도 조만간 외유를 해야겠다.

수주 변영로의 『酩酊 四十年』

2023년 10월 11일

    수주(樹州) 변영로(卞榮魯)(1898~1961)의 『酩酊 四十年-無類失態記(명정 40년-무류실태기)』을 어렵게 구해 다시 읽었다(범우문고 20, 2021년 5판 4쇄. 초판 1쇄가 77년 6월이니 여전히 팔리는 고전인 모양이다). 재독한 까닭은 순전히 『빨치산의 딸』을 쓴 정지아 작가의 『마시지 않을 수 없는 밤이니까요』라는 에세이집을 읽었기 때문이다. 더불어 양주동(梁柱東. 1903~1977) 박사의 『문주반생기(文酒半生記)』도 읽게 됐다. 까마득히 잊힌 글들을 새로이 읽는다는 것은 좋은 일이다. 신기한 것은 처음 읽을 때와 느낌이 상당히 남다르다. 하기야 '불멸의 고전'이자 인생독본서인 공자의 어록집 『論語(논어)』는 10년 단위나 세대를 두고 읽을 때마다 감상이 다르다지 않던가.

    아무튼, 수주 선생은 글담처럼 입담까지 좋았을까? 나는 그것이 몹시 궁금하다. 포복절도(허리가 꺾어지거나 배꼽이 빠지는)할 일화투성이(그것을 무류실태라 했다)의 책. 새삼 술이란 무엇일까를 생각나게 했다. '수주의 술'과 '우천(필자의 호)의 술'은 어느 게 같고 어느 게 다른 것일까? 한 천재 문인이 일제강점기 우리 말과 글을 사랑하면서 어찌 '맨정신'으로 버틸 수 있었겠는가? 취생몽사(醉生夢死)가 그 방편이었을까? 그는 26살에 『조선의 마음』이라는 시집을 펴냈다. 몇 년 전 방영된 「TV 진품명품」에서 예상 경매가 3,000만원을 호가했다. 그만큼 국문학사적 가치가 큰 작품으로 희귀본이다.

  명정은 정신 못 차리게 취한 상태. 요즘 세상엔 대부분 믿기지 않는, 그런 명정의 실태가 용납되는 사회 분위기가 신기하기까지 했다. 5, 6세 아이가 술 냄새에 도취돼 술 항아리를 기어오르다 실족했다니, 또 그런 아이에게 아버지는 곧바로 술을 마시게 했다니, 연신 혀를 내두르게 하는 이야기뿐이다. 숱한 한문 투의 단어들은 고졸한 문장의 맛을 한껏 풍긴다. 수주는 타고난 '주태백'이었던 모양, 죽을 때까지 건강하게 술을 들고 갔으니, 원도 한도 없는 인생을 살았다할 것인가. 저 세상에서 가가대소(呵呵大笑), 껄껄껄 웃는 소리가 들리는 듯하다. 금세 취해 해롱해롱 정신을 잃고 마는 나 같은 주졸은 오직 부러울 뿐. 조지훈 시인의 〈주도유단(酒道有段)〉에 나는 몇 급이나 될까? 한심한 일이다.

  그의 장형 변영만(卞榮晩. 1889~1954)과 중형 변영태(卞榮泰.

1892~1969) 선생은 동생인 수주보다 몇 배 더 천재였던 모양이다. 오죽하면 '한국의 3변(卞)'이라 불렀을까? 변영만 선생은 구한말 법학자이자 한문학자로 어마무시하게 박학다식했다고 한다. 오죽하면 그가 위당 정인보(鄭寅普.1892~?)선생에게 "면무식했다"고 했을까? 위당의 "나나 되니까 면무식 소리를 듣는다"고 했다는 대답도 걸작이다. 〈중국의 3소(蘇)〉에 걸맞은 〈한국의 3卞〉. 경기도 부천이 낳은 최고의 위인들로, 3형제가 의좋게 나란히 누워 있다. 〈중국의 3소〉는 당송 8대가인 소순(蘇洵)과 그의 아들 형제 소식(蘇軾. 호 동파, 중식 동파육의 유래) 소철(蘇轍)을 일컫는다.

  수주 선생은 1919년 기미독립선언서 전문을 영어로 번역했으며, 기자로도 활동했다. 또한 1936년 손기정의 마라톤 금메달 소식에 다리만 트리밍하여 '위대한 건각'이라는 제목으로 잡지에 실었다고 한다. 또한 선생은 해방 이후 성균관대 영문학과 교수도 역임했다. 한 세대만 빨리 태어났다면 선생을 뵐 수 있었을까? 필자는 영문도 모르고 영문학과를 졸업했지만, 1회 대선배의 증언을 듣는 행운이 있었다. 강의를 하다가도 목이 마르다며 교문 밖에서 술을 마시고 와 '주강(酒講)'을 했다던가. 아아-선생이 일제강점기 내내 찾았던 〈조선의 마음〉은 어디에 있을까? 어디를 가야 찾을 수 있을까? 그 시와 선생의 대표작이라 할 〈논개〉를 전재한다. 부천시는 지난해 〈수주문학관〉을 개관하여 그를 기리고 있다.

조선의 마음을 어디 가서 찾을까

조선의 마음을 어디 가서 찾을까

굴속을 엿볼까 바다 밑을 뒤져볼까

빽빽한 버들가지 틈을 헤쳐볼까

아득한 하늘가나 바라다볼까

아, 조선의 마음을 어디 가서 찾아볼까

조선의 마음은 지향할 수 없는 마음, 설운 마음!

. . .

거룩한 분노는

종교보다도 깊고

불붙는 정열은

사랑보다도 강하다

아! 강낭콩꽃보다도 더 푸른

그 물결 위에

양귀비꽃보다도 더 붉은

그 마음 흘러라

아리땁던 그 아미

높게 흔들리우며

그 석류 속 같은 입술

죽음을 입 맞추었네!

아! 강낭콩꽃보다도 더 푸른

그 물결 위에

양귀비꽃보다도 더 붉은

그 마음 흘러라

흐르는 강물은

길이길이 푸르리니

그대의 꽃다운 혼

어이 아니 붉으랴 (후략)

참고로 논개(論介. ?~1593)는 관기(官妓)가 아니다. 성은 주(朱) 씨로, 장수군 장계면 대곡리에서 양반집(훈장 주달문) 딸로 태어났다. 유몽인이 지은 『어유야담』에 '진주 관기'라 되어 있는데 오류이다. 1593년 6월 19일 벌어진 제2차 진주성 전투에서 김천일 장군과 고종후 부자, 황진 장군 등과 함께 숨진 무장(武將) 최경회(경상도 우병사)의 첩(첩이 된 사연은 가히 드라마틱하다)으로, 남편과 고락을 같이하다 패전 직후 푸른 남강의 강물에 몸을 던졌다. 그녀의 나이 스무 살. 몸을 던진 바위에 의암(義庵)이라고 새겨 그녀의 넋을 기리고 있다.

대한민국 1호 칼럼니스트의 『건배』

2023년 11월 17일

정지아 작가의 에세이집 『마시지 않을 수 없는 밤이니까요』를 읽은 후, 양주동 박사의 『문주반생기』와 변영로 선생의 『명정 40년』이 떠올라 내처 그 소감들을 주저리주저리 엮어 몇몇 지인들에게 보내니, 한 친구가 '듣보잡'인 책 『건배』(심연섭 지음, 2006년 발행)의 표지를 찍어 보내왔다. 궁금한 것은 못 참는 습성이어서 알라딘 중고서점에서 절판본을 구했다. 알고 보니, 저자 심연섭(1923~1977)은 언론인 출신(49년 합동통신 외신부장을 필두로 동양통신 외신부장, 논설위원, 국제부장 등)인데, 무슨 연유로 62년과 69년 두 차례 유엔총회 한국 대표도 역임했다(서울대 영문과 출신으로 요즘 동시통역사쯤 되었을까).

내용인즉슨, 책의 부제 '칼럼니스트 심연섭의 글로벌 문화탐험기'처럼 전 세계 유명짜한 술집들을 순례한 품평기 비슷했는데, 저자를 한

마디로 하면 양주동, 변영로, 정지아는 저리 가라 할 '웰빙 애주가'였다. 비슷한 사람으로 떠올릴 사람이 '명동백작'으로 불렸던 작가 이봉구 정도일 듯. 20년대생 지식인답게 한학에도 조예가 있었을 터, 사용한 단어가 대부분 고투의 한자 단어이고, 인용하는 한시도 넘쳐났다. 게다가 영어, 불어 등 외국어에도 일정한 내공이 있었던 듯. 뭐라 할까, 그분의 글은 천의무봉(天衣無縫)한 듯하고, 영혼이 몹시 자유로웠던 분 같다. 요즘 54세에 졸한다는 것은 요절과 같을 텐데, 그것이 안타까웠다. 글 곳곳에 펼쳐지는 그분 특유의 유머와 위트는 시종일관 책을 손에서 놓지 못하게 했다. 나는 이런 글이, 이런 책이 생경하면서도 참으로 만나다(맛나다라고 하면 어감이 떨어진다). 재밌어 글 읽는 맛이 뚝뚝 떨어진다. 그래서 반가웠다. 오죽했으면 아마도 생전에 펴낸 책으로 유일했을 『건배〈술, 멋, 맛-주유만방기(酒遊萬邦記)』(1977년 효문출판사 발행)라는 책을 그를 좋아하는 지인들이 발 벗고 나서 재편집하여 2006년에 내놓았을까.

　칼럼니스트라고 흔히 쓰이는 직업명도 그에게서 유래. 그는 명실공히 대한민국 칼럼니스트 1호로 문명을 휘날렸다. 그를 모른 것은 순전히 내 과문의 소치. 수탑(須塔)이 그의 호인지 필명인지 모르겠으나 특이하다. '모름지기 탑'이 무슨 의미일까? 그의 글 행간에서 미뤄 짐작하면 술꾼이었으므로 '술의 탑' 아니면, 풍류맨이었으니 '맛과 멋의 우두머리'를 줄인 게 아니었을까? 그것도 아니면, 한 시대 깨끗하고

(실력 있는) 멋지게 산 지식인(언론인)이 쌓아 올린 '언어의 탑'을 의미하지 않았을까 싶다. 그것이 아니라면, 한 잔, 두 잔 술 취해가는 농익은 풍경에 제동하는 '스탑(stop)'에서 힌트를 얻어 손뼉을 치며 자호(自號)로 삼지 않았을까.

아무튼, 참말로 재밌는 『건배』 책의 소제목 〈주사(酒辭)〉의 글을 인용하는 것으로 독파한 소감을 마친다. 흥미로운 지인들은 큰 도서관에서나 이 책을 찾을 수 있을지 모르겠다. 고래로 술 마시는 핑계는 가지가지였을 것이다. 『돈키호테』를 쓴 세르반테스는 "까닭이 있어서 술을 마시고 까닭이 없어도 술을 마신다. 그래서 오늘도 마시고 있다"고 했으며, 17세기 프랑스의 한 주객은 『술의 예술』이라는 책에서 술 마시는 핑계를 다섯 가지 들었다. "먼 곳에서 찾아온 귀한 손님 때문에, 당장 목이 말라서, 앞으로의 갈증에 대비해서, 술이 좋아서, 그 밖의 여러 가지 이유로"였다니 핑계 없는 무덤이 어디 있겠는가. 우리나라 술꾼이라고 왜 핑계가 없겠는가? 1, 3, 5, 7, 9 소주병 수는 '홀수'여야 한다고 웨장을 친다. 이것 때문에 몸을 망친 사람이 무릇 기하인데도 여전히 홀수를 외쳐대는 저 몰상식한 술꾼들은 대체 누구인가. 다음이 이유 불문, 주종 불문, 장소 불문이라니, 기도 안 찰 노릇이다.

저자가 사도(斯道)의 선배에게 들었다는 '주불단배(酒不單杯)' 설명은 일리도 있고 품격까지 느껴져 소개한다. 주불단배는 '한 잔 술은 없는 법이니 계속 마셔야 한다'는 뜻으로 쓰이지만, 그게 아니다. '홉 단

(單)'자에는 '입구(口)'가 두 개 들어있으니, '단배'라 하면 '두 잔'이나, 그것은 너무 박덕하여 주도에 어긋나므로 최소한 술을 마신다고 하면 '석 잔'은 마셔야 한다. 그것을 '품배(品杯)'라 하는데, 입구 자가 셋이 므로 셋이 모여서 최소한 각자 석 잔씩은 마셔야 한다는 것이다. 여기에서 주의해야 할 것은 네 명이 모여 네 잔 이상씩을 마시면 안 된다는 것. 이유인즉슨, 네 잔은 '효배(囂杯)'라 하는데 '시끄러울 효' 자는 입구 자가 네 개이므로 넉 잔을 마시면 쓸데없는 말을 지껄이게 되고 시끄러워지므로 피해야 한다는 논리이다. '죽을 사(死)'자의 '사배(死杯)'가 아님을 알아야겠다. 그러니 세 명이 모여 점잖게 품배를 기울일 일이다. 우리 항상 그렇게 하자. 품배가 좋다. 효배는 싫다. 하하. 웃자고 하는 이야기이다.

마지막으로 이 책의 프랑스어 부제를 명기해야겠다. "À votre santé!"(아, 보트르 쌍떼, 당신의 건강을 위하여). 프랑스인들의 대표 건배사인데, 상대방은 "À la vôtre!"(당신의 그것을 위하여)라고 말한다. 그런데 여기에서 '그것'은 대체 무엇일까? 미국인들의 건배사는 대부분 "Cheers!"나 "Cheer up!"이고, 중국인들은 "깐베이(乾杯)"(술잔을 빨리 비워라)나 "지아여우(加油)"(기름을 더 부어라)라고 한다나, 어쩐다나. 우리는 그저 "(건강을) 위하여"가 가장 무난하겠다.

심연섭 님은 한국전쟁 때 종군기자로 활동하면서 AP, AFP, UPI 등 세계 유수의 통신기자들과도 흔연히 어울렸던 것 같다. 그들과의 우정

속에서 알게 된 글로벌 술 문화를 이토록 실감 나게 쓸 이는 별로 없을 것 같다. 위와 같은 위트와 음주의 지혜를 켜켜이 낡은 책 속에서 발견하는 것은 또 하나의 기쁨이다. 이 책을 추천한 여성 지인은 자기 이름의 '숙(淑)'자가 실은 우리말 '술'이라고 호언하는, 이름만 대면 많이 알 수 있는, 문화계에서 그녀를 모르면 간첩인, 아주 준수한 문화 애호가 중의 한 명이다. 나는 그녀가 좋다.

『아버지의 해방일지』

2022년 10월 17일

　『아버지의 해방일지』(268쪽, 창비 펴냄), 이 책은 '빨치산의 딸'로 알려진 정지아 작가의 소설이다. 그런데, 아무래도 실화인 것 같다. 실화가 아니라면, 아무리 작가래도 이토록 핍진한 글을 쓸 수가 없다. 정지아, 이름 석 자는 진작에 알고 있었다. 지아의 이름은 빨치산이었던 아버지가 활동했던 지리산과 백아산(원래 주 활동 지역은 백운산이었다고 한다)의 이름을 따지었다는 것 정도였는데, 이 소설을 읽고 여러 번 놀랐다. 『김대중 자서전』과 김대중 평전 『새벽』을 쓴 지인 선배의 칼럼을 읽고, 화들짝 놀라 사보았다. 시골은 역시 '정보와 문화의 취약지대'라는 것을 번번이 느끼며 속상한 적이 자주 있다.

　아무튼, 이 소설 아닌 소설은 대학 '보따리 장사'(시간강사)이자 빨치산(그것도 신빨이 아닌 구빨이다) 출신의 부모를 둔 고명딸이, 전봇

대에 머리를 부닥쳐 여든 나이에 졸지에 돌아간 아버지의 사흘 상을 치르면서 느끼는 아버지의 관계 인사들과 부녀간의 추억을 되새김질하는 '일기' 같은 글의 연속이다. '아, 이렇게도 아버지와 작별하는 자식도 있구나'라는 것에 놀랐다. 위장 자수를 하고, 전향서를 쓰고 나와 '이 풍진 세상'을 살다간 민중 최우선주의자, 합리주의자, 사회주의자, 철두철미 유물론자인 '오지랖 아버지'가 이 땅과 이 지역에 남긴 것은 과연 무엇이었던가. 평생 못마땅한 지아비였으나 '민중'만 내세우면 '꼬리'를 접고 순종하던 어머니, 천형(天刑) 같은 연좌제에 얽혀 평생을 술독에서 사신 작은 아버지 그리고 아버지와 비록 이념은 달랐으나 평생 짝꿍으로 어울린 친구, 선생님 아버지의 유언으로 '제자 아저씨'를 끔찍이 챙기는 출세한 스승의 아들, 자기 일처럼 장례식장을 휘어잡는 민노당원, 조카들과 어머니 친구의 주방장 딸 등을 차례차례 불러내 조잘조잘 풀어내는 그들의 휴먼스토리. 작가는 가슴에 얹힌 그 무엇이 내려간 듯, 아버지가 평생 처음으로 '해방(解放)'된 것 같아 제목을 그렇게 정했겠지만, 그 슬픔과 상처는 차치하고. 독자인 나는 남의 장례 일기를 읽고 좀 민망하지만, 너무 재밌었다. 자꾸 읽은 앞장까지도 뒤적이게 했다.

압권의 장면은 247쪽에 나온다. 아버지가 인간의 시원(始原)이라고 믿었던 먼지로 돌아가는 중에 작가의 어머니가 딸에게 느닷없이 귀엣말로 속삭인 말. '대외비'인지라 글로 쓸 수가 없는 어머니의 해학이랄까, 후회라 할까? 작품을 읽으면서 자칫 폭소를 터트릴만한 얘기가 궁금하지 않은가. 작가 아버지의 십팔번 "사램이 오죽허면 글겄냐" "긍개 사람이제"는 바로 옆에서 듣는 것 같은 환청의 착각을 일으켰다. 최근에 읽은 희한한 시집 『그라시재라-서남 전라도 서사시』도 떠올리게 했다. "뭐 이런 소설이 다 있어?" 하면서도 책에서 손 뗄 수 없을 정도로 가슴이 먹먹하게 아프면서도 재밌었다. 사실, 재밌었다는 말은 작가에게는 실례일 것이지만, 할 수 없다. 읽는 내내, 나는 96세 아버지와 어떻게 작별할 것인가를 생각했고, 아버지의 '고달프고 외로웠을' 농부의 일생을 생각했다. 내가 만약 '내 아버지의 해방일지'를 쓴다면 어떻게 시작하여 어떻게 끝맺을지도 생각하게 했다. 누구라도 부모는 있는 법. 이미 작별했거나 조만간 작별을 앞둔 아버지와 아들, 아버지와 딸 그리고 어머니와 아들, 어머니와 딸은 전생에 다들 무슨 관계들이었을까? 그것을 누가 알겠는가? 하지만 모두 '천륜(天倫)의 멍에'를 지고 한평생 '휘적휘적' 살아가는 것이 아니겠는가.

작가는 냉정히 말한다. 아버지의 '죽음일지'는 자신이 잘났다고 뻔대며 살아온 지난 세월에 대한 통렬한 반성이라고. 그리고 아버지의 '십팔번 말씀'을 받아들이고 보니 세상이 너무 아름답더라고 고백한다. 어찌 섬진강변의 벚꽃길, 반야봉의 낙조, 노고단의 운해만 아름다울 것인가. 고향에 돌아와 보니 서울에서는 보이지 않던 '아름다움이 천지삐까리'인 것을. 작가에게 감정이입이나 된 듯 몰입한 소설을 만난 것은 행운이다. 나하곤 아무 상관도 없는 '빨치산의 딸'이 쓴 글을 읽으며, 여러 번 뭉클뭉클, 가슴이 먹먹, 울 뻔한 것은 무슨 까닭인지는 읽어보시면 알게 될 것이다. 완독 강추!

2024년 4월 22일 구례역 앞 맛집에서 만난 정지아 작가. 섬진강이 보이는 식당에서 환담을 즐긴 멋진 시간이었다.

『김택근의 묵언』

2024년 12월 1일

최근 헐레벌떡 산 책이 『김택근의 묵언』(도서출판 동아시아 2024년 펴냄, 328쪽)이라는 신간이다. 책을 손에 쥐고, 일단 묵언(默言)에 대해 생각해 봤다. 묵언이란 무엇일까? '침묵할 묵(默)'이니 사전적 의미의 '말없음표'일까? '말 없는 말'이 형용모순일까? 아니다. 말 없음 속의 말(不語)이 비수(匕首)보다 더 무섭다는 것을 경험해 본 사람은 알 것이다. 할 말, 못할 말들이 천지에 횡행하는 세상이다. 못할 말 중에 가장 질 나쁜 말이 막말이고 거짓말이 아니던가. 막말과 거짓말은 몽니를 낳는다. 글도 배움도 마찬가지이다. 곡학아세(曲學阿世)가 마치 오래된 진리인 듯하다.

이럴 수는 없는 일이다. 명색이 국민의 알 권리를 위한다는 명목으로 '잉크밥'을 오래 먹은 기자 출신의 문사(文士)가 인쇄매체를 통해 죽비를 날렸다. 그의 칼럼과 수필 등 70여 편은 죽비와 다름없다. 참으로 도저(到底)하다. 어떤 내공이 이처럼 도저할 수 있을까. 침묵을 깨트리고 곱씹은 성찰을 통해 토해내는 그의 글은 '자자(字字)이 관점(觀點)이요, 구구(句句)이 비점(批點)'이다. 제대로 된 말과 글은 '바로 요거다'는 것을 보여주는 듯하다. 그러기에 출판사 편집자가 〈필사노트〉를 별책부록으로 만들었을 것이다. 정치인들이나 현 시국에 대한 매서운 질타, 예리한 시각, 명료한 논리가 있는가 하면, 낮은 사람들을 위한 진혼곡 같은 서정과 하염없는 눈물도 천생 시인답게 편 편에 가득하다. 종교, 특히 불교에 대한 깊은 조예와 이해도 엿보인다(선지식 성철스님과 용성스님 평전도 썼다). 단문으로도 산뜻한 수식어들이 얼마든지 가능하다는 것을 보여준다. 갈수록 천박해지는 세태를 꿰뚫어 보는 혜안도 넘친다. 그리고 그는 절대로 흥분하지 않는다. 침잠한 상태에서 정갈한 그 무엇을 건져낸다. 더 이상 상찬할 필요는 없다. 말하자면, 이 모든 것은 그가 칠십 년 동안(전북 신태인산 1954년생) 온몸으로 갈고 닦은 깊은 내공이 있어서이다. 말하는 것마다 판판이 어록인 사람도 있으나, 쓰는 글마다 줄줄줄 명문인 사람도 있으니, 이 책의 저자가 그렇지 않을까. 서여기인(書如其人). 언문일치(言文一致)여서 더더욱 좋다.

　네 분(평전 작가 김삼웅, 『아버지의 해방일지』 작가 정지아, 『대통령의 글쓰기』 저자 강원국, 문학 스승 시인 신대철)의 추천사만 봐도 충분히 알 수 있을 터이나, 저자의 프롤로그 〈물기 어린 시대를 건너며〉를 읽으면 328쪽 77편의 글을 모조리 읽지 않고는 못 견딜 '조갈증'에 시달릴 것이다. 김삼웅은 "세사(世事)를 보는 눈이 밝아지고, 메마른 서정에 갈증을 풀어주는 맑은 샘물이 될 것이다. 그리고 잔잔한 울림은 오래오래 남을 것."이라고 말했다. 강원국의 추천사는 아름답기도 하다. "부럽게 훔쳐보고 감미롭게 전율했다."며 필사(筆寫)하기를 강추한다. 나도 그렇게 이틀 밤을 보냈다. 그리고 저자가 고마웠다. 아무리 세상이 혼탁해도 어딘가에는 이렇게 '눈 밝은 사람' '가슴 따뜻한 사람'이 있다는걸, 가슴 조이고 겨우겨우 살아가는 가난하지만, 마음만큼은 부자인 사람들을 한 마디 글과 말로 위로해 주는 사람이 '못된 인간'들보다 몇천 배 많다는 것을 알게 될 것이다. 마땅히 그래야 세상이 돌아가지 반대의 경우는 생각만 해도 끔찍하다. 5부로 멋지게 아우른 글쓴이의 챕터 글 제목만이라도 적어놓고 싶은 까닭이다.

1부 〈네 죽음을 기억하라〉의 20편, 2부 〈이름도 병이 든다〉의 14편, 3부 〈말이 모든 것을 말한다〉의 19편, 4부의 〈그러므로 나는 당신입니다〉의 19편, 5부의 〈김대중의 마지막 눈물〉의 6편이 그것이다.

부기 1

글쓴이는 한때 유명한 편집기자였다. 취재기자는 원고지 10장으로 승부를 보지만, 편집기자는 헤드라인(제목) 10여 자로 승부를 보는 언어조탁사이다. 정치 9단이라던 양김 시대가 있었다. 87년 역사적인 대선에 양김은 물러서지 않았다. 당시 화제가 된 사자성어 〈동상이몽(東上異夢)〉은 그의 작품이었다. '동교동과 상교동은 각각 꿈이 다르다'는 신조어가 절묘하게 맞아떨어져 화제가 됐다. 파격적인 편집과 화끈한 르포기사 등으로 경향신문의 섹션 〈매거진 X〉가 지가(紙價)를 올릴 정도였을 때, 진두지휘한 기자가 글쓴이였다.

부기 2

졸저 『어머니』의 추천사에서 그는 "그의 글을 읽으니 국밥 한 그릇 잘 얻어먹은 기분이다. 뱃속이 따뜻해진다"며 "눈 오는 날 국밥집에서 만나고 싶은 사람"이라고 썼다. 고마운 30년의 인연이다. 엊그제 아내가 사는 용인에 47cm 폭설이 내리던 날, 선배하고 한잔하지 못하고 고향에 곧바로 내려온 게 못내 아쉽다. 그의 묵언을 듣는다. 읽는다.

권정생 작가와 평전작가

2025년 4월 27일

최근 한 달여, 도무지 책이 읽어지지 않는다. 뭔가 마음에 심란한 '그 무엇' 때문이다. 그 무엇을 어떻게 설명할 수 있을까? 어떻게도 명쾌히 해결할 수 없는 문제가 생긴다는 것은 슬프고도 괴로운 일이다. 흔한 말로 '세월이 약'이기라도 하면 좋을 텐데, 답은 "글쎄"다. 친구가 빌려준 '디아스포라 작가' 이민진의 장편소설『파친코』1, 2권을 독파하려 했는데, 한 달이 넘도록 제자리이다. 1968년생 이민진 작가는 한국계 미국인으로서 변호사로 일하다 2004년 전업 작가로 변신했다. 재일조선인(자이니치)의 4대에 걸친 가족사를 일제강점기부터 한국전쟁, 일본 버블경제에 이르기까지의 역사적 흐름 속에서 담은『파친코』는 33개국 언어로 번역 출간되는 등 세계적 베스트셀러에 올랐다.

그러던 차, 아내의 책꽂이 한 켠에서 권정생(1937-2007) 작가의 낯선 동화책 『랑랑별 때때롱』(2008년 보리 펴냄, 2017년 15쇄, 199쪽)이 눈에 띄어 단숨에 읽어제꼈다. 새삼스레 권정생 선생이 그리웠다. 그분이 지은 『몽실언니』 『강아지똥』 생각을 하면 늘 마음이 아팠다. 어디 마음만이랴, 눈물을 흘려도 여러 번 흘렸다. 19살에 폐병에 걸려 70세로 돌아가는 순간까지 그 병을 천형처럼 끼고 살면서도, 어쩌면 50년 동안 이런 동심(童心)을 간직하고 이토록 아름다운 글을 쓰셨을까? 그는 안동의 어느 교회에서 날마다 새벽에 종을 치면서 혼자 아파 어쩔 줄 몰라 하면서도 수많은 작품을 남겼다. 우리 시대 최고의 동화작가이면서도 아무도 모르게, 한없이 수줍게, 조용하고도 간신히(전라도 표준어로는 '포도시') 살다 가신, 나의 표현으로는 '숨은 성자(聖者)'였다.

『묵언』이라는 책을 펴낸 묵직한 칼럼니스트 김택근 시인은, 가장 낮은 곳에서 아름다운 동화의 꽃을 피운 작가를 "인생 자체가 강아지똥으로 된 별"이라며 『강아지똥별』(2013년 펴냄, 226쪽)이라는 평전을 펴냈다. 평전 작가 역시 언덕배기 단칸방에서 어느 날 만난 이 성자를 세상에 제대로 알린 아름다운 사람이다. 내처 평전까지 읽으며, 세상엔 참 아름다운 사람들이 넘치도록 많다는 것을 다시 느꼈다. 시간만 허락되면 책꽂이에 있는 작가의 작품 20여 권을 몽땅 읽고 싶었다. 눈을 감는 순간까지 북한의 굶주리는 어린이들과 남한의 가난한 어린이들의 동심이 상처받을까를 걱정했다. 작가의 마지막 유언을 보면서 피식 웃음이 나온다. 이렇게 장난스런 유언을 남긴 문학가는 본 적이 없었기 때문이다. 아프지만 가만가만 유언장을 읽어보자.

> 내가 죽은 뒤에 다음 세 사람에게 부탁하노라.
>
> 1. 최완택 목사 민들레교회: 이 사람은 술을 마시고 돼지 죽통에 오줌을 눈 적은 있지만 심성이 착한 사람이다.
>
> 2. 정호경 신부 봉화군 명호면 비나리: 이 사람은 잔소리가 심하지만, 신부이고 정직하기 때문에 믿을 만하다.
>
> 3. 박연철 변호사: 이 사람은 민주 변호사로 알려졌지만, 어려운 사람과 함께 살려고 애쓰는 보통 사람이다. 우리 집에도 두세 번쯤 다녀갔다. 나는 대접 한 번 못 했다.
>
> 위 세 사람은 내가 쓴 모든 저작물을 함께 잘 관리해 주기를 바란다. 내가 쓴 모든 책은 주로 어린이들이 사서 읽는 것이니 여기서 나오는 인세를 어린이에게 되돌려주는 것이 마땅할 것이다. 만약에 관리하기 귀찮으면 한겨레신문사에서 하는 남북 어린이 어깨동무에 맡기면 된다. 맡겨놓고 뒤에서 보살피면 될 것이다.
>
> 유언장이란 것은 아주 훌륭한 사람만 쓰는 줄 알았는데, 나 같은 사람도 이렇게 유언을 남긴다는 것이 무척이나 쑥스럽다. 앞으로 언제 죽을지는 모르지만, 낭만적으로 삶을 마감했으면 좋겠다. 하지만 나도 전에 우리 집 개가 죽었을 때처럼 헐떡헐떡 거리다가 숨이 꼴깍 넘어가겠지. 눈은 감은 듯

뜬 듯하고 입은 멍청하게 반쯤 벌리고 바보같이 죽을 것이다. 요즘 와서 화를 잘 내는 걸 보니 천사처럼 죽는 것은 글렀다고 본다. 그러니 숨이 지는 대로 화장을 해서 여기저기 뿌려주기 바란다.

유언장치고는 형식도 제대로 못 갖췄고 횡설수설했지만, 이것은 나 권정생이 쓴 것이 분명하다. 죽으면 아픈 것도 슬픈 것도 외로운 것도 끝이다. 웃는 것도 화내는 것도. 그러니 용감하게 죽겠다. 만약에 죽은 뒤 다시 환생할 수 있다면 건강한 남자로 태어나고 싶다. 태어나서 25살 때 22살이나 23살쯤 되는 아가씨와 연애를 하고 싶다. 벌벌 떨지 않고 잘할 것이다. 하지만 다시 환생했을 때도 세상에는 얼간이 같은 폭군 지도자가 있을 테고 여전히 전쟁을 할지 모른다. 그렇다면 환생은 생각해 봐서 그만둘 수도 있다.

2005년 5월 1일 쓴 사람 권정생

세상에, 이런 재밌는 유언장이 있을까? 재밌다고 하면 죄받을 것 같아도, 어쩐지 선생은 빙그레 웃으실 것 같다. 타계 직전에 쓰신 유언장도 있다고 한다.

〈하느님께 기도해 주세요./제발 이 세상, 너무도 아름다운 세상에 사람이 사람을 죽이는 일은 없게 해 달라고요./제 예금통장 다 정리되면(10억도 넘었다 한다) 나머지는 북측 굶주리는 아이들에게 보내주세요./제발 그만

싸우고, 그만 미워하고 따뜻하게 남북통일이 되어 함께 살도록 해주십시오./중동, 아프리카, 티베트 어린아이들은 앞으로 어떻게 하지요?/기도 많이 해주세요.〉

아무 욕심 눈곱만큼도 없이, 그렇게 힘들게 살았으면서도, 좋은 사람들을 제법(?) 사귀고 가셔서 '괜찮은 生'이었을 것 같다. 당신의 마음을 100% 그대로 알아주는 이오덕, 전우익, 이현주, 정호경, 최완택, 김영동 등은 모두 선생과 "같은 꽈(科)"로 숨은 현자(賢者)이자 성자(聖者)들이다.

책 읽는 걸 아무리 싫어해도 『강아지똥』과 『몽실언니』만큼은 봐야 할 것 같다. 『강아지똥』은 전우익 선생의 『혼자만 잘 살믄 무슨 재민겨』가 떠오르고, 『몽실언니』는 가난했던 화가 박수근의 그림자가 어른거린다. 가난하고 아프고 힘든 지나간 시절의 이야기가 아니고, 지금도 진행되고, 앞으로도 좀처럼 나아지지 않을 우리들의 이야기이기 때문이다. 선생이라고 부르고 싶은 권정생 작가가 '랑랑별'에서 건강한 남자로 다시 태어나 25살 때 22살이나 23살쯤 되는 아가씨와 연애했으면 좋겠다. 그분의 말처럼 그때는 '벌벌 떨지 않고 잘할 것'을 믿는다. 북한 아이들아, 남한의 이름 없는 할아버지가 너희를 많이 사랑해. 그것 잊지 말아야 해. 알았지? 그럼, 안녕.

『이어령의 마지막 수업』

2022년 4월 27일

오랜 대학 친구가 고향 집 리모델링 때부터(2019년) 지금껏 와보지 못해 안달이 났건만, 그해를 놓치자 코로나 시국으로 방문 여건이 얼어붙었다. 최근 『이어령의 마지막 수업』(열림원 2021년 1쇄, 2022년 8쇄 발행, 321쪽)이라는 양서와 함께 거래처인 독일회사에서 보내온 모자 두 개를 택배로 보내왔다. 모자도 외제이어서인지 부티가 났다. 최근 이어령 박사가 돌아가시자 가장 읽고 싶은 책이 이 책이었는데, 내가 아주 좋아할 것 같아 사 보냈단다. 이런 것이 이심전심인가? 고마운 일이다. '유붕자원방래(有朋自遠方來)'만큼 흐뭇한 일이다.

이어령 박사는 암과 '전투'를 벌이면서도 어느 인터뷰 전문기자를 앞에 두고 모두 16번(주 1회, 매주 화요일)에 걸쳐 '마지막 수업'을 진행했다. 마지막 수업? 이름만큼이나 숙연하다. 죽음을 눈앞에 두고 무슨 강의를 한단 말인가? "역시" 크리에이터(creator) 이어령 박사다웠다. 이 강의록은 이 박사의 '사색과 성찰' 총결산일 것이다. 다양한 주제에도 언제나 어디에서나 그랬듯 조금도 막힘없이 풀어내는 그의 놀라운 현학(衒學)의 세계는 현란했다. 좋았다. 60대를 넘어선 사람들은 누구라도 이 책을 한번은 제대로 읽어봤으면 좋겠다. 이런 석학과 동시대를 살았다는 것은 행운이라 하겠다.

그가 첫 번째 내세우는 말씀(화두)은 〈모멘토 모리(MOMENTO MORI)〉이다. 라틴어로 '죽음을 기억하라'는 뜻이다. 우리가 살면서 죽음을 왜 기억하며 살아야 하는지를 확실하게 알려주고 있다. 그는 이런 뜻의 라틴어를 알기도 전인 아주 어릴 적부터 죽음을 기억하며 살아야겠다고 결심했다고 한다. 신기한 일이다. 그는 말한다. 죽는다는 것은 자기가 태어난 곳으로 돌아가는, 아주 자연스러운 일이라고. 그래서 우리말로 '돌아가셨다고 한다'고 말이다. 과연 그러한가? 자기가 태어난 어머니의 자궁이 영어로 WOMB인데, 돌아가는 무덤은 TOMB이라며 '움' '툼'의 발음조차 비슷하지 않으냐는 익살도 부렸다. "역쉬" 이어령박사다웁다.

『모리의 마지막 수업』이라는 책을 기억하시리라. 책의 실제 주인공 모리 슈워츠는 35년간 대학교수로 재직하다 94년 루게릭병에 걸려 다음 해 숨을 거뒀다. 죽음을 눈앞에 두고 TV에 출연, 살아 있음의 소중함을 일깨워 큰 감동을 안겨 주었으며, 이 박사처럼 한 제자를 대상으로 마지막 수업을 했다. 그것도 매주 화요일에. 또한 '마지막 수업'은 프랑스 작가 알퐁스 도데의 작품으로도 유명하다. '마지막'이라는 단어는 어쩐지 처연한 느낌을 주지만, 이어령 박사의 마지막 수업은 마지막이 아닌, 웬일인지 첫 번째 수업의 의미가 강하게 와 닿는 게 다르다면 크게 다른 점이다. 인생의 끝이 아닌 인생의 시작?

아무튼, 고난, 행복, 사랑, 용서, 꿈, 돈, 종교, 죽음, 과학, 영성 등 주제를 타고 변화무쌍하게 펼쳐 보이는 노스승의 열강과 그에 감응한 여제자(김지수)의 진지한 수강의 하모니로 이뤄낸 세상에 둘도 없는 강의록을 보자. 모든 주제에 하나같이 막힘없는 지혜의 어록을 퍼붓고 있다. 그가 죽어가면서까지 얼마나 젊은이와 젊음을 사랑했는지를 알 수 있는 대목이 있다. 인터뷰어가 젊은이들에게 전하고픈 말이 있느냐고 묻자, 인터뷰이는 망설이지 않고 말한다. "딱 한 가지, 덮어놓고 살지 마세요. 그리스인들은 진실의 반대말은 허위가 아니라 망각이라고 해요. 요즘 거짓말하는 사람들은 과거를 잊어서 그래요. 자기가 한 일을 망각의 포장으로 덮으니 어리석어요. 부디 덮어놓고 살지 마세요"(316쪽) 라고 말이다. 뒤늦게 깨달은 생의 진실은 무엇이냐는 질문에 노스승의 즉석 답변을 보라. "알고 보니 모든 게 선물이었어요. 마이 라이프는 기프트였다는 말입니다. 내 집도, 내 자녀도, 내 책도, 내 지성들도 분명히 내 것인 줄 알았는데, 다 선물이었어요. 우주에서 선물 받은 이 생명처럼 내가 내 힘으로 이뤘다고 생각한 게 모두 선물이

더라니까요"(314~315쪽)

'코로나의 역설'에 대한 석학의 예언(?)도 들어보자. "COVID의 D자가 disease잖아. 이미 병이 된 거야. 때 되면 앓는 인플루엔자처럼. 그냥 함께 살아가는 거라네. 백신도 인간이 개발한 화학 치료제가 아닌가. 인체에서 생긴 면역체를 가지고 만든 거지. 인류가 생겨난 이후 처음이니까 어지러운 것은 당연하지. 세계화가 세계화를 막아버렸잖아. 문 닫고 이동 제한하고 마을과 마을을 봉쇄하고 글로벌과 로컬이 한데 뒤엉킨 게 코로나의 역설이라네. 결국 코로나바이러스도 인구 조절이라잖아. 고령화로 늘어난 노인인구 조절이라고. 그런데 거기서 또 놀라운 신비가 있어. 이런 재앙이 끝나면 인구가 확 올라간다는 거야. 생명의 욕구가 그만큼 힘이 센 거지. 전쟁, 역병 이후엔 생명이 꽃을 피워. 자연의 역사, 지구의 역사, 우주 역사의 큰 드라마가 우연만은 아닌 것 같아. 빅데이터를 보면 우연이라는 것은 없어" (114~117쪽)

인터뷰어 김지수 기자는 AI(인공지능)가 판을 치는 시대에도 '스승'은 필요하다고 말한다. 아니, 그럴수록 더 필요하다고 말한다. 여기 살아 있는 우리의 스승이 있었다. 얼마 전 다시는 건너지 못한 강을 건너셨지만, 이어령 박사가 바로 그이다. 스승이야말로 '죽음이 무엇인지'를 알려주기 위해 생사(生死)를 공부하는 사람'이 아니던가? 스승은 은유가 가득한 이 유언이 당신이 죽은 후에 전달되길 바랐다지만, 저자는 '귀한 지혜'를 하루라도 빨리 전하고 싶어 자물쇠를 풀었다고 말했다. 하여 우리의 스승은 당신의 마지막 작품을 손에 쥐면서 희미하게 웃으셨을까?

디지로그 시대라고 한다. 디지털 문명과 아날로그 문명이 범벅이 된 거대한 시대적 트렌드를 간파한 이 박사가 만든 특별한 조어가 '디지로그'이다. 디지로그 시대의 우리가 반드시 읽어야 할 도서 목록 1순위에 이 책을 놓으면 어떨까? 좋은 책을 선물한 친구여, 고맙다. 비즈니스 세계에 빠져 지금껏 정신없이 살고 있는 당신도 꼭 읽어보셔야 혀! 우리가 어떻게 태어나 어떻게 살다 어떻게 그리고 왜 죽는지, 알고는 죽어야 하지 않을까?

글대로 산 무명의 수필가

2018년 10월 10일

　목성균, 이름 석 자가 조금은 생소하리라. 늦깎이 문학 공부로 57세에 '수필 문학'을 통해 등단, 8년여 동안 주옥같은 수필 100여 편을 남겼다. 2003년 펴낸 유일한 수필집 『명태에 관한 추억』이 문예진흥원 우수문학 작품집에 선정됐을 뿐 무명에 가까웠다.

　그런 그가 2010년 출간된 수필 전집에 실린 『누비처네』로 대한민국 최고의 수필가로 우뚝 섰다면 지나친 말일까. 아니다. '자자(字字) 비점(批點), 구구(句句) 관주(貫珠)'라는 상찬처럼 101편 편편이 비점이고 관주인 것을 어이하랴. '수필의 본보기'다운 몇 편만을 우리에게 깜짝 선물로 안기고, 그는 아쉽게도 이 세상을 떠났다. 글은 곧 자신의 얼굴, 삶은 곧 그 사람. 글을 보면 그 사람이 보이듯, 속이 다 보이는 투명한 물고기처럼, 한 편의 아름다운 수필처럼 한 삶을 살다 갔다. 착하고 또 약했던 사람, 오직 애련한 마음으로 사람과 사물에 대한 빈틈없는 애정을 지닌 채, 사색의 물꼬를 따라 부단히 다듬고 연결하는 산고 끝에 알록달록한 파스텔톤 그림을 우리에게 보여준 고마운 사람. 가슴이 먹먹해지는 슬픔도, 슬그머니 미소를 짓게 하는 은근함도 있다. 탄탄한 구성은 아마도 그의 수줍은 되새김질을 수없이 한 '속생각'에서 비롯되었으리라.

농부들의 정서 그리고 산생활 생업에서 느낀 생생한 체험을, 감수성의 내공이 얼마나 깊기에 이렇게도 잘 묘사할 수 있었을까. 흙 속의 진주. 오죽하면 어느 평론가가 '수필계의 기형도'라 했을까. 『강아지똥』을 시작으로 동화의 새 장을 열었던 권정생 님의 깨끗한 삶과도 참 많이 닮았다. 『누비처네』를 비롯해 『명태에 관한 추억』 『생명』 『돼지불알』 『아버지의 강』 『배필』 『등잔』 『부엌궁둥이에 등을 기대고』 등 그의 절창은 넘치도록 즐비하다. 그의 작품이 널리 읽히기를 바라는 까닭이다.

세상에 다시 없을 두 권의 책

2022년 3월 1일

'세상에 다시 없을 두 권의 책'이라는 글의 제목처럼, 그런 책이 세상에 있을까? 누구라도 '에이- 설마'라고 할 터이지만, 그런 책이 있다. 백기완 선생의 자서전 『사랑도 명예도 이름도 남김없이』(한겨레출판 2009년 펴냄, 479쪽)와 그분의 소설 『버선발 이야기』(오마이북 2019년 펴냄, 293쪽)가 그것이다. 왜 그런가? 왜 그러나마나, 우리말의 70%가 넘는다는 한자어들을 모조리, 깡그리 몰아내고, 온전한 순우리말로만 글을 썼기 때문이다. 생각해 보시라. 한자어나 외국말이 한 단어가 없다는 것을 믿을 수 있겠는가.

도대체 그게 말이 되고, 가능하냐고 묻는가? 예를 들어보자. '한평생'을 '한살매'로, '도대체'를 '쌍이로구'로, '특히'를 '땅불쑥하니'로 써대는 판이니 이게 대체 어디에서 언제 쓰던 말들인고? 두 권의 책을 연거푸 읽으면서 고개를 갸우뚱한 게 무릇 기하였던가. 머리가 쥐가 날 지경이었다. 친절하게 괄호로 한자어를 써놓지 않았으면 90%도 넘게 이해할 수 없는 수많은 우리말들. 오죽했으면 두 권의 책 말미에 '낱말풀이(사전)'가 있었을까? 한번 세어 보니 오매! 1,000여 개가 넘는다. 몸은 군사독재 고문으로 망가졌지, 거의 날마다 각종 시위에 참여해야지, 어느 세월(달구름)에 이 말들을 지어내셨을까? 불쌈꾼(혁명가), 왜놈검뿔빼꼴(일본제국주의) 똥속(욕심) 찰(시) 찰니(시인) 막심(폭력), 지구는 땅별, 식구는 입네, 책은 글묵이고, 영화는 찬굿, 예술은 굴랑, 공부는 글파, 취미는 골게, 학교는 배우내, 증오는 꼴눈, 꼼수는 꼼손, 비행기는 당연히 날틀, 세상은 벗나래, 우정은 님내, 재벌은 납쇠, 음모는 꿍셈, 해방은 날래, 북쪽은 노녘, 운동장은 놀마, 자본주의는 돈빼꼴, 전염병은 돌림탈, 총은 따콩, 전화는 따릉, 천재는 떵이, 장례는 땅술, 용기는 풀커, 화두는 말뜸, 이한열 열사는 이한열 뜨끔, 문제는 뜸거리, 형제는 언애, 공갈은 마구말, 변호사는 말네, 경제는 먹줄, 민주화는 모두날, 결코는 마땅쇠, 텔레비전은 볼통, 통일은 한나, 고속도로는 뻗난길, 자존심은 뻗대, 처녀는 숫떵, 원수나 적은 부셔, 약초는 쓸풀, 경찰은 오랏꾼, 경찰서는 오랏집, 국제축구연맹은 온골퉁차기몰대, 지식장사꾼은 암똘뱅이, 전쟁은 우당이란다. 황해도 방언일까? 어릴 적 할머니와 어머니에게 들은 말들일까? 아닐 것이다. 대부분 백 선생이 지어낸 말일 터. 언어조탁사가 아니고 언어 창조자임이 틀림없다. 당신의 이름만 우리말로 풀이하지 않았지, 세상 모든 한자어를 우리말로 풀어놓은 그 내공은 '쌍이로구' 어디에서 온 것일까? 그러니, 세상에 둘도, 그리고 다시 없을 책이라고 말하는 것이다.

'세계는 하나' 글로벌시대에 시대착오적이라고 말하려는가? 하지만 우습게 볼 일이 아니다. 새내기(신입생), 모꼬지(MT), 동아리, 달동네 등, 이제는 굳혀져 일상적으로 쓰는 조어들이 대부분 백 선생님 작품인 것을. 한마디로 말하면 좋은, 쉬운 우리말을 두고 왜 중국말, 일본말, 미국말로 맑티(문화)를 좀먹는 '떡'을 치느냐는 것이다. 남산터널 1호를 뚫고 이름을 공모했을 때 '판굴'이나 '맞뚫레'로 하자고 우겨 보안법에 걸렸다던가. 불쌈꾼(혁명가)이 아니고 국립국어원 원장이 되셨다면 어마어마한 업적을 남기지 않았을까? 한때 최현배 박사가 이화여대를 '배꽃계집큰배움터'라고 하자고 했다던가. 필자라면 혼날 터이니 글쓴이 또는 지은이로 해야 한다. 선생님이 지은 조어들의 어원은 알 수 없지만, 곰곰 생각하면 그럴듯하기도 하다. 달동네나 새내기처럼 우리말로 모두 썼으면 좋은 말들도 아주 많다. 고향을 뜻하는 '옛살라비'나 세상을 뜻하는 '벗나래' 일생을 뜻하는 '한살매' 이력을 뜻하는 '해적이' 지구는 '땅별' 식구는 '밥네' 등은 쓰지 않아서 사라진 게 분명하니, 살려쓰면 좋은 아름다운 우리말이 아니겠는가.

우리말에 대한 이야기는 끝도 갓도 없을 것이므로 이 정도로 접고, 당신의 한평생(한살매) 자서전 이야기를 하자. 해방 이후 오로지 축구

선수가 되겠다는 각오로 아버지를 맨발로 따라나서 삼팔선을 넘어 남녘에 온 이래, 89세로 돌아가시기까지 평생을 '하얀 불꽃'으로만 산 낭만적 혁명가의 일생을 69개 장면으로 켜켜이 그리고 있다. 장면 장면마다 모두 극적인 인생. 다큐멘터리가 별것이겠는가. 영화(찬굿)로 찍어도 수십 편이 될 시대가 만든 사건들과 우리 민족의 이야기 보물창고. 돈이 없어 학교를 못 가 축구선수가 못되니, 세상에 있는 모든 글이란 글을 머리속에 집어넣었다. 10대 후반에 영어사전을 통째로 머리속에 집어넣은 천재였다. 이 땅에 이어령이라는 '배운 천재'가 있었다고 하면, '못 배운 천재'는 다름 아닌 백기완이었다(두 분은 1933년 갑장이다). 도저히 믿기 어려운 놀라운 이야기들로만 범벅이 된 자서전, 모조리 우리말이기에 읽기가 너무 버겁고, 시대가 달라져 이해가 가지 않는 민주화 투쟁, 연금, 투옥, 고문, 시위, 노동자 투쟁, 함석헌, 장준하, 문익환, 김진숙, 김용균…. 피가 끓는다. 그리고 창피하여 고개를 들 수가 없다. 우리는 평생 갚아도 못 갚는 큰 빚을 지고 사는 셈이다.

또렷이 기억하는 장면 하나가 있다. 87년 정치 9단을 자랑하던 '양김'은 끝내 자신이 대통령이 돼야 한다며 천년 만에 온 절호의 찬스를 놓쳤다. 백기완은 분노하며 일어섰다. "가자, 백기완과 함께/민중의 시대로" 대학로에서 5천여 명이 광화문까지 이어진 장대한 행렬과 20분간의 방송 연설. 트레이트 마크인 말갈깃머리를 손으로 쓱쓱 빗어 올리며 쏟아붓던 사자후. "국민 여러분, 군홧발이 내 손톱을 빼고 송곳으로 찌르고 물고문을 하여 80kg 거구인 나를 38kg으로 반송장을 만든 걸 잊으시면 안 된다"고 외치던 그 형형한 눈빛. 장산곶매가 바로 그 아니었던가.

그런 백기완 선생의 자서전을 돌아가신 지 1년 만에 읽으며, 어찌 편한 자세로 읽을 수 있으랴. 69개의 장면에서 같이 울고 같이 웃을 수 있는 장면이 몇 개가 있었을까. 거기에다가 지독한 우리말 사랑이라니? 정말로 다시는 나오지 않을 이 땅의 가장 탁월했던 이야기꾼은 장산곶매와 부심이와 이심이와 버선발 이야기를 남겼다. '이야기구라 3인방'(황석영, 방배추)의 으뜸이었던 선생님이 우리에게 주는 과제는 과연 무엇인가?

버선발(맨발) 이야기는 우리 시대 민중의 서사에 다름 아닌 것을. 오직 그분만이 풀어낼 수 있는 민중예술(니나굴랑)과 사상의 실체이다. 노나메기의 뜻을 이제 잘 아실 것이다. 너도 일하고, 나도 일하며, 너도 잘살고 나도 잘 살되, 올바로 잘 사는 벗나래(세상)가 바로 '노나메기'인 것을. 여기에서 주목할 단어가 바로 "올바로"이다. 옛살라비(고향)에 42년 만에 돌아와 농사를 배우고 싶어 하는 나라는 미미한 존재는 뭐란 말인가? 선생님은 그토록 염원하던 노녘의 라비(고향)에도, 엄머이 묘에 절 한번 못하지 않았던가. 50년도 더 넘어 만난 누님과 선생님의 눈물자국으로 범벅된 손수건을 보여주며, 또 우시며 잡아주던, 인자한 할아버지, 선생님의 유난히 따뜻하신 손길이 그리운 까닭이다.

다행인 것은 '노나매기 재단'에서 『백기완 우리말 사전』을 만들고 있다고 한다. 후학들이 할 당연한 일. 『토지사전』『혼불사전』『임꺽정사전』 『박완서 소설어사전』『송기숙 소설어사전』이 있듯이, 사전만큼은 얼마든지 많아도 좋을 일이다. 이 귀한 두 권의 책을 보내준 오래된 군대 친구에게 고맙다는 말을 전한다.

백기완 선생님의 방. 청년 시절 사진과 선생님이 가장 존경하는 백범 김구 선생님의 사진이 서가 위에 놓여 있다.

명창 배일동의 『독공』

2023년 7월 31일

하루 새 10명이 온열질환으로 죽어갔다는 이 폭염 속에, 미안하게도 나는 '독서 삼매경'에 빠져 마냥 행복했다. 꼬박 5시간에 걸쳐 정독, 완독한 책은 '폭포 목청'으로 불리는 명창 배일동의 『독공』(세종서적 2016년 펴냄, 366쪽). 지난주 전각 예술인 친구가 그의 또 다른 저서 『득음』(2020년 시대의창 펴냄, 552쪽)과 함께 선물한 책이다.

8월 5일 오후, 명창이 임실의 우거를 방문하는 겸 오수의견비 앞에서 버스킹(busking. 거리공연)을 하기로 했다. 사전에 그의 '탁월한 저서'를 읽고, 졸문의 독후감이라도 쓰는 게 '인간의 탈'을 쓰고 최소한의 예의일 것이다.

500쪽이 넘는 『득음』은 서문과 목차를 보니, 읽을 엄두가 나지 않은 '소리예술의 학술서'인 것 같았다. 허나 『독공』은 그가 30대 초 지리산 달궁계곡과 조계산에서 7년 동안 '독공(홀로 공부)'한 애환의 기록인 것 같아 가벼운 마음으로 손에 쥐었다. 웬걸, 책은 1부 '스스로 음을 찾다'부터 9부 '마침내 소리꾼의 최고 경지에 오르다'까지 시종일관 진지하고, 참으로 도저했다. 긴장을 늦추지 않고 읽어가는데, 그의 소리 공력 못지않게 필력의 내공도 만만찮았다. 글을 아주 잘 쓰는, 글이라는 게 무엇인지 아는 이였다. 원고지 1,000장에 이르는 분량을 80일 동안 스마트폰 메모 애플리케이션에 썼다는 것이다. 오 마이 갓! 머리말의 제목처럼 '숭고한 예술혼의 뿌리를 밝히기'에는 필요충분조건을 모두 갖춘 인문 교양서였다. 그해 '문광부 우수도서'에 뽑히지 않은 것이 유감스러웠다.

'7년 독공'이야 본인은 뼈를 깎는 고통이었겠지만, 우리로서는 그럴 수 있었겠다며 넘어가는 주제였으나 '소리예술' '소리공부'라는 어려운 주제를 천착하는 데도, 글들이 눈이 줄줄줄 미끄러지게 쉽게 썼기 때문에 그 많은 챕터가 금세 읽어졌다. 어떻게 이런 독특한 글재주까지 겸비했을까? 어느 언론인 못지않게 편편이 '명칼럼'으로 손색이 없었다. 어느 글들은 잘 조합하면 몇 편의 짱짱한 논문도 될 법했다. 몰랐던 것을 어느 글을 통하여 알아가는 것은 큰 기쁨이다. 이 책이 바로 그랬다. 판소리 문외한인 나의 눈이 탁 트이는 것 같았다. 아, 이런 게 소리구나, 득음의 경지는 멀고도 험하구나, 소리꾼의 삶이란 이런 것이구나를 알게 된 것이다. 그가 후반부에 짚어낸 예술교육의 실상과 현황 등을 읽으며 "맞아. 맞아" 소리가 절로 나왔다.

  비교적 늦게 뛰어든 소리꾼의 길, 그가 20여 년 동안 온몸으로 겪은 수많은 일화는 뭣 모르는 독자들에게 깨우침을 주기에 충분했다. 진정한 사제란 무엇인지? 담수지교, 귀명창이 어떻게 좋은 소리꾼을 낳는지? 왜 '1고수 2명창'이라고 하는지? 곤궁이통, 곤궁함을 스승으로 삼아 예술을 완성한다는 의미는 무엇인지? 전통의 법제 속에서 새로운 보옥을 찾는 법고창신의 길은 무엇인지? '국악의 품격'을 높이고 알리는 일이 왜 중요한지 등, 온통 생각할 것투성이였다. 과문의 소치이나, 이런 류의 소리예술에 대한 이론과 경험서는 처음으로 접했다. 원래가 감동이나 감탄을 잘하는 편이지만, 읽을 때마다 연필로 밑줄을 그어놓고 싶은 것은 또 얼마나 많았던지. 말하자면 '배일동 어록'의 모음집이라고도 하겠다. 재덕겸비와 미쳐야 미친다(불광불급)는 역시 진리이다. 무엇보다 석학 도올 선생님과 달리 잘난 체하지 않아 좋았다고나 할까? 동양고전에 대한 조예도 깊었다. 언제 이렇게 고전과 한문 공부를 했을까? 적재적소에 인용하는 수많은 고전의 대목들이 실감을 더 했다. 북채로 바위를 때려 바위 조각이 깨지는 피나는 노력을 하는 사이에 언제 그렇게 많은 책을 틈틈이 읽었을까? 어떻게 하루 두세 시간 눈을 붙이고 내내 소리를 질러댔을까? 아무리 소리에 미쳤다 한들 그게 가능한 일일까? 85쪽에서 96쪽까지 펼쳐진 '인간 세상의 오만 정이 서려 있다'는 글은 손색없는 한 편의 서정 수필이어서, 다시 찬찬히 읽어봤다. 60년대 순천 판교라는 산골 마을에서 자란 그의 눈에 비친 고향 풍경은 말 그대로 한 편의 정겨운 풍경화이자 수채화였다. 전재하고 싶지만, 강추하는 선에서 그친다.

아무튼, 놀라운 책이자 기특한 기록의 글이다. '홀로 닦아 궁극에 이르다'는 부제를 보라. 결코 상찬이 아니다. '참 예인'의 길이 얼마나 험난하고 힘든지 가늠하겠다. 많은 것을 교양과 상식 차원에서 알게 됐다. 돌아서면 또 금세 까먹게 되겠지만, 그러한들 지금의 이 흐뭇함과 만족감은 제법 오래갈 것이다. 마지막 366쪽의 구절을 적어놓는 까닭을 읽어보면 알게 될 것이다.

"세월을 가락 삼아 천지 허공에 무상한 성음(聲音)만 뿌릴 수 있다면 그것이 살아 있는 복이지, 더 바랄 게 또 뭐 있겠는가. 어쩌면 득음이란 것도 호사일지 모른다. 가슴에 품은 뜻을 소리에 실어 풀어놓을 수만 있다면 족할 것을, 득음까지 꿈꿀 일이 뭐 있겠는가. (중략) 득음의 길은 오묘하고 멀고 아득하지만, 다만 오늘 한 걸음을 착실히 내디딜 뿐이다. 소리의 길이 사람의 길이라니, 사람의 길로 자연의 길로 그저 쉼 없이 터벅터벅 걸어갈 뿐이다."

마치 거인의 일성 같지 않은가.

시각장애인 송경태

2024년 3월 3일

엊그제 오수개연구소 정기총회 말미에 시각장애인 송경태 박사의 특강을 들었다. 저서 『엉금엉금 에베레스트』(따뜻한 손 2018년 펴냄, 279쪽)도 선물 받았다. 꽃샘추위가 요란한 3월 첫 일요일 아침, 그 책을 펴 들었다. 그는 22살 육군 이등병 시절 폭발 사고로 시력을 잃은 1급 국가유공자. 장애인으로는 세계 최초로 고비·아타카마·남극 등 '세계 4대 극한 마라톤'을 완주하여 그랜드슬램을 달성한 철각 철인이었다. 검색을 해보니 그동안 책도 6권 펴냈고, 2012년 휴먼 다큐 〈인간극장 5부작〉에도 출연한 유명 인사였다. 게다가 내 고향 인근 마을(임실 오수면 상신촌) 출신인 것을. 유튜브에서 그가 지었다는 〈삼일만 눈을 뜰 수 있다면〉이라는 시 낭송도 들으며, 주최 측이 "아름다운 사람-송경태 박사"라고 소개했듯, 진정으로 이렇게 아름다운 사람이 주변에 있는 줄 처음 알았다. 얼굴이 스님들처럼 맑았다. 욕심이 없으면 그렇게 되는 걸까.

이 책은 안나푸르나·킬리만자로 등을 등정하고, 에베레스트에 도전했으나 정상을 눈앞에 두고 네팔 대지진으로 철수한 이야기를 담담히 풀었다. 천재지변으로 완등은 못 했으나, 온몸으로 사선을 넘으며 삶과 죽음의 의미라는 인생의 다른 가치를 체득했다는 내용이다. 도대체 체력이 얼마나 좋고, 신체 단련을 얼마나 했으면, 정상인들도 꿈을 못 꿀 극한 지역 마라톤과 5,000m도 넘는 고산 등반을 할 수 있을까? 믿기조차 어렵지만, 그가 못해내는 일은 아무것도 없었다. 사회복지학 박사가 되었는가 하면, 작가와 강사로도 이름을 날리고 있다. 전북시각장애인도서관장, (사)헬렌켈러복지회 이사장, 전북장애인신문 발행인 등 직함도 여러 가지이다. 그는 2016년 에베레스트 도전을 높이 평가받아 '엄홍길 도전상'을 받았다. 어찌 '대다나다(대단하다)'는 말로 그칠 것인가. '삶의 영웅'은 이런 분들을 일컫는 게 아닐까. 짧은 특강은 건강하고 유복한 내가 쥐구멍으로 숨고 싶을 만큼 부끄러운 시간이기도 했다.

송경태의 〈삼일만 눈을 뜰 수 있으면〉(동명의 책도 2008년 펴냈다) 시 전문을 전재하니 마음을 가라앉히고 심호흡을 한 후 천천히 읽어 보시기를 바란다. 시인은 내일이면 다시 세상을 보지 못하게 될 마지막 날 "실컷 울겠다"고 한다. 어찌 뭉클하지 않은가. 나도 몰래 한 줄기

눈물이 흐르고 있다.

첫날은 제일 먼저 사랑하는 아내 얼굴을 보고 싶다

25년 전 앞 못 보는 남편 만나

속이 다 새까맣게 타들어 가도

묵묵히 가정을 지켜준 천사의 얼굴을 꼭 한번 보고 싶다.

다음은 부모님 얼굴을 보고 싶다

두 눈을 잃은 아들 부여잡고 통한의 아픔이 있어도

꿋꿋이 한 서린 삶을 살아오신 인자하신 얼굴을 보고 싶다.

다음은 두 아들 녀석 얼굴을 보고 싶다

야구 놀이 같이 안 해줘도 친구들 앞에서 기죽지 않고

깡총깡총 토끼처럼 건강하게 자란 두 아들의 얼굴을 보고 싶다

둘째 날은 집 주변 풍경을 보고 싶다

아파트촌 숲길 거닐며 옆집 아저씨도 만나서 골프며 고스톱도 치고 싶다

다음은 운전을 하고 싶다

전국 방방곡곡 신나게 누비며 아름다운 사람들을 만나고 싶다

그리고 인터넷 게임을 하고 싶다

화려한 화면을 보면서 열광적으로 신나는 게임을 하고 싶다

삼 일째 되는 날은 영화 감상을 하고 싶다

심야에 심형래의 디워도 보고 해리포터도 보면서

아름다운 화면을 기억하고 싶다

그다음은 여행을 하고 싶다

나 홀로 자전거 타고 이름 모를 곳으로 가 사색을 하고 싶다

그리고 책을 읽은 후 실컷 울겠다

읽고 싶었던 책 실컷 읽고

세상을 볼 수 있는 마지막 날이기에 실컷 울겠다

시각·청각·언어장애(볼 수도, 들을 수도, 말할 수도 없음) 등 삼중고를 극복한 '인간 승리' 헬렌 켈러(1880~1968)의 〈사흘만 볼 수 있다면〉과 곧바로 비교되지 않은가. 헬렌 켈러는 "장애는 불편할 뿐 불행하지는 않다"며 "사흘만 세상을 볼 수 있다면, 첫째 날은 사랑하는 이의 얼굴을 보겠고, 둘째 날은 밤이 아침으로 변하는 기적을 보겠다. 셋째 날은 사람들이 오가는 평범한 거리를 보고 싶다. 단언컨대, 본다는 것은 가장 큰 축복"이라고 말했다. 생각해 보면, 본다는 것만큼, 볼 수 있다는 것만큼 큰 축복이 대체 어디 있단 말인가. 우리가 이 아름다운 사람들에게 배우고 본받아야 할 것이 무엇인가를 곰곰 생각해 보자. 전라도 말로 "지(제) 복에 겨운 줄도 모르고 야냥개 떤다"는 말이 있다. 야냥개는 '엄살'을 뜻하는 듯한 방언. 우리에게 지금 주어진 환경과

조건 등은 아랑곳하지 않고, 삶에 감사하기는커녕 걸핏하면 투덜이 스머프가 되지는 않는지 자성해 봐야겠다.

삼일절 105주년, 김구응열사

2024년 3월 2일

어제는 삼일절 105주년 되는 날이었습니다. 당연히 하는 대통령의 기념사를 들어보셨나요? 3·1정신의 뿌리가 '자유'였다고 하더군요. 그분은 걸핏하면 시도 때도 없이 자유와 법치 그리고 상식을 들이대지만, 이것은 좀 생뚱맞지 않던가요? 당시 한민족, 우리 국민은 당연히 독립이고 해방된 조국이었지 않은가요? 허나, 본인도 염치는 있었는지 공식 기념식에서 '통일'을 처음으로 언급했지요. 3·1정신의 완성이 '자유 통일'이라더군요. 참말로 '웃기는 짬뽕'입니다. 어느 패널리스트는 핍박받던 나라의 대통령이 '피해자 의식'이 아닌 '가해자 의식'으로 충만하고 "참 일본 좋아해"라고 하더군요. 하하. 백퍼 공감입니다. 어째서 우리는 이런 시대를 살고 있는 걸까요? 알지 못하겠습니다.

저는 어제 새벽 보관한 태극기를 제 불찰로 찾을 수 없어 국기를 게양하지 못한 불충을 저질렀습니다. 마침, 서가에 꽂혀 있는, 최근 전주 치과의사가 선물한 책을 꺼내 읽었습니다. 『김구응 열사 평전-4·1 아우내 만세운동의 주역』(전해주 지음, 2023년 발행, 174쪽). 유관순, 전태일, 이한열, 박종철 열사의 이름은 알았어도, 김구응(1886~1919.4.1.) 열사의 이름은 금시초문이었습니다. 내가 모르는 열사도 계시는가? 대체 누굴까? 몹시 궁금했습니다. 아우내 만세운동은 1919년 4월 1일 아우내(並川. 천안군 목천면 병천) 장터에 많게는 1만 명이 넘게 모여 만세운동을 벌인 큰 사건입니다. 그 운동은 우리가 너무(?) 잘 아는 '유관순 열사'가 주도한 줄 알았습니다. 아니었습니다. 한 성공회 신부(전해주)의 노력으로 이제껏 가려지고 묻혀 있던 김구응 선생이 아우내 만세운동을 처음부터 기획하고 선두에서 평화적으로 시위를 이끌었으나, 당일 일제의 총칼에 찔려 현장에서 순국, 거기에 대항한 모친 최정철 열사도 함께 피살되었다는 사실이 역력히 기록되어 있었습니다. 놀랐습니다. 어떻게 이런 일이 이제껏 알려지지 않았을까요? 화까지 났습니다.

물론 이화여전에 다니던 16세의 유관순 열사도 고향인 아우내에 내려와 태극기 제작, 배포, 시위 독려와 참여 등 만세운동에서 큰 역할을 한 후 잡혀 서대문형무소에서 고초를 겪다 의연히 순국했습니다. 결코 유 열사의 활동과 공로에 대해 낮게 평가할 생각은 추호도 없지만, 유 열사 영웅화 작업과 이를 상품화한 병천 지역의 정서 등이 김구응 열사에 대한 조명을 가로막은 듯하더군요. 김 열사는 당시 지역의 진명학교 교사로 신학문을 가르치며 민족 독립 의식을 고취한 근대 교육의 선구자였습니다. 빈약한 사료는 김 열사의 얼굴 사진 한 장을 못 남긴 게 천추의 한이지만, 여러 사람의 증언이 남아 있습니다. 백암 박은식 선생의 『한국독립운동지혈사』에는 "주모자 김구응은 독립선언서를 낭독하고, 만세운동을 주도하다가 일본 헌병의 총에 맞아 즉사하고, 노모 최정철 열사도 칼에 맞아 숨졌다"고 기록되어 있습니다. "역사는 미래의 거울" "역사를 잊은 민족에겐 미래가 없다"는 말이 실감 나는 삼일절 105주년. 김 열사를 알게 된 건 '민족사적 선물(?)'이었습니다. 안동 김씨, 임진왜란 의병장 김시민 장군의 12대손, 조선 후기 문신 김득신의 10대손, 이래서 '뼈는 못 속인다'는 말이 나올까요?

열사의 나이 당시 32세. 민주화를 위해 투쟁하다 숨진 대학생 열사들과도 비교되더군요. 그 후 남겨진 아내와 세 아들의 삶은 가시밭길 그 자체였답니다. 그래도 손자가 의연하게 할아버지와 증조할머니의 거룩한 삶의 수수께끼를 하나씩 꿰맞추며 기리고 있어 얼마나 다행인지요. 오죽하면 박완서 작가가 『오만과 몽상』에서 "매국노는 친일파를 낳고, 친일파는 탐관오리를 낳고, 탐관오리는 악덕 기업인을 낳고…. 동학군은 애국 투사를 낳고, 애국 투사는 수위를 낳고, 수위는 도배장이를 낳고…."라고 썼겠습니까? 잘못되어도 한참 잘못된 것이지요. 책 말미에 손자 김운식 씨가 써놓은 수기는 너무 진솔하기에 아무리 감정이 메마른 사람도 눈물 없이 읽지 못할 글입니다.

아무튼, 이 평전을 쓰느라 애쓴 신부의 노력도 가상하지만, 늦게나마 지역의 뜻있는 분들이 기념사업회를 만들고, 열사의 정신을 연구하고 잇고자 애쓰고 있어 천만다행한 일입니다. 1977년 대통령 표창, 1991년 건국훈장 애국장 추서. 그게 민족의 희망이라고 생각합니다.

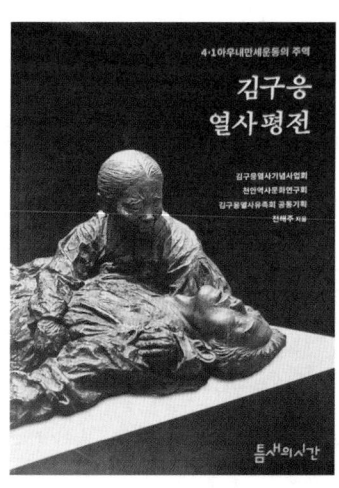

『김구응 열사 평전-4·1아우내만세운동의 주역』 책표지

『처음 만나는 청와대』

2023년 5월 4일

　신간을 아무리 사지 않으려 해도 사지 않을 도리가 없는 책들이 있다. 『(이제는 모두의 명소) 처음 만나는 청와대』(안충기 지음, 위즈덤하우스 2022년 발간, 286쪽)가 그것. 지은이는 1990년 후반 광화문 시절 거의 날마다 잔을 부딪친 몇 안 되는 '술친구'였다. 그즈음, 다른 신문사로 자리를 옮겼고, 우리에게는 낯선 '펜화'를 그리고 그 신문에도 연재한다고 들었다. 펜화가 무엇인지 아시리라 믿는다. 순전히 철필로만 건축물이나 풍경을 세밀하게 그리는 그림, 사진 같아 속을 뻔한 그림 같고, 김영택이라는 작가가 국내에서 유일한 줄 알았는데, 그에 버금가거나 앞서간다는 말을 들었다. 아는 친구가 그렇게 실력이 있다고 하니 듣기에 좋았다. 재주 많은 친구인 줄은 알았으므로, 그의 건승과 건필을 빌었을 뿐, 그동안 소원했다면 무척 소원했다.

최근 그의 '여사친'으로부터 그가 〈펜화서울〉 전시회를 개최했다는 말을 듣고, 아무래도 도록이라도 한 권 사야겠다고 들렀다. 10년여 만에 만나는데도, 그는(아니 우리는) 역시 여전했다. 그 사람이 그 사람이지, 어디 가겠는가? 대뜸 와인 한 병을 꺼내더니 "다 마시고 가시라"고 한다. 도록은 만들지도 않았고, 최근 펴낸 책은 없어서 못드리니 서점에서 사라며 보여준 게 이 책이었다. 아주 모처럼, 오늘 오전 4시간여 만에 그 책을 정독, 완독, 통독했다. 책값이 '1'도 아깝지 않은, 아주 짱짱한 인문지리서에 다름 아니었다. 이런 책이라면 몇 권이라도 사겠다. 우리 주변에 쓰레기 글과 쓰레기 책들이 얼마나 많은가.

지난 5월 이후 대통령 집무실을 용산으로 옮긴 '무모한' 대통령 덕분에 청와대가 83년 만에 전면 개방되는 시대가 되었다. 언론인 감각이 있기에 참 잽싸게도 냈다. 제법 발품을 많이 판 냄새도 나고, 많은 밤을 지새웠을 터. 대통령도 '백퍼' 몰랐을 청와대 이야기가 구석구석, 오목조목, 무궁무진하게 펼쳐져 있었다. 한 건물에 대해 이토록 흥미진진한 내용이 많은지 미처 놀랐다.

청와대와 직접 관련이 있는 수많은 사실(史實)과 사실(事實) 그리고 수많은 일화, 이를테면 △이름 내력 △나무와 풀의 천국 △처음 베일을 벗은 문화유산 △사연 많은 예술품 △0.725초의 승부, 경호처 △역대 대통령 초상화 △1.21 무장공비사건과 '김신조 소나무' △풍수로 본 청와대 등을 비롯하여 △청와대 주변 물길 △백악산 가는 길 △청와대

동쪽과 서쪽 지역의 얽히고설킨 사연 등을, 신문기자 아니랄까 봐 객관적인 시각으로 줄곧 흥미롭게 기술하고 있다. 역시 '아는 만큼 보인다'는 말은 진리일 것이다. 사랑하면 알게 되고, 알게 되면 보이느니, 그때 보이는 것은 그전과 사뭇 다를 게 틀림없지 않겠는가. 글이 술술술 눈이 미끄러지게 읽힌다. 그의 글쓰기 장점이다(나의 경우처럼. 흐흐). 이런 글에 관심 없는 이들도 재밌게 읽을 것을 확신한다.

책을 접하며 처음에 청와대 건물들에 대한 펜화 모음집으로 알았던 것은 큰 오산이었다. 글이 99%. 실제 밀착취재에 곁들인 많은 참고서적 편력 후 온축된 그의 내공과 필력이 가히 전문가 수준이었다. 화가 이전에 아주 준수한 '글작가'임을 알았다. 작가에게 곧바로 "너무 흥미로웠고 시종일관 진진했음. 경의를 표함" 카톡을 날렸다. 유홍준 님의 서울이야기 네 권(문화유산답사기 9~12권)도 재밌었지만, 그가 빠트린 수많은 콘텐츠에 대한 궁금증이 거의 풀린 셈이어서 '서울이야기 완결판' 같기도 했다. 국민의 한 사람으로, 아니 특별 시민의 한 사람으로 한양도성이? 서울이 궁금하신가? 청와대는? 이 책 읽기를 강추한다. 머지않아 되돌아갈지도 모를 대통령 집무실과 그 터의 이모저모를 알아서 손해 볼 일은 없지 않은가. 청와대가 보이고 서울이 보인다. 용산 이전에 대한 논란 이야기가 아니다. 그것에 대해선 말 한마디도 붙이고 싶지 않다. 그것은 그것대로 역사의 관점에서 언젠가, 조만간, 평가받을 것으로 믿자.

부기 1

작가는 국토와 지리에 대한 관심을 한 번도 놓아본 적이 없었다고 한다. 애초 화가를 꿈꾸다 대학에서 한국사를 공부했고, 어쩌다 기자가 되었다. 2008년 김영태 작가와 만남을 계기로 펜화에 눈을 떴다. 그의 관심과 애정이 전국 주요 도시의 풍경과 건물을 펜화화하여, 중앙일보에 〈비행산수〉라는 시리즈 그림을 연재하게 되었으리라. 북한의 산천과 도시를 그려보는 숙제가 남았다는 작가의 앞날에 행운과 발전이 함께하기를 빈다. 펜화 한 편에 보통 서너 달이 걸리고, 시력이 감퇴한다는 단점이 있다고 한다. 우리의 고향 전주의 〈한벽루〉와 영주 〈부석사〉를 그려놓은 펜화를 감상해 보시라. 그 한 편의 그림을 위하여, 쏟은 노력이 얼마나 지난했을 것인가. 가상한 일이다. 작품 하나의 값이 천문학적(?)이어서 손도 못 내미는 내가 민망했다.

안충기 작가의 펜화 작품. (좌) 영주 〈부석사〉 (우) 전주 〈한벽루〉

부기 2

책 뒤표지에 정재숙(전 문화재청장) 님의 추천사인지 축사인지 모를 글을 마저 인용한다. "(전략) (청와대를) 세상에 다시 없을 구경거리인 양 구름처럼 몰려온 그들은 무엇을 보고 들었을까? 권력의 허무한 그림자였을까, 역사의 준엄한 목소리였을까? 사학을 공부하고, 신문기자로 살면서, 펜화로 꿈을 꾸는 저자 안충기는 그 세 겹 인생에서 우러난 서사와 서정으로 '청와대 완전 정복'이라 부를 만한 충실한 안내서를 꾸렸다. 민족 유산 청와대를 제대로 꿰찬 첫 책이다."

어느 숲속의 작은 오두막집

2023년 10월 31일

처가 6남매 정례모임에 서천의 '국립생태원'을 찾았다. '개미 박사' 최재천 교수가 초대 원장(2013~2016)을 역임한 곳이라는 것쯤은 알고 있었다. 그날의 최고 수확은 '숲속의 오두막집'을 발견한 것. 숫제 감격, 감동이었다. 제법 오랫동안 그곳에 머물렀다. 처남댁이 말해 주지 않았으면 놓칠 뻔했다. 헨리 데이비드 소로(Henry David Thoreau, 1817~1862)가 미국 매사추세츠 콩코드 월든 호숫가에 손수 집을 지어 자급자족하며 혼자 2년 2개월 동안 살았다는 오두막집이다.

모르긴 몰라도, 최 원장의 의지에 따라 '그 집'을 그대로 본떠 지었을 것이다. "나의 집은 언덕 한쪽에 있었는데, 바로 큰 숲의 끝자락, 집 주변은 소나무와 호두나무가 우거진 숲. 호수까지 30m 거리. 집에서 그곳까지 언덕을 내려가는 작은 오솔길이 있었다." 그가 1854년에 펴낸 『월든: 숲속의 생활』에 나오는 기록이다. 『월든(Walden)』은 이미 고전이 된 양서. 10대 후반(고3) 탐독한 이후, 소로는 여태껏 나의 '문화적 영웅'이다.

 그를 생각하면, 언제나 머리에서 떠나지 않은 명제가 '삶은 단순하게, 생각은 높고 깊게'(simple life, high thinking)이다. 나는 혼잣말로 '그렇게 살아야 하는데, 그렇게 살지 못하는 나는….' 하면서 자책에 시달리곤 했다. 그(소로)는 이렇게 말했다. "내가 숲속으로 들어간 것은 내 자신의 의지대로 살고, 삶의 본질적인 면과 대면해 보려는 것이다. 그리고 삶이 가르쳐 주는 바를 내가 배우지 못했는지 알아보고, 마침내 죽음을 맞이할 때 헛되이 살지 않았음을 깨닫고 싶기 때문이다."(I went to the woods because I wished to live deliberately to front only essential facts of life. And see if I could not learn what it had to teach. And not, when I came to die, discover that I have not lived.) 그렇다. 그 이유 하나로 하버드대 법대를 나온 수재가 그 어떤 명리도 버리고 숲속으로 홀로 들어가 집을 짓고 26개월 동안 고독한 숲속 생활을 한 것이다. 고3 때 무엇을 알고, 느꼈다고 그 책을 탐독했을까? 아무튼 무지 좋아했던 기억이 뚜렷하다. 새삼 그곳에서 안내판에 쓰인 이 문구를 읽는데 숙연해졌다.

 오두막집 문이 빼꼼히 열려 있어 들어갔다. 소로의 여동생이 그렸다는 오두막집이 액자 속에 있고, 소로가 배치한 가구들이 복원돼 있다. 침대 하나, 탁자 하나, 책상 하나, 의자 셋, 직경 3인치의 거울 하나 그리고 벽난로. 의자 3개는 고독과 우정 그리고 사교를 위한 것이었다고 한다. 벤치에 앉아 소로처럼 30m쯤 떨어진 호수(생태원 습지)를 바라보며 '잠깐 사색'도 했다. 모처럼 기분이 최고로 업됐다. 좋았다. 역시 최재천답다. 생각이 있는 지식인을 수장으로 앉히면 이런 '작품'이 탄생한다. 지식인(세계여성과학자회 전 회장) 처남댁은 "왜 하필 친미냐? 법정 스님의 강원도 오두막집을 복원해 놓았으면 좋았겠다"며 약간 볼멘소리를 냈다.

아무튼 19세기의 사람 소로는 21세기에도 전 세계적으로 '인기'가 왜 식지 않은 걸까? 그가 '자연주의 철학자'였기 때문일 듯. 그는 〈노자〉 〈장자〉 등 동양 고전에도 조예가 깊어 『월든』 곳곳에 안성맞춤의 구절을 잘 인용해 놓았다. 시인이며, 노예 폐지론자, 초절주의자(Transcendentalism)인 에머슨(R.W. Emerson, 1803~1882)의 친구였다. '작은 정부가 아름답다'는 신념으로 세금을 내지 않아 투옥되기도 했다. 1849년에 펴낸 『시민불복종(Civil Disobedience)』의 구절을 봐도 그의 신념을 알 수 있다. "어느 한 사람이라도 부당하게 투옥하는 정부 밑에서 의로운 사람이 진정 있어야 할 장소는 감옥이다"

시간만 더 있었으면 그 벤치에서 종일이라도 솔바람 소리를 들으며 호수를 바라보며 사색과 명상을 했을 것이다. 생태원 안에 숙박시설도 있다니까, 언제 한번 시간을 길게 내보고 싶을 만큼 생태원 산책은 좋았다. 생태원 정문 앞 찔레꽃동산에는 가객 장사익이 직접 쓴 〈찔레꽃〉 노랫말이 새겨진 커다란 비가 서 있어 인상적이었다. 이것도 초대 원장의 뜻이었을까?

'Consilience'라는 단어를 처음으로 통섭(統攝)이라고 번역한, 가히 문필가인 최재천 교수는 『생명이 있는 것은 다 아름답다』라는 책을 비롯해 많은 저서를 펴냈으나, 인류문명에 대해선 지극히 비관적인 듯하다. 그가 주장하는 호모 사피엔스 사피엔스(Homo Sapiens Sapiens)가 '공생(共生)하는 사람'이라는 뜻의 '호모 심비우스(Homo Symbious)'로 바뀌지 않으면 지구가, 인류가 멸망할 것이라고 얘기한다. 깊이 생각할 문제이다.

국립생태원에 있는 소로의 오두막집(우) 안에서 찍은 액자 속 소로의 오두막집 풍경(좌).

책 읽는 사람은 아름답다.

그 마음이 아름답고, 그 행동이 아름답다.

책을 읽으니, 우리는 이미 친구다.

4장

책에서 찾은 아름다운 길

작가 한강의 『소년이 온다』

2024년 11월 3일

    한강의 장편소설 『소년이 온다』(초판 1쇄 2014년 5월 9일, 초판 132쇄, 창비 2024년 11월 펴냄, 215쪽)를 읽었다. 노벨문학상을 받은 작품이라서가 아니라 진작부터 그 소설 얘기를 들어 읽으려 했다. 마침 『작별하지 않는다』 『채식주의자』를 읽은 뒤였다. 노벨상 수상이야말로 아주 일부 '넋 빠진 인간'들을 빼고는 나라 전체의 경사임을 모르는 이 없을 터. 더구나 평화상에 이은 문학상이라니. 이제 경제학, 물리학, 화학 부문 등 기초학문 영역에도 굿뉴스 터질 날이 머지않았을 것이다.

    아무튼, 200쪽 약간 넘은, 길지 않은 이 소설은 '어린 새'를 시작으로 6장으로 치밀하고 극도로 절제한 플롯으로 돼 있다. 읽는 내내 맨 뒤에 실린 작가의 에필로그가 너무 궁금했다. 작가는 10살 때 친척들로부터 그 얘기를 들었고, 13살 때 아버지 한승원 작가가 보여준 사진첩을 보았다 한다. 그리고, 결론은 아이의 말을 빌려 이렇게 말한다. "이제 당신이 나를 이끌고 가기를 바랍니다. 당신이 나를 밝은 쪽으로 빛이 비치는 쪽으로, 꽃이 핀 쪽으로 끌고 가기를 바랍니다." 책을 덮은 시간은 새벽 2시 24분. 광주항쟁(민주화운동)에 대한 이런저런 생각과 함께 독파하는 데 4시간쯤 걸렸다.

한마디로 소감을 말하자면 『작별하지 않는다』를 읽은 아내의 "너무 핍진(逼眞)하여 힘들었다"는 멘트를 고스란히 돌려줄 수밖에 없다. 소위 글을 쓰는 작가들에게 5·18은, 세월호는, 4·3은 무엇일까를 혼자 생각했다. 그보다 먼저 한국전쟁은, 베트남전쟁은 무엇이었을까. 작가 한강의 얼굴에 언뜻언뜻 비치는 '깊은 우수'가 떠올랐고, 막내 여동생뻘인 작가가, 작가의 업보가 너무 안쓰럽고 짜안했다. 또한 세계가 인정한 '역사적 트라우마에 맞선 강렬한 시적 산문'을 쓰기까지의 작가의 고독과 외로움, 그 치열한 문학정신을 생각했다. 너무 아리고 아파 몇 번이고 읽기를 중단하려 했으나 '그래도 읽으라'는 아내의 채근에 힘을 냈다.

『소년이 온다』의 실제 주인공(우리는 그를 '모델'이라 가볍게 얘기하지만)이 누구이든, 이 소설은 인두겁을 둘러쓴 한 인간(태어나서는 안 될 귀태들이 또 많지만)의 만행으로 인한 전체 피해자들을 위한 진혼곡으로 읽혔다. 그게 어디 실제로 죽거나 다친 2,000여 명만의 문제이랴. 1만 명 아니 1백만 명도 더 되는 사람들의 가슴앓이는 누가 책임질 것인가. 작가가 도움을 받은 많은 자료 중에 〈5·18 자살자-심리부검 보고서〉라는 제목을 보고 놀랐다. '심리부검 보고서'라니? 처음 들었다. '전쟁문학'이라면 또 모르겠다. 한 세대가 지난 후, 우리는 '따뜻한 가슴'을 지닌 한 여성작가로부터 엄마처럼 큰 위로를 받아, 이제는 '훌쩍훌쩍 울면서'(이럴 때의 울음은 '울음의 미학'이 아닐까) 인간의 의미와 존재 자체에 대해 생각해야 할 것 같다.

나는 맨 처음 광주항쟁 소식을 언제 어떻게 알았을까? 80년 5월 중순 작대기 하나도 받지 못한 신입쫄병(4월 4일 '전주장정' 입대)이 내무반에서 도심에 탱크가 들어서는 것을 TV 뉴스로 보았다. 솔직히 다른 나라의 내전인 줄 알았고, 그곳이 광주인 줄 생각도 못 했다. 입대 18개월 만에 첫 휴가를 나와 전주 '금강서점' 책방에서 두런두런 수상한 얘기를 몇 토막 흘려들었지만, 우리가 어떻게 그 진상을 알 수 있었으랴. 뭣도 모르고 82년 10월 신문기자가 됐는데, 어느 친구가 던져준 『죽음을 넘어 시대의 어둠을 넘어』라는 허접한 복사본을 밤새 읽고 전율했다. 토할 정도로 살이 떨려 어쩔 줄 모르고 무서워했던 그 밤의 기억이 뚜렷하다. 황석영이 정리했다는 그 복사본은 그날 이후 D일보 내에서 은밀하게 돌려보는 필독서가 되었다. 80년 당시 기사 제목을 '폭도'라 붙였다는 선배 편집기자와 술자리에서 언쟁을 벌이기도 했다. 서울대생으로 도서관에서 투신자살, 광주의 숨겨진 비극을 전국에 처음 알린 김태훈 열사 소식을 신문은 1단으로 보도했다. 당시 그 신문 사회부 차장이 열사의 친형이었으니, 그분의 심정은 어땠을까. 그런 엄혹한 세상도 지나갔는데, 대명천지 21세기 정보산업화 시대에 판을 치는 무당 나부랭이식 '권귀(權鬼)'는 또 누구인가.

그 이후 그 불후 불멸의 '사건'은 〈화려한 휴가〉 등 영화나 연극 등으로 재조명(?)되기도 했다. 마침내 국회에서 광주청문회가 열리고 『광주오월민중항쟁사료전집』이 나오기는 했지만, 무엇 하나 시원한 게 없기는 마찬가지, 도무지 성에 안 찼다. 황석영의 『죽음을 넘어 시대의 어둠을 넘어』는 다큐였지만, 이 책은 어디까지나 소설이다. 소설이란 핍진한 허구가 아니던가. 다큐와 소설의 차이가 어디까지인지는 모르나, 너(어린 새, 동호), 나(검은 숨, 정대), 그녀(일곱 개의 뺨, 은숙), 제(쇠와 피, 23살 교대 복학생), 당신(밤의 눈동자, 선주), 나(꽃핀 쪽으로, 동호 엄마)로 풀어가는 여섯 마당 주인공의 넋두리는 독자들의 숨을 막히게 할 정도로 핍진하다. 우리는 동호, 정대, 은숙, 선주 등 이들의 이름을 기억해야 한다. '하늘이시여, 아 하늘이시여'라는 말이 절로 나오게 한다. '하늘'은 유사 이래 늘 이렇게 무심했거늘, 새삼 무엇을 탓할까.

조정래의 『태백산맥』을 읽어야 하듯, '한강을 뛰어넘은 한강의 소설'(문학평론가 신형철) 『소년이 온다』를 읽어야 할지니. 여전히 참람하고 참담하기 이를 데 없기에.

숫자로 본 조정래의 문학

2024년 1월 18일

　2주 사이에 작가 조정래의 소설이 아닌 다른 작품집(사진 자서전 『길』, 『할아버지와 손자의 대화』, 산문집 『누구나 홀로 선 나무』, 『황홀한 글감옥』 등)을 읽어제켰다. 보통 300쪽이 넘는 빵빵한 책들인데도 힘들지 않고 술술술 읽혔다. 내친김에 친구에게 3부작 대하소설 『태백산맥』『아리랑』『한강』 이전에 쓴 첫 장편소설 『불놀이』도 빌렸다. 그러니까 보름 정도를 온통 '조정래 탐구'에 나선 것이다. 내가 '전작주의자'(어떤 한 작가에게 필이 꽂히면 그 작가의 모든 작품을 통독하는 사람)는 아니지만, 무척 흥미로웠다.

　빅토르 위고나 톨스토이 같은 '위대한 작가'가 우리나라라고 나오지 않을 법이 있단 말인가. 밑교의 〈태백산맥 문학관〉 건물에 커다랗게 쓰여 있는 "문학은 인간의 인간다운 삶을 위하여 인간에게 기여

해야 한다"는 작가의 작가의식(작가정신)을 처음으로 여실하게 느낄 수 있었다. 먼저 16년 동안 스스로 갇힌 '글감옥'에 대해 말하자. 하루 8시간이 넘게, 그것도 날마다 200자 원고지 30여 장을 채워나가는 작가. 원고지 분량을 적어놓은 누계 달력을 보라. 어쩌면 이럴 수가 있을까 싶다. 아버지 조종현 시인이 타계했을 때 임종도 보지 못하는 불효를 저지르며, 상을 치르는 딱 사흘만 원고를 쓰지 못했다.

『태백산맥』(10권 6년 5개월 집필) 1만 6,500장 『아리랑』(12권 4.8년 집필) 2만 장 『한강』(10권 4년 집필) 1만 5,000장. 도합 5만 장이 넘는다. 기네스북에 올랐다던가. 어느 누가 억만금을 준대도 시켜서는 때려죽여도 못 할 일을, 작가는 아침마다 자청하고 안방을 나와 '글감옥'으로 출근하고 퇴근한다. 나훈아의 〈남자의 인생〉 노랫말이 떠올랐다. "그냥저냥 사는 것이/똑같은 하루하루/출근하고 퇴근하고/그리고 캔맥주 한 잔…." 남편이나 아버지는 그 의무 때문에 그런다하지만, 작가는 왜 그러는 것일까? 작가는 말한다. "작가란 인생에 대한 모색자이고, 역사에 대한 탐험자"라고. 또한 "작가는 인류의 스승이며, 그 시대의 산소"라고 역설한다. 그는 아무도 시키지 않았는데, 스스로 '문학의 천형'을 짊어졌다. 오마주가 따로 없다. 그저 놀랍고 존경스러울 뿐.

남북한 분단을 문학으로써 극복하고자 하는 작가의 치열한 민족의식의 소산. 그는 그렇게 16년의 글 감옥에서 '보석'으로 풀려난 후 강연이나 인터뷰, 산문 등을 통해 수백만(정말 수백만이다. 1,600

만 부가 나갔다던가) 독자들이 궁금해하는 퍼즐을 고맙게도 친절하게 풀어주기까지 한다. 그가 대하소설 3부작을 통해 출연시킨 인물이 1,200여 명(태백산맥만 280명). 성과 이름이 제각각이었다니, 가히 입이 다물어지지 않는다(눈 밝은 독자가 겹치는 이름 2명을 발견, 전질을 선물 받았다 한다). 3부작을 다시 한번 읽어보고 싶은 마음이 생겼는데, 지난해 가을 모두 헌책방에 줘버린 게 아쉬웠다. 살 수는 없고 도서관에서 빌려야 할 판이니. 한민족의 필독서.

장삼이사들의 사생활도 궁금할 판인데, 대작가(great novelist)의 사생활을 엿볼 수 있다는 것은 독자로서 행운이다. 여느 할아버지와 다를 바 없는 작가의 손주 사랑과 손주 자랑. 그것보다 시인인 아내 김초혜에 대한 '일편단심 민들레 사랑'은 우리에게 시사하는 바가 자못 크다. 세상에나, 나이가 익을 대로 익은 팔순의 첫사랑 아내에게 "날마다 새롭게 피어나는 꽃"이라고 하지 않은가. 넘사스러운 줄도 모른다. 『사랑굿』이란 시집이 1백만 부가 넘게 팔렸다던가. 참으로 몰상식한 우익 거시기들이 『태백산맥』이 빨갱이 소설이고 친북주의 작가라며 그 '잘난 국가보안법'을 걸고 1994년 4월 고발을 했다. 무려 11년 동안 작가를 괴롭힌 이 언어도단의 사건은 2005년 5월 무혐의 처분을 받아 영화화도 되었다. 겁쟁이 시인 아내는 작가의 부인답게 이 고나욱 말없이 버텨냈다. 작가는 120여 개의 혐의 사실을 부정하는 증빙자료를 칼같이 제출해 검사들의 기세를 눌렀다. 그러나 작가가 잃어버린 천금 같은 기회비용은 어디에서 보상을 받을 것인가. 작가는 그저 수많은 독자로부터 "(3부작을 읽고) 세상을 보는 눈이 달라졌다" "(3부작을) 아껴가며 읽었다" "(3부작을) 가보로 자식들에게 물려주겠다"는 말을 들은 게 유일한 보람이라고 말한다.

〈태백산맥 문학관〉 외벽에 이종상 화백이 〈백두대간의 염원〉(높이 13m, 길이 83m)이라는 제목으로 그린 세계 최고 크기의 벽화를 보신 적이 있는가? 또한 1만 6,500장에 달하는 『태백산맥』을 원고지에 필사한 '독자들의 작품집'을 모아놓은 전시관을 보신 적이 있으신가? 한 번쯤 그 앞에서 옷깃을 여미고 경건하게 역사와 민족의 의미를 되새겨봐야 하지 않을까?

그는 말한다. 글을 잘 쓰려면 많이 읽고(多讀), 많이 생각하고(多商量), 많이 쓰라(多作)고. 마지막으로 그는 산문집에서 '삶'을 이렇게 정의했다.

누구나

홀로

선

나무

그러나 서로가 뻗친 가지가 어깨동무 되어 숲을 이루어가는 것

삶은 과연 그러한 것인가. 한편 '정치'에 대한 정의는 씁쓸하다.

가담해서는 안 되는 대상.
줄곧
감시·감독해야 되는 대상.

정치는 과연 그러한 것인가. 진정 요순시대는 불가능한 유토피아인가.
시인 아내의 〈어머니〉라는 작품을 감상하며 글을 맺는다.

한 몸이었다

서로 갈려

다른 몸 되었는데

주고 아프게

받고 모자라게

나뉠 줄

어이 알았으리

쓴 것만 알아

쓴 줄 모르는 어머니

단 것만 익혀

단 줄 모르는 자식

처음으로

한 몸으로 돌아가

서로 바꾸어

태어나면 어떠하리

조정래의 『대장경』

2020년 2월 13일

    나는 조정래 작가를 '한국의 문호'라고 부르는데 조금도 주저하지 않는다. 러시아 문학을 대표하는 레오 톨스토이를 '대문호'라고 하듯이. 내 생각과 다른 분들도 많겠지만 말이다. 엊그제 조정래 선생이 32세에 썼다는 처녀 장편소설 『대장경』(2010년 재판)을 통독했다. 대하소설 『태백산맥』이나 『아리랑』 등을 집필하기 한참 전이기에, 그의 초창기 작품들은 어떨까, 궁금했다. 역시 그만의 구성, 그만의 문체, 그만의 주제 의식이 뚜렷했다. '될성부른 나무는 떡잎부터 알아본다'고 했던가.

    1011년 처음 시작하여 1086년 75년에 걸쳐 완성한 팔공산 부인사의 '초조대장경'이 1232년 몽골의 침입으로 불행히 불타버렸다. 초조대장경을 결집할 때 누락된 것을 대각국사 의천이 모아 만든 '속장경'

조차 전란으로 소실되자, 1236년 허수아비 임금 고종은 군부 실세 최우의 '조종'에 의해 '팔만대장경' 편찬을 수기 스님에게 지시한다. 수기 스님은 불법의 힘으로 외적을 물리칠 수 있다는 정치 술수를 정면으로 부정하고, 오직 백성들의 순수한 나라 사랑과 불심을 끌어내 16년 만인 1251년에 세계 역사에 찬연히 빛나는 기록유산 '고려대장경'을 만들어냈다(국보 32호). 8천여 장의 판각 앞뒤에 빼곡히 새겨진 5,300여만 자. 서체도 한 사람이 쓴 것처럼 일정하고, 오탈자도 거의 없다는 불가사의한 팔만대장경.

  그 대장경을 조금도 손상하지 않고 보관해 온 해인사 장경판전은 1995년 유네스코 세계유산으로 당당히 등재되었고, 2007년 대장경은 유네스코 세계기록유산으로 등재되어, 한때 '문화 선진국'이었던 한국을 빛내고 있다. 소프트웨어인 대장경, 하드웨어인 장경판전이 '세계유산 2관왕'이 된 것이다. 고려는 당시 목판과 금속활자를 통틀어 세계 어느 나라의 추종도 불허한 '인쇄 문화의 왕국'이었다. 모두 아시리라. 1377년 청주 흥덕사에서 찍은 『직지심체요절』이 세계 최초의 금속활자로 공인받은 사실을. 우리가 중고교 시절 최초라고 배웠던 구텐베르크의 '성서 42행'보다 78년이 앞선다는 사실을. 문헌만 남아있다면 금속활자 역사는 이보다 더 거슬러 올라간다. 『상정고금예문』이 1234년에 금속활자로 찍었다는 기록이 있다.

  문호 조정래는 역사를 바라보는 시각이 언제나 그렇듯 확실하고 예리하다. 대장경 제작을 총지휘하여 역사에 남은 이름 수기 스님과 성도 없는 미천한 출신의 대목수 근필(장경판전을 혼자 완성하고 장렬한 최후를 맞는다), 천재 소년 서예가, 글자 한 자를 새길 때마다 절 한 번씩 했다는 무수한 무명의 각수들의 생각과 아픔과 고통을, 소설가답게 고스란히 그려냈다. 나는 작가가 한없이 고마웠다. 풍상의 세월이 1천 년을 흘렀다고 해도 이렇게라도 살려내야 할 사람은 살려내야 하는 것이 작가의 소임이 아니겠는가. '미투'로 엉망이 되어버린 고은 시인이 『만인보』에서 1980년 광주항쟁의 이름 없는 열사 200여 명을 일일이 초혼하여 운문으로나마 천추의 한을 풀어주었듯.

'황금종이'가 무엇이길래?

2024년 4월 27일

　하루밤 새 조정래 작가의 『황금종이』(2023년 해냄출판사 발행) 1, 2권 626쪽을 통독했다. '황금종이'가 무엇이라고 생각하는가? '황금종이'는 돈, 돈, 돈 할 때의 '돈'의 별칭으로 작가의 조어이다. 돌고 도는 게 돈이라고 하지만, 순식간에 사람을 돌아버리게 만드는 돈, 그 돈은 대체 우리에게 무엇인가? 돈의 위력을 한번 생각해 보자. 돈의 유무와 많고 적음이 행복과 불행의 바로미터가 될 수 있을까? 작가는 갈수록 악화일로 중인 천민자본주의의 실상을 매스컴 등을 통해 접하면서 '돈이면 다 된다'는 뒤틀린 세상의 부조리에 화가 잔뜩 난 듯하다. "부자 되세요"라는 말도 안 되는 인사말을 일부러 퍼트린 듯한 정부는 또 무엇인가?

　인정은커녕 "돈이면 최고"라는 짐승보다 못한 심성으로 살아가는 졸부, 불효자, 파락호, 경상배, 검사, 정치인들의 얘기를 하나하나씩 예시한다. '사람이라면 도저히 이럴 수 없는 일'조차 도덕 종교 양심 등보다 몇 배 상위개념 순위로 자리 잡은 '돈의 위력'을 소설 형식으로 고발하고 있다. 우리 모두 다 알고 있는 세상의 사실이지만, 전개되는 서사로 재확인시켜 주는 작가의 '글담'이 내내 씁쓸했다. 근현대사를 다룬 대하 장편소설로 신기록을 세운 작가는 여전히 이 사회에 할 말이 많은 듯하다. 16년 만에 가석방된 '글의 교도소'로 다시 자청하여 들어가다니? 하여 잇달아 나온 역작들이 『허수아비춤』 『천년의 질문』 『정글만리』 『풀꽃도 꽃이다』 등이 아니었던가. 자칫하면 작가의 명성에 흠이 될 우려도 있지만, 그는 쉬지도 않고 지치지도 않는다. 다시 한번, 작가의 믿기지 않은 에너지가 놀랍지만, 일등 독자로서는 작가를 존경하는 만큼 이제 좀 쉬셨으면 하는 마음이 앞선다.

하지만, 어느새 '원로 꼰대'가 되어버린 작가는 남북통일, 민족, 사회적 선진국, 이상기후와 저출산의 해법, 인구 소멸 위기 등에 대한 관심을 하루들 잊어본 적이 없는 듯하다. 이런 꼰대는 꼭 있어야 한다고 생각하지만(그가 이번 총선에서 조국혁신당 후원회장이 되었다고 한다. 잘한 일이다), 언론(특히 신문과 방송)의 '프레임'에만 빠지지 않기를 바랄 뿐이다. 지금은 유튜브 세상이 된 지 오래고, 수많은 대안 언론이 레거시 언론의 역할을 대신하고 있지 않은가. 밑바닥에서 꿈틀거리는 젊은 세대들에게 희망을 품어볼 만도 하다. 어찌 어둠만 있겠는

가. 작가가 발로 뛰며 얻는 정보도 이제는 다양해졌다. 시중의 흘러 다니는 얘기들을 잘 버무려 엮는 것만으로 안 되는 세계가 있는 듯하다. 그러기에 최근의 어느 작품은 대작가답지 않은 태작이라고 생각한다. 아들과 손자 세대들을 위한 원로 꼰대님의 속 깊은 염려와 걱정을 왜 모르겠는가. 존경하는 작가가 있다는 것은 행복한 일이다. 작금의 교육 현실에 대한 개탄, 돈에 대한 무한 욕망과 집착, 거기에서 파생되는 숱한 현상은, 작품 속 어느 교수의 "돈은 인간의 실존인 동시에 부조리다"는 명제가 실감 난다. 실존과 부조리 사이에서 우리의 고뇌가 깊어질 수밖에 없는 현실이 한없이 답답하지만, 다시 심호흡을 해 본다. 조만간 작품 속에 나오는 '빛의 고향' 광양 재첩국의 제맛을 보고 싶다. 읽어서 나쁠 것은 전혀 없으므로(뒤죽박죽된 머리로 약간은 심란하지만), 도서관 등에서 빌려 '가벼운 마음'으로 읽어봐도 좋겠다.

작가 김진명의 소설, 소설, 소설

2023년 10월 31일

『무궁화꽃이 피었습니다』의 작가 김진명. 1993년 펴내자마자 베스트셀러가 되더니, 30주년인 올해까지 600만 부가 팔렸다 한다. 대단한 기록이다. 이유가 뭘까? 그의 작품을 10여 권 읽었으니 제법 본 셈인데, 잘 모르겠다. 57년생, 나와 동갑내기, 이 친구 '이빨'과 소설의 구성이 장난이 아님은 알겠다. 임실도서관에서 5권을 빌려 1주일 새 통독했다. 최근 『글자전쟁』을 읽은 여파였다. 소감 한마디 쓰는 것이 최소한의 예의이건만, 어떻게 시작하고 어떻게 끝을 맺을지 모르겠다.

먼저 『몽유도원 1, 2』(2010년 새움 발간, 2020년 27쇄)를 읽었다. 95년에 펴낸 『가즈오의 나라』의 제목을 바꾼 것이다. 일본의 역사부도를 보고 화딱지가 나서 일필휘지 갈겨댄 작가의 애국심이 놀랍지만, 일단 술술술 읽히며 재미 만빵이다. 흥미진진, 조마조마, 설마설마, 탄식이 절로 나오다 환호성이 나오는 소설, 추리소설 같다. 작가는 어떻게 이런 재주가 있을까? 안견이 그렸다는 〈몽유도원도〉를 아시리라. 완벽한 국보 문화재인 것을, 언제 어떤 경유로 현해탄을 넘어 일본의 한 대학이 소장하고 있을까? 2019년 '국립박물관 개관 100주년 기념 특별전'에 실제 그림이 처음으로 선보였다. 애걸복걸, 일본에서 빌려 온 것이다. 국보인 까닭은 안평대군이 꾼 꿈의 내용을 그린 후, 난다긴다하는 집현전 학자들이 명문의 발문을 썼기 때문이다. 추사 김정희의 〈세한도〉가 그러듯. 정말로 원통 복통할 일이지만, 돌려달라는 한마디 말도 못 하니 이를 어찌하겠는가?

미술평론가인 일본인 여성과 재일 한국인 강사의 우정으로 풀어내는 역사 퍼즐 맞추기는 광개토대왕비 탁본과 해석을 둘러싸고 절정에 달한다. 허나, 모두 진짜인 것 같고, 모두 허구인 것 같아 마냥 헷갈린다. 각색은 이래서 좋기도 나쁘기도 하다. 아무튼, 6학년 후반인 자들이여! 억지로 시간을 내어서라도 읽어보시라.

두 번째 작품 『1026』이다. 암호나 작전명 같지만, 금방 유추할 수 있다. 박정희가 김재규에게 총을 맞아 다음날 '대통령 유고'라는 큰 활자의 호외를 뿌리게 한 날이다. 중앙정보부장이라는 실세 권력은 왜 '유신의 심장'을 쐈을까? 그 이야기가 한국인인 미국 정보요원의 죽음을 통해 시종일관 흥미롭게 펼쳐진다. 대통령을 거세하라고 시킨 것은 '확실히' 미국인 것 같다. 거사 이후 김재규에게 등을 돌린 것도 '확실히' 미국이고, 갑자기 육사 11기 전두환을 무작정 밀어준 것도 '확실히' 미국인 것 같다. 숨 막히게 펼쳐지는 정보 전쟁의 비하인드 스토리, 작가가 어찌 이렇게 좋은 소재를 가만히 두겠는가? 더구나 애국자인 것을. 미국은 지금도 '전 세계의 경찰'을 자임하고 있다. 한마디로 미제, 미제국주의, 그 이상도 그 이하도 아님을, 구한말부터 우리의 현대사를 조금만 공부해 보면 충분히 알 수 있는 것을, 사람들은 궁금해하지도 않고, 알려고도 하지 않는다. 나는 그게 못내 궁금하다. 조선 500년 명, 청나라 사대를 그만큼 하고도 모자라, 이제는 미국에 볼모가 되어 있다. 작가는 국민의 한 사람이라면 최소한 그 실상이라도 알아야 하지 않겠냐는 갸륵한 마음으로 이 소설을 '긁은' 것 같다. 고맙다. 그런데 진짜일까? 의심은 여전히 남는다.

세 번째 작품 『예언(PREDICTION)』(2017년 새움 발간)이다. 기억하시리라. 1993년 9월 사할린 상공에서 대한항공 007기가 소련 전투기의 미사일을 맞고 격추된, 전대미문의 사고가 발생했다. 당연히 무고한 민간인 승객 269명(한국인 105명, 미국인 62명, 일본인 28명 등 16개 국적)이 흔적도 없이 사라졌다. 40년이 흘렀지만, 아무도, 어떤 나라도 그 원인을 모른다. 영원한 수수께끼로 남은 미제의 사건. 작가가 한 고아 남매를 통해 풀어내는 역사의 비밀은 사실일까? 스토리텔링에 능수능란한 자가죠차 그 이유가 무엇인지 알 수 없는 채, 『예언』이라는 소설 한 편을 남겼을 뿐이다. "허허" 그것참, 역사의 뒤안은 왜 그렇게 알 수 없는 문제투성이들뿐인가? 실재와 허구의 경계에 섰다지만, 이거야말로 완전한 소설 같다.

마지막 작품 『THAAD』(2014년 초판, 2019년 30쇄 발행)이다. '샤드'를 모르시는 국민은 없으리라. 미국은 왜 악착같이 한국의 한복판에 샤드를 설치하려 하는가? 중국은 왜 그렇게 한국과 미국을 겁박하는 걸까? 작가가 하나씩 풀어주는 그 비밀에, 우리는 그저 어안이 벙벙할 따름이다. 약소국의 설움을 이런 대중소설로라도 알아야 하는 게 비극이라면 비극일 터.

하여간, 작가의 모든 소설은 너무나 그럴듯하다. 소설은 반전에 묘미가 있다지만, 우연의 일치가 숱하게 많다. 늘 전문가를 뺨치는 허무맹랑한 듯한 전개는 추리소설의 재미를 반감시키기까지 한다. 그런데도 '민족'을 앞세운 창의적인 발상들은 글에서 눈을 못 떼게 한다. 『직지』 1, 2권을 보라. 한민족의 일원으로서 어깨를 으쓱하게 만든다. 『철도원』 『러브레터』 『천국까지 100마일』 등을 쓴 일본의 대중 소설가 아사다 지로보다 훨 나은 것 같고, 『인간시장』 등을 쓴 어느 대중 소설가의 작품보다 울림이 큰 듯하다. 이렇게 속도감 나는 소설도 드물 것이다. 김진명은 아주 탁월한 이야기꾼이자 글쟁이이다. 하지만, 이제 작가의 소설은 그만 읽을 생각이다. 재미로 시간을 너무나 뺏긴다.

소설 『불편한 편의점』

2023년 11월 6일

언젠가도 썼지만, '아내의 집'에는 내가 보고 싶은 신간 위주의 책이 두세 권 꼭 있다. 지난 금요일 저녁에는 식탁에 놓여 있는 『불편한 편의점』 1, 2권을 보고 화들짝 반가웠다. 어차피 빌리려고 했지만, 사서라도 읽고 싶은 책이었기에 더했다. 만사 제쳐놓고 읽어대기 시작하니 (거의 밤샘), 일요일 새벽 임실행 첫차 6시까지 독파할 수 있었다. 뿌듯하다면 뿌듯했다. 편의점을 두 개 운영하는 형에게 '꼬오옥 읽어보시라'는 문자를 보냈다.

최근에 읽은 『어서 오세요, 휴남동 서점입니다』에 이은 두 번째 감동이었다. 요즘 소설이 이렇게 재밌는 줄 정말 몰랐다. 김호연 작가가 누구지도 모르지만, 2021년 베스트셀러였다는 말은 들었다. 시간 가는 줄도 모르고 몰입하다 보니(이게 대체 몇 년 만인가?), '불편한'이라는 제목은 전혀 불편하지 않았다. 소설의 제목은 '친절한' 아니면 '따뜻한'으로 바뀌어야 할 것 같았다.

책 읽기를 좋아하는 지인 몇 분에게 강추하니, 모두 우천(필자의 호)이 추천하는 것이니 반드시 읽겠다며 좋아했다. 이래서 이문회우(以文會友), 끼리끼리인 모양이다. 솔직히 고백하자. 읽는 내내 눈가에 미소와 눈물이 떠나지 않았다. 마음이 마구마구 따뜻해지고 먹먹했다. '편의점'이라는 소재로 이렇게 준수한 소설을 쓴 작가가 존경스러웠다. 아아-, 몇 년 만에 이렇게 소설에 몰입했던가? 70년대 후반~80년대 초반, 당시 내로라하던 중견작가들의 소설을 탐닉한 후 처음 같다. 최인호, 조선작, 조해일, 한수산, 이문열, 박범신, 윤흥길, 박완서 등등. 월간지 「문학사상」까지 구독했으니. 신박한 소설, 신조어 〈신박하다〉가 무슨 뜻인지 짐작이 갔다.

대한민국에 24시 편의점(convenience store)이 몇천 개가 될까? 1만 개도 넘지 않을까? 그 편의점에서 알바하는 몇몇 사람과 편의점을 이용하는 평범해도 너무 평범한 손님들 사이에 얽혀지는 이야기들이 무궁무진하다. 기발했다. 그 이야기들은 대부분 슬프고 가슴 아프지만, 모든 에피소드가 마치 '나의 일'처럼 다가왔다. 이미 연극으로도 히트를 한 모양이다. 충분히 그러고도 남으리라.

아무튼, 스쳐 가는 모든 관계가 서로의 삶을 점점 더 좋은 방향으로 나아가게 만드는 힘이 될 수 있다는 게 신기할 정도였다. 2권으로 끝날 소설이 아님을 처음부터 눈치챘다. 3, 4권 연작이 계속 나왔으면 좋겠다. 한마디로 따뜻한, 유머러스한 스토리. 출연 인물(알바든, 작가든, 식당 주인이든)들의 주변인들에 대한 연민 어린 시선은, 독자들을 살짝살짝 감동을 주기에 충분했다. '그래, 애정이란 이런 거야' '손님도 별로 없는 이 불편한 편의점이 망하지 않고 장사를 계속하는 비결은 바로 이런 거야' 사장님의 덜떨어진 아들을 정신 차리게 만든 것이나 방황하는 청소년을 독서 지도하는 속 깊은 알바생, 전직 경찰 출신이 흥신소 업무를 그만두고 알바하면서 주변에 끼치는 긍정의 힘 좀 봐, 정말 대단하잖아. 무엇보다 이름인지 성인지도 모르는 알바생 '독고'의 성실함과 기억 찾기 좀 봐! 남사친이 남친으로 되는 젊은 남녀의 이야기도 너무 흐뭇하잖아.

전개하는 이야기마다 어쩌면 그렇게 재미있고 우리의 일상을 되돌아보게 하는 거지? 다시 찬찬히 읽어봐도 재밌겠어. 요즘 작가들의 역량에 실망하지 않아 참 다행이야. 아니 다행을 넘어 믿음직해. '연부역강'은 이런 작가들에게 해당하는 말일까? 우리 사회를 보고 모두 각박하다 해도 이런 따뜻한 시선이 있으니, 희망이 있는 게 아닐까. 우리 사회 구성원, 모두 사는 게 힘겹고 어려울지라도, 그 얘기를 들어주고 상대방의 입장과 처지를 배려해 가며 조심스레 착한 충고를 해주는 주변 사람이 있다면 있다면, 누기 뭐대도 세상은 살만한 것이 아닐까?

『불편한 편의점』, 이 두 권의 소설은 딱 이에 걸맞은 소설임이 틀림

없다. 게다가 구절구절마다 맛깔스러운 표현이라니, 입에까지 착착 감기던데. 작가가 여자일 것 같은데 남자라서 또 한 번 놀랐다. 멋지다!

오월 '오늘의 햇살'이 순금이랍니다

2024년 5월 4일

　기자를 때려치우고 출판사를 20년도 넘게 경영하고 있는 지인이 시집을 모처럼 펴냈다며 엊그제 건넨 게 이기철 시인의 『오늘 햇살은 순금』(서울셀렉션). 그야말로 따끈따끈한 시집 선물에 감동했다. 시인의 이름은 들은 적 있지만, 어떤 작품도 읽은 적이 없다. 전주에서 오수까지 직행 53분 동안 71편 모두를 감상했다. 무슨 시를 한 편에 1분도 안 되게 감상한단 말인가? 시인에게 큰 실례이지만, 시가 쉽고 잘 읽혔다. 시집이 조금은 독특했다. 간단한 시작 노트와 '가나다 시 찾기(색인)'도 있다. 시집에는 언급도 안 된 시인의 약력을 검색해 보니 1943년생, 우리 나이로 82세. 1972년 등단하여 21권의 시집을 펴냈으며, 대학에서 후학을 가르치셨던 것 같다. 아니, 세상에나. 이 연세에 이르도록 이토록 순진 담백한 감성을 여태껏 갖고 계시다니? 그래서 시인이겠지만, 22번째 시집이라는 것도 믿어지지 않았다. 운문의 대가 시인들은 가난해도 참 행복한 사람 같다. 대단하시다.

1주일 전만 해도 산에 아카시아꽃이 피어나지 않았는데, 서울에서 1주일째 있으면서 아카시아는커녕 봄이, 오월이 온 줄도 몰랐는데(그래서 대도시는 파이다), 귀향길, 고속버스 창 밖엔 온통 신록의 세상이다. '계절의 여왕' 5월에 대한 시가 무척 인상적이어서 내려와 붓펜으로 한번 써보았다. 써놓고 보니 더 멋진 시 같다. 〈오월이 온다는 것〉 시를 감상해 보자. 〈오늘, 오월이 내 곁으로 왔다〉라는 첫 구부터 심상치 않더니, 2행은 〈어떤 이름이 내게로 온다는 건 기쁨〉이라고 말한다. 그렇다. 벚꽃의 자리에 라일락이 오고, 또 그 자리에 민들레 제비꽃이 꽃을 피움으로써, 움과 싹과 가지의 푸름으로 마침내 땅과 하늘의 빈자리가 없는 세상은 또 얼마나 아름다운가. 기적이 어디 별거라더냐. 시의 끝부분을 보자. 〈햇살 몇 말 꾸어 강물에 던〉지면서, 〈빛나는 것이 이것 말고 또 있〉냐고 시인이 묻는다. 알고 보니, 햇살이나 달빛을 몇 말 꾸어 강이나 호수에 던져서 '윤슬'이 그토록 아름답게 빛나는 모양이다.

평생 아이들을 가르치고 퇴직한 나태주 시인의 시도 좋지만, 팔순을 훌쩍 넘긴 원로 시인의 계절 감성이 너무 좋고 부러웠다. 내친김에 〈하루에 한 번만이라도/너의 삶을 칭찬해 주어라〉라는 시도 써보았다. 〈행복해지고 싶거든/먼 길 걸어 너에게 온 삶을 칭찬해 주〉라고 한다.

〈하루에 한 번이라도 헌 옷이 된/너의 삶을 칭찬해주〉라고 거듭 말한다. 〈삶은 한 번은 우울해졌다가/한 번은 기쁨으로 다가온다〉며 〈노트의 페이지마다/사랑한다. 고맙다고 아낌없이〉 쓰라고 한다. 시인의 충고대로 그러면 세상이 좀 환하게 다가올 듯하다. 실천해야 할 덕목. 뒤표지에 실은 〈행복〉이라는 시도 조용히 소리 내어 낭송을 해보자. 〈내게로(너에게로) 온 하루는 (온전히) 나의(너의) 것〉인데, 무얼 더 바라느냐고 반문한다. 탈속, 달관의 경지에 이른 듯.

아무튼, 나는 시를, 시 세계를 아예 모르므로, 순전히 내 마음대로 시라는 것을 해석할 수밖에 없다. 하지만 시집에 없는 〈오늘 햇살은 순금〉이라는 시집 제목이 지극히 마음에 든다. 오늘(지금)의 오월 햇살이 황금도, 다이아몬드도, 억만금도 아니고, 다른 금속이 전혀 섞이지 않은 순금이란다. 언젠가 친구의 보석 상점 이름이 〈포나인(four nine)〉이어서 무슨 뜻이냐고 물었더니, 순도(純度) 99.99를 이른다고 해 웃은 게 기억났다. 그렇다. 햇살에 무슨 오염이 있겠는가? 햇살이야말로 황금보다 더 좋은 '지금(只今)'이자 '순금(純金. 100% 금)'인 것을. 내일은 어린이날, 8일은 어버이날, 15일은 스승의 날, 21일은 부부의 날이다. 원로 시인이 고마운 오월이다.

「시현실」 발행인 원탁희

2024년 6월 6일

1950년대 모더니즘 시 몇 편을 쓰다 홀연히 요절한 시인 박인환(1926-1956)을 기억하시는가? 박인환 이름 석 자는 몰라도 〈지금 그 사람 이름은 잊었지만/그의 눈동자 입술은 내 가슴에 있어/…〉로 시작하는 〈세월이 가면〉 노랫말을 들으면 '아, 그게 원래 박인환 시인의 시였어?' 할 것이다. 대중에 회자되는 그의 시 한 편이 더 있다. 〈한 잔의 술을 마시고/우리는 버지니아 울프의 생애와/목마를 타고 떠난 숙녀의 옷자락을 이야기한다/목마는 주인을 버리고 그저 방울 소리만 울리며/가을 속으로 떠났다/술병에서 별이 떨어진다/상심한 별은 내 가슴에 가벼웁게 부서진다/…〉라는, 청소년 시절 한 번쯤 낭송해 보았을 〈목마와 숙녀〉이다.

그의 문학정신을 기리기 위해 무명의 한 시인이 1999년 〈박인환 문학상〉을 제정하여 23년째 시상해 오고 있다. 그는 또한 시전문 계간지 「시현실」을 1999년부터 한 호도 거르지 않고 펴내고 있다. 엊그제 보내온 「시현실」 96호를 받아보며, 오랜 벗으로서 솔직히 만감이 교차했다. 세상에나, 시와 문학이 뭐라고? 이제 종이 글을 더 이상 읽지 않는 듯한 세상에 오로지 뚝심 하나로 밀고 온 그의 노력이 가상하다 못해 안쓰러웠다. 2016년인가 문화일보에 대서특필된 그의 인터뷰 기사를 새삼스레 찾아 읽어봤다. 오직 대단하다는 말밖에 나올 수 없는, 놀라운 성과이다.

그 자신이 애당초 시인이었다. '제 얼굴에 책임을 진다'는 마흔을 넘어서자마자 홍보팀 직원으로 일하던 대기업을 미련 없이 때려치우고, 절대로 돈이 될 리 없는 시전문지를 창간하고 〈박인환 문학상〉을 사비로 제정하여 오늘에 이르고 있다. 일제강점기 가난한 문인들의 수난사를 그대로 밟았다. 문학과 시를 너무나 좋아했기에 가능한 일. 늦깎이로 대학 국문과를 나오고 한때 연극에 몰입하기도 했다. 그는 "문학을 통해 삶의 빛나는 향기를 세상에 알리는 일"에 혼신의 힘을 기울였다. 비록 한 집안의 살림살이도 아랑곳하지 않은 '빵점 인생' '막걸리 인생'(아는 사람만 만나면 아무 때나 "막걸리는 좋은 것이여"라며 술을 강권하는 게 그의 버릇. 어찌 보면 '바보 시인' 천상병을 닮은 것 같다)이라고 자조했으나, 문학의 진정성을 추구하고 올곧은 문학을 실현한다는 뜻의 「시현실」이라는 잡지 제호가 바로 그 자신임을 입증하고 있다. 이제 봄, 여름, 가을, 겨울호 네 권만 더 펴내면 100호가 된다. 요즘같이 정서가 메마른 시대에 기적 같은 일이다.

  그가 배출한 수많은 시인이 발행인(원탁희)의 진정성을 알고 있을 터. 그동안 그가 운영하는 출판사 〈예맥〉에서 실비만 받고 펴낸 시집이 몇 권이나 되고 시인은 모두 몇 명이 될까? 가난은 국가도 책임 지지 못한다는데, 뒤늦게 생활전선에 뛰어든 그가 수년째 지하철 보조역무원으로 성실히 일하고 있다. 생활인이 되다니, 참 가상한 일이다. 그런데도 그는 '문학의 끈'을 놓을 수 없나 보다. 그의 고향 진안의 촌놈답게 투박한 뚝심이 빚어낸 시심과 문학에 대한 열정은 언제나 빛을 발할 것인가? 시가 뭔지 전혀 모르는 문외한인 나에게도 그는 어김없이 계절이 바뀌면 「시현실」을 보내와 민망하게 만든다. 개인이 펴내는 시전문지가 100호 되는 날에는 그가 좋아하는 막걸리를 한 말이라도 낼 용의가 있다. 2025년 여름호가 벌써 기대된다. 그가 고마운 이유는 또 있다. 2007년 아버지 팔순과 회혼을 기념한 가족 문집 『대숲 바람 소리』을 아담하게 펴내 줘 나를 효자로 만들어준 까닭이다.

  이름 없이 아름다운 시인은, 오늘도 그가 좋아하는 박인환의 시구처럼 어느 포장마차에 외롭게 앉아 막걸리 한 잔에 울고 있을까? 그러다 '술에 취한 술병도 덩달아 울고' 있을까? 20년도 넘게 외길을 달려온 그의 문운이 칠십쯤 되어 원숙하게 활짝 피어나기를 빈다.

아버지 문집을 엮다

2024년 5월 1일

꽃구름

휘감긴 이내 고향

쏘옥 쏙

빠져나오는

뻐꾸기

노래

山鳩歌聲花雲中

. . .

한 평 뜰에

모여서

활짝 웃는 꽃들

푸른 하늘

머리에 이고

모두 제 세상

群芳笑顔無貴賤

두 작품을 가만히 한번 마음속으로라도 낭송하며 감상해 보시라. 봄과 여름의 풍경화가 눈에 선하지 않은가. 이런 독특한 단시(短詩)를 수백 편 남기신 목포의 아동문학가 김일로(1911~1984) 선생이 계셨다. 동화 작가 이원수와 같이 활동한 아동문학 1세대 작가이나 비교적 많이 알려지지 않았다. 한양대 정민 교수와 전 전북대 김병기 교수가 그분의 작품을 첫눈에 알아보고 반했다. 노산 이은상이 "시조 이외의 새로운 고유 시의 씨앗"이라고 칭찬했다고 한다. 그분의 시와 단시, 동시, 아동문학, 수필 등을 4권에 담은 『김일로 전집』(목포문화원 발행)이 세상에 선을 보인 게 2022년. 엮은이 '김강'(71)은 김일로 선생의 장남. 한길과 가람, 그 아버지와 그 아들, 이름도 심상치 않다.

그는 평생 은행원이었다. 부친의 모든 작품을 한자리에 모은 것만 해도 대단한데, 문화원의 지원과 자신의 사재를 털어 양장본 『김일로 전집』을 엮은 것이다. 거질(巨帙)은 일별해 봐도 알지만, 어지간한 효심이 없으면 불가능한 일로 보인다. 74세로 별세할 때까지 끝끝내 동심을 잃지 않고 문학 활동을 한 아버지를 존경하는 마음이 하늘에 닿

앉나 보다. "제 선친의 선미(禪味)가 있는 시를 같이 공유하는 기쁨이 크다"고 했다. 말 그대로 선생의 거의 모든 작품은 '선미가 있는 시'였다.

만날 사람은 언제든 꼭 만나게 된다는 말처럼 우연한 계기로 그분을 알게 돼 전집을 선물 받고 감격했다. 읽으면 읽을수록 맛이 있다. 이런 시는 어떠한가?

그늘이 되어주다가

열매를 맺어주다가

소슬바람에

밀려나가는

노오란

은행잎 하나

人生如是亦如是

길가에 떨어진 '노오란 은행잎 하나'를 바라보며 시인은 금세 불심(佛心)에 잠겨 '인생 또한 이와(은행잎과) 같다'는 것을 깨닫는다. 고승의 오도시(悟道詩)에 다름 아니다.

어제 그분과 모처럼 통화를 하며 '기쁜 소식'을 들었다. 아버지의 작품 중 그분 말대로 선미가 뚝뚝 떨어지는 50편을 골라, 고보급 전각 작가와 '콜래보작업'으로 전시회를 계획하고 있다는 거다. 듣자마자 손

벽을 치며 "역시"를 남발했다. 아버지의 시 세계를 만천하에 알리겠다는 야심 찬 기획이 아닌가. 무수히 좋은 작품을 남기셨는데도 거의 무명에 가까운 아버지의 문학세계를 널리 현창하는 것은 자식 된 자의 도리일 듯. 남다른 효심도 재력이나 여유가 뒤따르지 않으면 어려울 터. 2년 전 펴낸 전집에 이은 제2탄이다.

하여, 조선조 학자나 문인들의 문집에 대해 조금 아는 것을 떠벌렸다. 조선의 선비들은 살아생전에 문집이나 저서를 내는 것을 '천박하게' 여긴 듯하다. 당신들의 생애와 학문이나 문학의 업적은 후세가, 역사가 평가해 주는 것으로 믿었기 때문일 것이다. 그런 점에서, 오늘날 한국의 정치가들은 역사를 전혀 생각지 않으니 크게 반성할 일이다. 큰 학자나 문인이 별세하면, 대부분 그의 아들들이 문집을 펴내지만, 그들이 '부실(재력이나 효심)'하면 그의 제자들이 펴냈다고 한다(몇몇 예외는 있지만). 문집을 펴내려면 논 10마지기의 비용이 들기 때문에 재력이 없으면 불가능한 일. 그 지역의 '집단지성'들이 공론(公論)하여 제작비를 십시일반 추렴하여 펴내는 게 '책판(冊版)'이다. 이는 세계적으로도 유례가 없기 때문에 2015년 유네스코 세계기록유산으로 등재되었다.

전시회 기획이 이루어진다면, 그야말로 멋지고 독창적인 시서화가 될 듯하다. 김일로 선생이 생전에 남농 허건과 콜래보 전시회를 했듯이. 가난하지만, 귀한 작품을 한 점이라도 소장하는 기쁨을 누려봤으면 좋겠다.

'아버지의 원적'은 시인의 고향

2024년 1월 15일

　서울서 여러 번 만났던 중견 시인이 지난해 가을 신작 시집 『소리 없이 울다 간 사람』을 보내왔다. 1967년생, 전주에서 태어났으나 아버지의 원적이 임실 오수면 주천리 현풍곽씨 집성촌이다. 아직도 90여 가구가 살고 있는 큰 마을. 그동안 시집을 서너 권 펴냈는데, 시골 마을에 대한 시가 한두 편씩 있었다. 아무래도 시인의 고향마을은 아버지의 원적인 모양이다. 역시 그래야 시인이라는 것이 나의 생각이기도 하다. 주천리는 우리 마을에서 3km쯤 떨어져 있는데, 화젯거리가 많아 실제 답사를 한 적도 있다.

　첫 번째 재밌는 것은, 마을 뒷산 이름이 노산(魯山)인데, 수양대군(세조)이 조카 단종을 폐위하고 노산군으로 강등, 청룡포로 귀양보내는 것에 승복하지 못한 열다섯 가문의 선비들이, 산 이름이 '노산군'을 연상시킨다는 이유 하나만으로 이곳에 정착했다는 것이다. 동네 가운데 제각 편액이 '귀로재(歸魯齋)'인 것만 봐도 그들의 단종에 대한 단심(丹心)을 짐작할 수 있다. 또 하나, 고절한 선비들의 한을 풀어주는 양, 욕심부리지 말고 하루 조금씩 술을 마시라는 듯 '술 솟는 샘(酒泉)'이 있어 '술내기(수레기) 마을'이라 불렀다고 했다. 어느 외지인이 한 번에 엄청 술을 퍼마신 뒤부터는 술이 샘솟지 않는다는 전설이 구전되어 내려온다.

신작 시집 한 켠에 자리한 〈노둔한 사람들〉이란 시를, 남향 사랑채 툇마루에 기대어 감상했다. 시상과 시의 주제도 좋고, 무엇보다 시가 잘 짜여 있어 기쁘게 전재한다.

일 년에 두 번 혹은 세 번 찾는
선산이 있는 임실군 오수면 주천리는
아버지의 아버지 더 먼 아버지 적부터
대대손손 이어 살았다는 현풍 곽씨들의 집성촌
술이 솟는 샘이 있다는 그래서
술내기 마을이라고도 불렀던 이 마을은
평범하고 볼품없는 산자락에 있는데
폐위된 왕 노산군(魯山君)과
이름이 같다는 이유 하나만으로

열다섯 가문의 선비들이 무작정 내려와

이 척박한 산간벽지 노산 기슭 한편을

거처로 삼았다는데

그중 한 집안이 지었다는 제각 귀로재(歸魯齋)는

먼 북쪽 노산을 바라보고 있다는데

이른 아침부터 추적추적 진눈깨비 내려

축축이 젖어 드는 어느 겨울날 창가에 서서

문득 그 사람들과 그 어진 마음을 헤아린다

고향으로 돌아가지 않고

거친 밥상을 들인 누추한 집에서

시대와 불화하며 끝끝내 은둔의 삶을 택한

그래서 심상하고 초라한 산을 닮은

둔하고 어리석고 미련한 사람들

내 몸 어디에도 그 노둔한 피가 흘러

나 역시 보잘것없고 무던하지만

어느 대목과 마주 서면 앙버티며

고집스럽게 살아가는 것일 거라고 생각한다.

어느 산간벽지 작은 마을, 초라한 산을 닮은, 시대와 불화하며 은둔의 삶을 택하여 살아가는 '둔하고 어리석고 미련한 사람들'이 마치 눈에 보이는 것 같지 않은가. 둔하고 어리석고 미련한 사람을 노둔하다고 한다. 그 노둔했던 사람들의 한참 먼 후손인 시인의 몸 어딘가에도 멀고 노둔한 아버지들의 '노둔한 피'가 흐른다는 것을 어찌 의심할 것인가. 그러기에 '어느 대목과 마주 서면 앙버티며 고집스럽게' 배고픈 시를 평생 보듬고 살아가는 것이리라.

시인은 『한국 근대시의 북방의식』 등의 문학 연구서를 펴냈으며, 대산문화재단 사무국장으로 오래 일하다 최근 한국문학번역원 원장으로 일하고 있는 역량 있는 작가이다.

문학교양지 「대산문화」를 만든 시인

2024년 6월 18일

곽효환 시인이 그제 오후 불쑥 전화를 했다. 고향 성묘 온 길에 들렀으면 좋겠다는 전화, 나는 이런 전화가 반갑고 고맙다. 무조건 하루 자고 갈 것을 강권했다. 그는 10여 년 전부터 오수면 출신 몇몇 인사들의 서울 지역 부정기 모임에서 알게 돼 10여 차례 만난 지인이다. 전주에서 1967년 태어났으나 아버지 고향이 현풍 곽씨 집성촌인 오수면 주천리. 지난해 펴낸 시집 『소리 없이 울다 간 사람』으로 지난 4월 〈영랑시문학상〉을 받았다. 영랑(본명 김윤식)은 〈모란이 피기까지는〉 등 주옥같은 우리 시를 많이 남겼다.

곽 시인은 최근 한국문학번역원장을 역임했으나, 교보생명이 1992년 설립한 〈대산문화재단〉 산파이 주인공. 번역원장으로 가기 전까지 재단에서 30여 년 동안 사무국장 등으로 청춘을 바친 중견 시인이다

(시집 5권 펴냄. 편운문학상, 김달진문학상 등 수상). 99년에는 문학교양지 「대산문화」를 창간, 통권 92호에 이르고 있다. 재단은 교보생명의 설립자 신용호(1917~2003. 호 대산) 회장이 민족문화 창달과 한국문학의 세계화에 기여하고자 설립한, 대기업 산하 재단으로는 최초이자 유일한 문학 전문재단이다.

서울 광화문 교보문고 입구에는 신 회장의 둘도 없는 명언이 큰 돌에 새겨져 있다. "사람은 책을 만들고/책은 사람을 만든다." 이 얼마나 지당한 말씀인가. 세계 최대 규모의 서점을 만들겠다는 신 회장의 꿈은 81년 교보문고를 세움으로써 실현됐다. 재단이 한국 문단과 한국 문학에 끼친 공로는 지대하다. 신인 작가 발굴과 대산문학상, 대산대학문학상 시상, 대산창작기금 지원을 비롯해 한국문학 번역-연구-출판 지원, 외국 문학 번역 지원, 대산청소년문학상 시상 등이 그것이다. 2016년 작가 한강의 〈채식주의자〉가 부커스 상을 수상하게 된 데는 재단의 출판 지원에 힘입은 듯. 광화문 교보빌딩의 대형 글판도 재단에서 분기별로 선정, 게시하여 행인들의 마음을 따뜻하게 하고 있다.

아무튼, 곽 시인에게 유난히 친근함을 느끼는 것은, 그가 아버지의 원적을 잊지 않는 마음을 지니고 있기 때문이다. 그의 박사학위 전공은 〈한국 근대시의 북방의식〉, 윤동주, 백석, 이용악 시인의 북방의식 시 세계에 천착했다. "북방은 우리의 기원이 되는 공간이면서 다른 민족들과 조화롭게 살고 기상을 떨친 기억을 품은 공간이다. 내가 주목

한 것은 힘없고 나약하지만, 감당할 수 없는 압도적인 상황 앞에서 울음을 삼키면서 버텨내기도 하고 주저앉기도 한 허기처럼 밀려오는 그리운 무명의 사람들"이라고 밝힌 수상 소감처럼, 그의 시선이 마냥 따뜻해 좋다. '그리운 무명의 사람들'에 대한 연민을 운문으로 옮기기가 어디 쉬운 일이랴. 〈무엇으로도 위로할 수도 위로받을 수도 없는/거대한 슬픔을 겪어내는 사람들 곁에서/그저 함께 울어주는 것 외에 아무것도 할 수 없다/사람이 그리고 사랑만이 기적이다/애들아 가자/이제 집으로 가자〉로 끝나는, 세월호의 아픔을 그린 〈늦은 졸업식〉은 너무 아파 소리내 낭송할 수조차 없다.

그는 옥정호 붕어섬을 가보고자 했으나, 내가 안내한 곳은 성수산 상이암. 오래된 암자의 역사적 의미를 곁들이니 아주 흥미 있어 했다. 고려와 조선의 건국 설화가 숨 쉬는, 왕건과 이성계의 기도처로 유명한 조용하고 아담한 곳이다. 군에서는 이곳을 〈왕의 숲〉이라는 이름의 힐링 코스를 개발하고 있다. 그리고 오수 원동산에 있는, 세계에서 가장 오래된 의견비를 가리키며 '오수개'의 현재적 위상과 미래의 설계(세계적인 반려동물의 성지)에 대해서도 의견을 나눴다. 그날 밤, 우리는 모처럼, 아니 처음으로 우리 사랑채에서 많은 얘기를 나누었다. 마침, 전주에서 한문학자가 내려오고, 오수의 엉겅퀴 명인이 함께 자리해 금상첨화. 문학 이야기가 어디 끝이 있으랴. 말이 통하니, 나이와 상관없이 신이 날 수밖에. 그가 5년 전쯤, 서촌마을 허름한 선술집에서 모임이 파한 후 지은 〈오수 사람〉이라는 시를 새삼 다시 감상해 본다.

경복궁 서쪽 한옥마을 초입 체부동잔치집 한켠에서

중년의 사내 셋, 초로의 사내 둘이 술추렴을 한다

전라북도 임실군 오수면에서 왔다는 사람들

나는 전주 사람이고 오수는 아버지 고향이라고 해도

다들 괜찮다고 탁배기 잔 가득 막걸리를 채워준다

잔은 돌고 말도 끝없이 돌며 이어지고 흘러간다

의견(義犬)이 났다는 오수, 봉천리 군평리 오암리에서

나고 자랐다는 머리에 하얀 서리가 앉은

인생의 반은 벌써 지났고 전성기도 지났을

초면의 쑥수그레한 사람들이 이내 편안해지는 것은

그들 입에서 술술 흘러나오는 고향 말 때문일 것이다

그보다 더 반가운 것은

흉내 낼 수 없는 그러나 그들에게서만 들을 수 있는

말씨와 억양과 소리의 고저장단 때문일 것이다

내 몸속 깊이 숨어 있던 유전자가 울렁이기 때문일 것이다

옛날 아버지와 일가친척들이 건너던

철다리는 사라지고

마을의 절반 이상이 빈집이 된 지 오래일지라도

밤 솔찬히 깊어도 도란도란 이어지는 오수 사람들의 술자리

오래전 돌아간 아버지와 아버지의 친구들이

사라진 마을의 풍경과 인심이 내내 함께 있었을 게다

나의 기원이 오롯이 들어 있었을 게다

-시집 『슬픔의 뼈대』에서

세상에서 최고로 큰 책방을 만들겠다던 교보생명 설립자인 대산 신용호 회장의 "사람은 책을 만들고/책은 사람을 만든다"라는 어록이다. 횡보 염상섭 선생과 나란히 앉은 손자 최윤슬(10).

문화계의 대부 김종규

2024년 3월 28일

　〈문화유산국민신탁〉(이하 국민신탁)이라는 비영리법인을 아시는가? 100여 년도 전에 영국에서 시작된 〈National Trust 운동〉에 착안, 뜻있는 인사들이 2007년 설립했다. 무엇을 하는 곳인가? 보전 가치가 충분히 있는(아니, 반드시 보전해야 하는) 문화유산을 취득·보전·관리·활용함으로써, 우리의 '삶의 질'을 향상하고 문화유산에 대한 민간의 자발적인 참여를 촉진하는 기관이다. '자발적'이라 함은 회원제로 운영한다는 것.

　쉽게 말하자. 문화유산을 함께 지키고 가꾸고 즐기며 다음 세대에게 물려주자는 것인데, 대표적인 예를 들어보자. 2012년 〈국민신탁〉에서 벌교의 〈보성여관〉을 인수하여 누구라도 숙박, 차담(茶談) 등을 할 수 있게 했다. 알다시피 보성여관은 조정래의 '국민 대하소설'『태백산맥』

의 명소가 아니던가. 국민신탁이 매입하지 않았다면 역사 속으로 금세 사라졌을 게 뻔하다. 국민신탁이 지난 17년 동안 쌓아온 업적은 시인 이상의 옛집 터 매입(2009)을 시작으로 12건(경주 윤형렬 고택, 전주 최초의 일식집 박다옥, 동래정씨 종택, 고흥 죽산재, 부산 문화공감 리모델링 개관, 대전 호연재 고택, 인천 조흥상회, 주미대한민국 공사관 매매계약 체결) 등에 이를 정도로 혁혁하다. 죽거나 잊힌 문화유산들을 살아 있게 만드는 거룩하기까지 한 프로젝트.

너무나 훌륭하고 아름다운 일이다. 그 기관의 중심에 '아름다운 사람' 김종규(86) 이사장이 우뚝 서 있다. 문화계의 으뜸가는 대부, 대한민국 최고의 마당발. 그분의 함자를 들어보지 않았거나 알지 못한다면 '간첩'이라 할 만하다. 그분이 국민신탁에 그때나마 눈을 뜬 것은 우리 민족을 위해서도 다행이다. 처음부터 이사장, 지금도 이사장으로 '노익장'이란 말이 무색할 정도로 열정이 넘친다. 원로께 실례된 말이지만, 요즘 말로 상남자. 국내외에서 벌어지는 각종 문화 행사에 그분이 빠지는 일은 거의 없다. 왜냐하면 '축사의 달인'이므로. 무엇을 했던 분인가? 1964년 가형(家兄)이 설립한 삼성출판사 일을 돕다가 '출판의 세계'에 빠졌다. 1972년 「문학사상」 발행을 계기로 이어령 박사를 만난 행운에 힘입어 〈삼성출판박물관〉을 세웠다. 국보를 포함한 10만 여 권이 있다. 문화재는 제자리에 있어야 빛을 낸다며 좋은 일도 엄청 많이 했다. 백범 선생이 윤봉길 의사 아들에게 사인하여 선물한 『백범일지』를 윤 의사 손녀에게 되돌려주기도 했다. 박물관협회 명예회장이기도 하다. 2013년 대통령 표창, 2007년부터 문화유산국민신탁에 전념, 자발적인 회원 2만 명 돌파, 이것은 정말로 쉬운 일이 아니다.

벌교의 〈보성여관〉에서 차담과 숙박을 할 때 들은 국민신탁 이야기는 깊은 감명을 준다. 그분들은 무엇을 위하여 '무한 봉사'와 문화계에 헌신하는 걸까? 한번 사라져 버리면 끝인 우리의 문화유산을 지키고 가꾸고 즐긴다는 개념은 '신박하다'에 앞서 얼마나 귀중한 일인지는 겪어 보면 알게 된다. 기록문화 못지않게 문화유산도 중요하다는 것은 불문가지. 고도성장만 부르짖고 천박한 자본주의로 치달으면서, 우리가 잃었거나 망가뜨리고 잊혀버린 유산들이 무릇 기하일 것인가.

「전라도닷컴」 황풍년

2024년 3월 19일

　'아름다운 사람' 시리즈 제목은 몇 회 쓰다 보니 나로선 분에 넘치는 글 같아 제목을 '아름다운 인연'이라고 바꾼다. 어느 사람을 '아름답다'고 지칭하는 것은 그 사람이 공동체 일원으로서 우리 사회를 아름답게 하는 데 큰 역할을 하거나, 남을 배려할 줄 아는 이타적인 사람, 불의를 미워하는 공의(公義)로운 사람일 때 쓸 수 있지 않을까? 어쩌면 나의 주관으로만 흐르는 것 같아 거시기하고, 객관적인 입장으로 쓰기가 쉽지 않다는 것을 깨달았다.

　아무튼 '아름다운 인연'으로 10번째 소개하는 사람은 밀레니엄이 시작되는 2000년 1월부터 광주에서 월간잡지 「전라도닷컴」을 펴내, 이제껏(3월호가 통권 263호) 발간해 온 황풍년 대표이다. 잡지가 처음부터 내세운 슬로건은 〈전라도 사람 자연 문화만을 담는다〉는 것. 정치 경제 등은 일절 다루지 않는다. 일단 그게 마음에 들었다. 2021년부터 3년 동안은 〈광주문화재단〉 대표로 일하느라 닷컴을 떠나 있다가 올해 초 '그리운 친정'으로 복귀한 '참 언론인'이다. 황 대표 이전에도 한국 잡지사에는 혁혁한 거물들이 있었다. 「사상계」의 장준하, 「씨알의 소리」의 함석헌, 「뿌리깊은 나무」 「샘이 깊은 물」의 한창기, 「문학사상」의 이어령 등을 들 수 있겠다. 잡지를 받으면 맨 먼저 읽는 게 발행인이 쓰는 머리말 칼럼이다. 위에 언급한 잡지들의 머리말도 그랬다. 발행인의 생각을 읽을 수 있기 때문이다. 이 돈 안 되는 잡지를 딱 한 번 거르고(2014년 세월호 참사 때 억장이 막혀 내지 못하고 다음 달 합본 호를 펴냈다) 왜 줄기차게 내는지를 알 수 있다. 시제와 상관없이 그동안의 글들을 묶으면 아주 훌륭한 칼럼집이 될 것이다.

전라남북도 농촌지역과 도서벽지 등을 발품 하여 우리의 할머니 할아버지, 어머니 아버지들의 시시콜콜한 일상생활과 그 지역의 표준말인 사투리와 방언 등을 고스란히 기록해 내는, 아주 독특하고 특별한 잡지. 말하자면, 닷컴은 '고향 그 자체'라 하겠다. 어르신들이 말하는 것을 고대로 받아적는 것이 쉬운 것 같아도 무척 어렵다. 어머니나 할머니의 말을 한번 받아 적어본 적이 있는가? 10분도 못 돼 손발을 다 들 것이다. 그런데, 그 잡지에는 구술 전문 자매 기자(남인희-남신희)가 있다. 구술은 물론이거니와 어찌나 글을 잘 쓰는지 금세 반하게 된다. 무엇보다 농어촌의 사물이나 현상을 바라보는 데 시각들이 따뜻해 좋다. 그들이 남겨놓지 않는다면, 않았다면, 진즉에 없어지고 사라졌을 아름다운 우리말이 넘쳐난다. 발행인도 많은 글을 쓰고, 아주 준수한 글들을 모아 책도 세 권 펴냈다. 『전라도 촌스러움의 미학』(2016년), 『풍년식탐』(2013년), 『벼꽃 피는 마을은 아름답다』(2010년)가 그것인데, 읽다 보면 쏙 빠지는 글과 저자의 마력이 있다.

살림살이를 책임지는 '잡지사 사장'이므로 수입이 되는 일이면 무엇이든 해야 했으나, 그 일조차 문화적으로 '의미'가 있어야 했다. 〈광주드림〉을 창간한 것도 그런 까닭이었을 것이다. 어느 관공서를 방문, 광고 한쪽 내달라는 말도 잘 못하는 수줍고 내성적인 사람이다. 그런 그가 방송인 활동도 많이 한다. 막 솟은 고사리를 '톡'하고 꺾는 재미에 매우 즐거워하는 순진하고 촌스러운 남자, 그가 지역 문화 활동을 제 궤도에 올려놓고 말겠다는 뚝심은 어디에서 나올까? 서울의 유수한 대학을 나오고 중앙지 기자가 될 수도 있었을 것이나, 당시 〈전남일보〉에 소설가 문순태 선생과 '광주의 십자가'를 쓴 김준태 시인이 있었기에 망설이지 않고 지방신문 기자가 되었다 한다. 그러다 뜻한 바 있어 1999년 12월 일간지 기자를 때려치우고 2000년 1월부터 잡지사 기자가 되었다.

한때는 정기 독자가 5,000명도 넘었다지만, 갈수록 떨어지는 구독률. 가시밭길은 불 보듯 뻔한 이치. 지난한 고비들을 어떻게 넘어왔을까? 그리고 현재의 손익분기점은? 모를 일이지만, 월초 배달되는 잡지를 보면 안도의 한숨이 나올 정도로 짝사랑 찐한 애정을 품고 있다. 오죽하면 능력도 없어 도움도 못 되면서 '홍보이사'라는 직함을 자청했을까? 사람들이, 특히 나를 아는 사람들이 그 잡지를 너도나도 구독해 주면 좋겠다. 왜냐하면 고향을 잃거나 역사를 모르거나 기록하지 않으면 '인간도 아니다'는 생각을 하고 있기 때문이다. 우리 할머니들이 평생 썼던 언어가 사라지는 것은 슬픈 일이다. 혹자는 할머니 한 분이 돌아가시면 도서관 하나가 없어진 것과 같다고 하지 않던가. 효자도 아니지만 "닷컴은 나로 하여금 효도를 하게 만든 잡지"라며 쓴 졸문이 잡지협회 공모전에서 낙선하기는 했지만, 마음만큼은 진짜였던 것을.

황풍년, 어쩌면 이름이 '풍성할 풍(豊), 해 년(年)'일까? 멋지고 드문 이름이다. 그의 아버지는 아들을 낳으면 풍년이라고 짓겠다는 약속을 했다고 한다. 게다가 성이 '누를 황(黃)'이니, 누렇게 물들어 고개 숙인 가을 황금 들판을 떠올리게 하지 않는가. 그것만큼 배부르고, 보기 좋은 게 어디 있을까? 첫 책의 이름도 『벼꽃 피는 마을은 아름답다』였다. 그와의 인연은 아름다운 게 틀림없다. 소생의 출판 잔치에 광주에서 아예 닷컴 사무실을 전주로 옮긴 듯 전 직원(5명)이 몽땅 왕림했으니, 오직 황감할 따름이다. 애독자로서 건강이 급속히 안 좋아진 그가 언제나 건강하고 건필하기만을 빌 따름이다.

『언론 의병장의 꿈』이라는 책

2020년 11월 30일

　최근 출판의 언론 기능을 수행하여 '출판 저널리즘'을 꽃피우겠다는 야심 찬 목표로 40여 년을 일관한 출판인을 알게 됐다. 물론 그분이 지은 책을 통해서다. 사회과학책을 주로 출판하여 '권언(勸言) 복합체'의 권력에 안주하는 제도 언론을 대신한 '몹시 단단한' 분이었다. 그동안 몰랐던 무지몽매를 자책했다. 그분의 존함과 출판사 이름은 진작 알고 있었으나 '언론 의병장'을 자처한 그 속내를 처음으로 안 것이다. 그 책이 바로 『언론 의병장의 꿈-아름다운 사람들과 함께한 나남출판 30년』(조상호 지음, 나남출판, 455쪽)이다.

　헌책방에서 언젠가 사놓은 책이 우연히 눈에 띄었기 때문에 온종일 통독을 했다. 그분의 삶의 궤적과 철학이 흥미로웠다. 이름 석 자를 검색해 보니 또 한 번 무궁무진한 세계가 펼쳐진다. 10여 년 전부터

'나무 사랑'에 빠져 불이 붙었다 한다. 10년이면 강산도 바뀐다는 말처럼, 조 회장은 아무래도 책과 숲으로 세상을 바꾸려는 듯싶다. 나남 수목원 회장이라는 직함이 전혀 생경하지 않고 잘 어울린다. 30여 년 동안 3,500여 권의 양서를 출판했다고 한다. 나의 서재에도 박경리의 『토지』 21권이 소중히 보관돼 있다. 무슨 일을 하든 '철학'이 있어야 한다. 그분만이 할 수 있는 '출판 철학'이 낳은 열매들이 이 땅에 전설처럼 주렁주렁하다. 나라를 구하는 의병장은 쩨쩨하게 관군과 싸우지 않는단다.

1971년은 이 땅의 당시 대학생들에게는 질풍노도의 세월이었다. 조 회장도 당연히 그 시대의 아픔을 함께한 주인공이 되어 갖은 수난을 당했다. 어쩌면 일찍이 모모한 친구처럼 정치인이 됐을 수도 있었다. 허나 고교 3년 때 광주에서 시인이자 교수였던 조지훈 선생의 '지조론(志操論)' 특강을 먼발치에서 듣고 그의 삶의 지표가 정해진 것일까. 그에게는 인생 최고의 행운이었으리라. 이후 그분으로부터의 사숙(私淑)은 끝내 〈지훈문학상〉〈지훈국학상〉을 제정하여 가르침에 보답하게 된다. 나의 친구도 시인 박인환을 사숙했기에 〈박인환 문학상〉을 제정, 20년도 넘게 시상을 해오고 있는 것이리라. 사숙이란 존경하는 사람에게서 직접 가르침을 받을 수는 없으나 그 사람의 도나 학문을 본으로 삼고 배우는 것을 이르는 말이다. 당연히 시공을 초월하기에 동서고금이 상관이 없다.

출판계의 '쓰리(three) 호' 명성을 들은 건 오래 전이었으나, 이번에 그중의 한 분인 '조상호' 회장을 제대로 알게 된 것은 만시지탄이나 행운이었다. 책 한 권으로 다 알았다 하면 그릇이 엄청 큰 분에 대한 결례일 터. '쓰리 호'는 민음사의 박맹호, 한길사의 김언호, 나남출판의 조상호 회장을 이른다고 들었다. 그분이 직접 쓴 30여 편의 글과 그를 너무 잘 아는 지인 열 분이 쓴 '인간 조상호' 그리고 주로 신문기자들이 쓴 15편의 인터뷰와 북리뷰 등을 읽는데 시간 가는 줄 모르게 재미가 쏠쏠했다. 무엇보다 그는 지금도 '문청(문학청년)'인 듯 글을 잘 써 놀랐다. 기자가 됐더라면 그가 존경하는 대기자 김중배를 뛰어넘었을 듯하다. 『토지』 21권의 중간 제목을 작가의 허락으로 그가 모두 달았다는 비하인드 스토리에는 경악했다. 대한민국에 그런 출판 발행인이 어디 있을까.

마지막 광복군 김준엽 총장의 『장정』(전 5권), 작가 이청준의 『비화밀교』, 『조지훈 전집』(전 9권), 『백범김구 전집』, 『이승만 전집』, 『대기자 김중배』 등 굵직굵직한 저작물들이 무릇 기하이다. 오죽했으면 출판 도서 목록만으로 두툼한 책을 펴냈을까. 존경을 넘어 경이로운 기록 행진에 놀랐다. 적어도 이 정도는 되어야 출판으로 세상을, 역사를 바꾸겠다는 그의 뚝심이 이루어지리라. 한마디로 '대다나다'였다.

아아-, 이제 책을 읽지 않은 세상에 조 회장은 어떻게 내처할 것인가. 이런 세상이 오리라고 상상이나 했을까. 하지만 끝내 그만의 뚝심으로 돌파구를 찾으리라. 고희를 넘겼어도 여전히 책과 나무를 사랑하는 '영원한 청년'일 것이므로. 그분의 건필과 건강 그리고 건승을 기원하는 마음 가득하다.

2020년 12월 어느 날, 막역한 친구 세 명과 폭설 속에서 '겨울나들이'를 한 곳이 포천 신북면의 '나남수목원'이었다.

출판인 김언호의 『서재 탐험』

2024년 7월 27일

엊그제 『김언호의 서재 탐험』(2023년 한길사 펴냄, 282쪽)을 친구의 집에서 발견, 순식간(4시간여)에 '해치운 것'도 수확이다. 무조건 재밌었다. 먼저 〈김언호〉라는 출판인을 모르시는 분은 많을 것이지만, 출판사 〈한길사〉를 모르는 이는 별로 없을 것이다. 김언호는 한길사를 1976년 창립, 올해로 48주년을 맞은 주인공. 출판계에 '신화'처럼 내려오는 얘기로, 출판계의 "쓰리 호"이다. 〈민음사〉 박맹호(1934~2017), 〈한길사〉 김언호(1945~), 〈나남출판사〉 조상호(1950~) 사장을 일컫는다. 인문·사회 과학 서적 출판에 '목숨'을 건 출판인들을 말할 때, 흔히 '쓰리 호'를 말하곤 했다. 하지만, 목숨을 건 출판인이 어디 '쓰리 호'뿐이겠는가?

아무튼 '출판 왕' 김언호 대표가 대한민국의 '소문난(쟁쟁한)' 독서가(讀書家) 아홉 명의 서재를 '탐험'한 이야기가 바로 이 책이다. 탐험은 다른 게 아니다. 그 아홉 '명인'이 언제부터 책을 접하고, 어떤 책을 얼마나 읽었고, 그리고 그들의 서재는 어떻게 생겼을까, 하는 일반적인 궁금증을 넘어, 두세 번의 진지한 만남을 통해 그들의 삶에 책이 미친 영향을 추적하고 있다. 그렇다면 자타가 공인하는 '독서가' 그들은 누구인가? '사람 좋기'로 호가 난 전 대통령 문재인, 세계적인 영화감독 박찬욱, 타의 추종을 불허하는 중국 연구가 김명호 교수, 서예가이자 전각가 박원규, 노무현 정부의 법무부 장관 강금실 변호사, 시인이자 문학평론가로 한때 잘 나가던 출판인 장석주, 헤이리 출판도시를 만든 주역 열화당의 이기웅, 번역가 김석희, 지식 소매상 유시민, 일조각 한만년 선생의 아들 인류학자 한경구, 소설가 조성기, 번역가 박종일 선생이 그들이다.

순식간에 그 아홉 분의 서재를 뜻하지 않게 김언호 대표와 '탐험'하게 된 것은 기쁨이었지만, 한편으론 한없이 쪽팔리는 자괴감에서 헤어나오지 못했다. 그들에게 '책'이 무엇인지를 확실히 알 수 있었다. 오직 그 '길' 하나만을 줄기차게 밟아온 사람들이었다(전직 대통령은 예외일 듯). 김언호 대표가 그들과(우리 시대 최고의 독서가) '책의 숲'을 마음 놓고 거닐며 나눈 이야기를 읽으며, 내 뇌리에는 '조족지혈'이라는 사자성어가 수도 없이 스쳐 갔다. 조족지혈은 '새 발의 피'. 핑계 없는 무덤이 없다지만, 나는 한없이 창피했다. 김 대표는 책을 좋아하는 친구들에게 일정 부분 '자극'이 되리라는 깊은 생각으로 이 책을 엮었겠지만, 나는 자꾸 쥐구멍이 있다면 들어가고 싶었다.

   김 대표는 머리말에서 "책 읽는 사람은 아름답다. 그 마음이 아름답고, 그 행동이 아름답다. 책을 읽으니, 우리는 이미 친구다"라고 말했다. 우리는 이미 친구, 과연 그러한가? 그렇다. 공자님도 일찍이 '이문회우(以文會友)'라고 하지 않았던가. 분명히 맞는 말이건만, 이날 이때껏 나는 책을 좋아하고 즐겨 읽었으면서도, 『서재 탐험』을 읽으며 왜 계속 부끄럽다고 느낀 것일까? 우물 안 개구리. 남다른 성취, 예를 들면 유명한 소설가나 시인, 수필가가 못돼서 그런 것일까? 아니면 교수나 유명한 학자와 저술가가 못된 까닭일까? 잘 모르겠지만, 도란도란 바로 옆에서 듣는 듯한 그들의 책(독서력) 이야기를 듣고 그들의 서재를 구경하면서도 어쩐지 낯선 듯한 이 느낌은 무엇인가? 그들은 상황이 어찌 됐든 체계적인 독서를 통하여 '인격'을 다듬고 완성해 간 반면, 나는 책에 관한 한 그 누구의 자문이나 가이드 없이 어쭙잖은 글 읽기로 이 사회를, 이 세계를 너무 쉽게 살아온 듯한 기분이 들어서이지 않을까? 천학비재(淺學菲才)라는 말은 바로 이럴 때 어울리는 단어이리라. 일단 아홉 분 독서가의 대표적인 어록 한마디씩을 들어보자.

   문재인 전 대통령 "늘 책과 함께 있으려 노력하고, 또 책과 함께 있어야 마음이 편안하다."

박찬욱 영화감독 "독서는 내 영화의 자양분이고, 문학은 내 영화를 만드는 힘이다."

독보적 중국 연구가 김명호 교수 "중국은 수십 년간 나의 놀이터였다. '중국인 이야기'는 계속된다."

서예가 박원규 "한학과 한문을 공부해야 한다. 서예는 철학과 사상과 역사, 그 자체이다."

강금실 변호사 "지구공동체는 '지구 법학'이라는 새로운 법체계 안에서 새롭게 열릴 것이다."

출판인-시인-독서가 장석주 "인생은 책을 얼마나 읽었느냐에 따라 달라진다. 책을 살 때는 책을 읽을 시간도 함께 사는 것이다."

한국의 전통과 미학 탐구 열화당 이기웅 "생각하는 출판이라야 산다. 그래야 나라가 살고 이 나라 사람들이 산다. 오직 그 신념 하나로 살아오고 있다."

번역가 김석희 "번역가는 원전에 겸손해야 한다. 책은 나에게 생활의 이데올로기다."

인류학자 한경구 "도서관은 스파(spa)도 할 수 있고 낮잠도 잘 수 있는 곳이어야 한다."

소설가 조성기 "창작은 독서로만 가능하다."

번역가 박종일 "그동안 모은 책들을 죽을 때까지 실컷 읽어보는 게 꿈이다."

그들은 하나같이 고수(高手)였다. 책을 어찌 계륵(鷄肋)이라고 할 수 있으랴? 천벌을 받을 일이다. 치욕적으로 변절한 육당 최남선의 장서 17만 권이 한국전쟁 때 소실된 것은 한민족의 엄청난 손실이었다. 수복 이후부터 57년까지 모은 책도 2만 권을 넘었다 한다. 책은 과거든 현재든 미래든 민족의 최대 자산이고 유산이라는 것을, 한 출판인의 『서재 탐험』을 읽음으로써 재삼 확인하게 되었다. 세상이 어떻게 변하든, 호모 사피엔스의 사고(思考)는 2천여 년 전의 4대 성인들에 비교해 보면 그야말로 족탈불급(足脫不及)일 것이다.

〈책풍〉의 촌장과 어느 사제

2023년 11월 19일

　어제는 바쁜 하루, 모처럼 다이내믹했다. 대설로 뒤집어쓴 자동차의 눈을 부랴부랴 털어내고, 오수역으로 향한 게 아침 8시 30분. 무궁화호로 익산역에 도착하니 9시 44분. 내리자마자 만난 초면의 영화평론가 신귀백 님의 차로 곧장 정읍역으로 향했다. 10시 47분 광주에서 KTX로 올라온 사진작가 윤재경 님(이분도 초면)과 맞춤 도킹, 급하게 향한 곳이 고창군 신림면의 〈책이 있는 풍경〉(일명 책풍). '책풍'은 직접 와 보지 않으면 믿을 수 없는 '책 세상', 본채에 이어 서너 채에 4만 여권의 장서가 골골이 쌓인 책방이다. 촌장 박영진 님은 기인이라면 기인, 문학평론가 명함을 달고 있지만, 헌책 매매는 아랑곳하지 않은 책방 주인이자 가난한 인문학 강사로 그나마 이름이 났다. 열흘 전쯤 정읍의 지인 선배가 "우천이 꼭 만나야 할 사람"이라며 소개해 처음

수인사한 사이. 한 달 전쯤에 『사랑의 인문학 번지점프하다』(도서출판 등, 382쪽)를 펴내 여기저기 북콘서트로 바쁘다. '물 들어올 때 배 띄워라'는 말처럼, 자신의 첫 저서 팔기에 입술이 부르텄다. 언제나 어디서나 그렇듯, 가난한 서생의 길은 멀고도 험하다. 책 뒤표지에 추천사를 쓴 정지아 작가는 "책풍은 고창의 심장에서 나아가, 대한민국의 심장이다"고 했다.

그날의 점심 물주로 내가 정읍의 지인 선배(김이종 님)를 찍었는데, 기꺼이 응해 주셔서 고마웠다. 이런 만남도 흔치 않을 터. 사연인즉슨, 신 작가에게 「전라도닷컴」에 연재하는 〈인간공감〉의 주인공으로 박 촌장을 불쑥 제안한 것이 먹힌 것. 국어 선생님 출신 신 작가의 필력과 내공도 만만치 않았다. 영화평을 묶은 『영화 사용법』(2014년, 도서출판 작가, 311쪽)을 비롯해 『전주편애』 등이 있다.

인터뷰어는 촌장의 설명을 듣고 여기저기 '책풍'을 돌아보면서, 연신 미친 짓, 무엇을, 누구를 위해 하냐, 차라리 수도권으로 옮기라, 전생의 업보 등 애정 어린 걱정과 조언을 아끼지 않았다. 나의 눈에도 한마디로 어안벙벙, 어이 상실, 대책 전무처럼 보였다. 한 달 경상비만도 일백은 넘을 텐데, 다행히 회원제 운영 후 적자 수년 만에 조금씩 자리가 잡혀가고 있다는, 희미하나마 반가운 소식이다. 제발 그렇게 되고, 자신이 좋아하는 '그 일'에 목숨 바쳐 일할 수 있다면 좋은 일일진저. '눈을 사랑하면 얼어 죽을 각오를 하라'는 말도 있지 않은가. 〈심화불

석명(尋花不惜命) 애설상인동(愛雪常忍凍): 꽃(진리)을 찾아서는 목숨조차 아끼지 말고, 눈을 사랑하였으면 얼어 죽을 각오를 하라).

촌장이 추천한 점심 메뉴 흥덕면의 맛집(흥성회관) 들깨볼떼기탕(대구 아가미를 뜻하는 경상도 방언)은 별미 중의 별미. 책방을 운영하는 비결이 김홍정 등 책풍 소속 작가와 정지아 작가, 나태주 시인 등을 초청하는 '인문학당' 북토크인 것 같은데 "글쎄"라는 말밖에 할 수 없지만, 회원이 3백 명을 넘어섰다니 〈인문한국〉의 미래가 반드시 어둡지만은 않은 것도 같다. 아무튼, 책 제목 『사랑의 인문학 번지점프하다』는 좋다. 세상은 온통 사랑이어야 한다는 것이 나의 지론. 한두 편('봄날은 간다'와 '김소월의 시')을 읽었을 뿐인데, 글쓴이의 진정성을 십분 이해하겠고, 감정이입이 잘 된다. 인터뷰어(신작가)가 「전라도닷컴」 12월호에 인터뷰를 어떻게 글을 엮을지 궁금하다. 궁금하신 분들은 꼬오옥 정기구독을 하거나 사보시기를 바란다.

돌아오는 길, 전직 교사인 작가가 인근(신림면 차단리)에 사는 친구 같은 제자(정낙신)의 집을 잠깐 들리자 한다. 성균관대 중문과 86학번, 이 제자는 은행에서 일하다 적성이 맞지 않아 뒤늦게 대학원에 입학, 한문학을 전공한단다. 동문이 뭐라고 왠지 낯설지 않았다. 처가 동네에 알뜰한 집을 짓고 살며 학문에 열중한다는 그는 '착하고 작은 학자' 같았다. 작가가 80년대 후반 총각으로 처음 부임한 정읍의 모 고등학교에서 만난 사제지간. 그때 2, 3년 스친 인연이 지금껏 지속되고 있다는 게 신기하다. 게다가 진로를 바꾼 것도 작가의 영향이 컸다는 것. 한문에 조예 있음을 안 작가가 제자에게 은행 때려치우고 대학원 진학하여 한학자나 한문 번역가가 되라고 강력히 권유했다는 것. 제자는 "공부하는 게 너무 좋다"는 말을 여러 번 했다. 그 말을 듣는 옛 선생님은 은근히 기분이 좋았을 터. 졸업 이후 지금껏 간간이 중국, 일본 등 여행도 같이했으니, 요즘 세상에 흔치 않은 '아름다운 사제'이다.

제자가 추억하는 작가 선생님은 마치 〈죽은 시인의 사회(Dead Poets Society)〉의 웰튼아카데미 국어 선생님 키팅(로빈 윌리엄스 역) 같았다고 한다. 내 보기에도 그는 분명 초임교사 시절 키팅 같은 국어 샘이었을 것 같다(원광대 국문과 77학번). 불과 10여 살 차이 난 제자들을 위해 영화를 같이 보며 소감을 얘기하는 시간을 가졌다. 틈만 있으면 키팅처럼 "오늘을 즐겨라(Carpe Diem)" "너희의 인생을 헛되이 낭비하지 말라"는 말을 주문처럼 말했을 것이다. 작가 샘이 제자와 제자 부인에게 친구처럼 툭툭 던지는 '어록' 같은 말들을 들으며 그가 은근히 부러웠다. 다음 주에는 고교 은사 선생님께 전화드려 따뜻한 점심을 대접해야겠다.

저녁을 같이 못 해 미안하다는 작가. 조만간 내 고향을 다녀가라며 기차여행을 강권했다. 고려 초 발생한 '의견 실화' 관련 시나리오와 영화 아니면 오페라 제작 등에 관한 얘기를 나눈 것은 가외의 수확. 익산역에서 콩나물해장국으로 혼밥을 하고 기차를 탔다.

어느 간서치의 인문학 특강

2024년 1월 13일

　　책만 아는 바보, 간서치는 조선시대 이덕무가 대표적일 터이지만, 대한민국에도 간서치는 얼마든지 있을 터. 그중에 한 명을 최근(지난해 11월) 사귀게 됐다. 고창 방장산 아래 〈책이 있는 풍경(책풍)〉의 촌장 박영진. 스토리를 조금 들어보니 아예 기가 질렸다. 그는 사 모은 장서 4만여 권을 업고 이고 지고 다니며, 전주 등 7곳에서 돈 전혀 안 되는 '헌책방'을 꾸렸다고 한다. 아는 사람은 알리라. 책이 얼마나 무겁다는 것을. 그게 돈이 안 된다는 것은 철부지 아이도 알겠다. 명색이 생활인이자 가장일 텐데, 이런 미련퉁이가 있을까? 수입이라야 연 100회 이상의 인문학 특강이 거의 전부였던 듯. 그런데도 '창비 40주년 특별상 공로상'을 받으며 문학평론가로 이름 석 자를 세상에 알렸다. 1965년생, 학력도 S대 국어국문학과, 빵빵하다. 2004년 대한민국

문화예술 대상, 2005년 대한민국 신지식인 대상, 뭔가 그럴듯하지만 보지 않아도 실속은 하나도 없을 것이다.

아무튼, 그런 그가 고향인 고창의 신림면에 용케도 작은 문학관을 차려 촌장을 자임했다. 아마도 '책의 신'이 봐준 듯하다. 실제로 '책마을'인 것은 분명하다. 시인의 방, 한국문학관, 인문학관, 어린이도서관, 작가의 방, 북카페 등 서너 채에 온통 책뿐이다. 인문학당은 150여 명이 앉을 수 있고, 간간이 안면 있는 작가들을 초청, 북토크를 열어 책마을의 존재를 그나마 알리고 있다. 순전히 자비로 10년을 운영하다 죽지 못해 낸 아이디어가 회원제였는데, 300여 명이 된다고 한다. 기신기신(간신히) 꾸려가는 '애련한' 책마을 촌장.

그가 처음으로 『사랑의 인문학 번지점프하다』(도서출판 등, 382쪽)라는 책을 펴냈다. 책값도 안 받고, 초면인데도 사인까지 해 덥석 안겼다. 연 100회 이상 특강을 하는 '보따리 강사'의 9편의 인문학 수업 내용이다. '글씸(글의 힘)'과 '입씸(말의 힘)'이 명강 수준이다. 인문학은 솔직히 '구라'라 할 수 있는데, 구라발이 장난이 아니다. 〈봄날은 간다〉(1953년 백설희 노래)라는 노래를 아시리라. 이 노래를 주제로 15쪽에서 61쪽까지 '썰'을 푸는데 탄복했다. 어느 시 전문지가 국내 유명 시인 100명에게 〈가장 좋아하는 노랫말〉을 물었는데, 단연 〈봄날은 간다〉가 1위, 2위는 〈킬리만자로의 표범〉 3위 〈북한강에서〉. 가장 많은 가수가 리메이크한 노래. 가장 많은 시인이 읊은 시. 소설로, 희곡으로, 영화로, 드라마로, 연극으로, 악극으로, 뮤지컬로, 심지어 미술로도 영역을 변주하여 넓힌 그 노래. 그의 전공인 문학으로 풀어낸 〈봄날은 간다〉는 순식간에, 누구라도 꼭 한번은 읽어볼 만한, 흥미진진한 스토리가 가득하다. 재밌다. 인문학 수업 1강으로 이보다 더 재밌는 주제가 있을까 싶다.

다음 수업의 주제만 일별해 보자. '원조 국민시인'은 누가 뭐래도 김소월(1902~1934)이다. 짧은 생애에 토해낸 그의 시들이 노래로 사랑하는 전 국민에게 사랑받은 게 무릇 기하인가? '낙엽이 우수수 떨어지는'으로 시작하는 〈부모〉를 비롯하여 〈진달래꽃〉 〈엄마야 누나야〉 〈못잊어〉 〈개여울〉 〈예전엔 미처 몰랐어요〉 〈산유화〉 〈먼 후일〉 〈초혼〉 〈제비〉 〈나는 세상 모르고 살았노라〉 〈실버들〉 등이 모두 소월의 시를 노래로 부른 것이다. 시와 노래의 만남(앙상블), 이 현상을 어떻게 설명할까? 그는 명실공히 한과 슬픔으로 얼룩진 민중의 상처를 사랑으로 승화시켜 보듬어 안은 민족시인이어서, 그 울림이 너무 크고, 고스란히 우리에게 쉽게 감정이입이 되기 때문이 아닐까. 이 강의록 역시 63~98쪽이어서 한 편 한 편 감상하다 보면 1시간 강의로는 어림도 없을 듯하고 너무 아쉬울 것 같다.

3강은 〈상록수〉를 쓴 심훈으로, 우리가 잘 모르고 있었던 독립운동가로서의 작가의 면모를 발견할 수 있어 흥미롭다. 4강은 〈소설가 구보 씨의 일일〉을 쓴 월북작가 박태원의 이야기. 영화감독 봉준호의 외

할아버지이기도 한 박태원은 식민지 치하 모더니즘 문학에 지대한 영향을 끼쳤다. 오죽하면 소설 제목을 패러디한 작품들이 줄줄이 나왔을까. 그가 쓴 대하소설 『갑오농민전쟁』은 김일성이 완독하며 상찬했다고 전해진다. 말년에 눈이 멀어 아내가 구술을 받아 완성했다던가. 시인 백석의 생애만큼이나 굴곡진 삶을 산 문학인의 휴먼스토리도 가슴을 아프게 한다.

기회가 된다면 그의 인문학 수업을 모두 듣고 싶을 정도로, 점점 더 빠져들어 가는 5강은 구한말 여성 판소리 명창으로 이름을 떨친 진채선(흥선대원군의 애첩)과 신재효의 러브스토리이다. 제자와 이룰 수 없는 사랑을 한 신재효가 지은 〈도리화가〉의 노랫말을 보면 가슴이 먹먹해진다. 소설의 주제로 이만한 사랑이 없기에 여러 작품이 나오기도 했다. 6강은 우리 삶의 영원한 화두 〈엄마〉이다. '엄마'라는 이름은 '세상에서 가장 짧은 아름다운 기도'라는 김종철-김종해 형제 시인이나 요절한 기형도 시인의 〈엄마 걱정〉, 함민복의 〈눈물은 왜 짠가〉 그리고 일본의 우화 〈우동 한 그릇〉을 예시하며 우리를 울리더니, 김현승 시인의 〈아버지의 마음〉이라는 시로 강의를 멋지게 마친다. 박영진 평론가는 틀림없이 말하는 거나 글 쓰는 것이 시종일관 똑같은 사람인 듯하다.

소설 『황만근은 이렇게 말하였다』를 쓴 성석제의 작품세계는 그의 소설을 읽어보지 않으면 이해하기가 힘든 게 이번 수업의 단점이다.

그의 작품은 해학과 풍자가 가득한 주인공들을 세상에 드러내는 게 특기이자 특징인 듯하다. 『황만근은 이렇게 말하였다』는 아주 준수하고 의미 있는 작품이다. 8강은 선정된 책이 좀 뜬금없는 듯하다. 2021년 고창군이 〈올해의 한 책 읽기〉를 처음 시도하면서, 김구 선생의 『백범일지』를 선정했다는 뉴스를 보고 강의 주제로 했다고 한다. 누구라도 김구의 자서전인 『백범일지』를 알겠지만, 실제로 다 읽어본 사람은 많지 않을 듯. 중국에서 독립운동을 전개하면서, 윤봉창과 이봉창을 죽음으로 내몰면서 그의 인간적인 면모와 고뇌가 고스란히 담긴 『백범일지』야말로 세세토록 우리 민족의 고전으로 이어질 것이다. 마지막 수업 9강은 조선조 '국민애인'이라 할 만한 황진이 이야기로 피날레를 찍는다. '황진이 황진이 황진이'를 애절하게 부르는 노래의 주인공, 그녀는 우리에게 누구인가? 일개 기생인가? 사랑의 화신 또는 여신인가? 오죽하면 평양감사 임백호가 그녀의 무덤을 찾아 〈청초 우거진 골에 자난다 누엇난다/홍안을 어디 두고 백골만 누엇나니/잔 잡아 권할 이 없으니 그를 슬허 하노라〉며 그녀의 부재를 안타까워했을까?

세상은 이렇게 이타심이 가득한 '뙤똥한' 인간들이 있어서 살만한 것인지도 모르겠다. 가족들은 고생시키겠지만, 표정만큼은 그지없이 해맑다. 〈책풍〉이 날로달로 잘 됐으면 좋겠다.

아무튼, 문학평론가 박영진의 입담과 글담이, 마치 옆에서 도란도란, 새살새살 이야기하듯 구수하고 재밌다. 편편이 시간이 금방 간다.

그런데도 두 달이나 걸려 읽고 이제 이런 졸문을 쓰게 돼 미안하다. 노래와 문학의 만남도 좋았고, 우리가 자세히 알지 못했던 작품들의 속살을 잘 풀어내 줘 고맙다. 결론적으로, 우리로 하여금 "문학을 사랑하도록/그리고 풍요롭게 읽어낼 수 있도록" 도와주는 작가에게 찬사를 보낸다. 우리네 삶이 '인문학'을 통함으로써 더욱 기름지고 윤택해져야 할 것이므로.

『줬으면 그만이지』 북토크

2024년 2월 18일

전북 고창 방장산 아래 '책만 아는 바보'가 운영하는 희한한 책방 '책이 있는 풍경'이 있다. 가보시면 알겠지만, 책을 아무리 좋아한대도, 도대체 일개 개인이 그 많은 책(7만 여권)을 부여안은 채 '무슨 재미'로 한세상을 건너가는지 궁금하기 짝이 없는 일이다. 그 촌구석에서 회원제로 운영한다는데 회원이 400명에 육박한다는 거다. 한 달에 한번 유명짜하거나 영양가 있는 작가들을 초대해 북콘서트를 진행하는데, 100명이 넘게 들어가는 인문강당이 대부분 꽉 찬다고 한다.

바로, 어제 17일 오후 3시의 일이다. 정읍의 형님이 굿뉴스를 알려줬다. 전직 기자이자 '참 언론인' 김주완 작가가 경남 진주에서 올라와 북토크를 한다고 한다. 작가의 이름은 모르는 사람은 많겠지만, 지난해 설 즈음 MBC에서 방영된 다큐 〈어른 김장하〉는 기억하시리라. 바로 그 어른을 글로써 만천하에 알린 분이다. 20대 중반부터 평생토록 이 사회에 어마어마한 선행을 해오신 남성당한약방 주인 김장하. 작가의 책을 읽어보시면 알겠지만, 내용들이 일체 부풀리거나 과장이 없이 발로 뛰어 확인한 팩트라는데, 놀라 입이 다물어지지 않을 뿐 아니라 믿기조차 어렵다. 지극히 평범한 성자(SAINT)가 우리와 함께 동시대를 사신다는 것은 행운이자 축복이다. 감히 그 어른 이름 석 자를 입에 올리기도 삼갈 정도로, 우리 시대의 '살아 있는 성자'라 확실하게 말하겠다.

　작가는 1991년 '선생님'의 존재를 알게 된 이후 2022년 마침내 『줬으면 그만이지』(피플파워 펴냄, 359쪽)라는 책을 펴낼 때까지 긴 세월의 취재 얘기를 두 시간 동안 담담히 들려줬다. 강의에 앞서 '현소의 명인' 김성문 선생님의 공연은 청중들의 넋을 홀렸다. 게다가 김 선생님은 진주 출신으로 그 어른을 잘 안다며, 그분의 인생을 노래 4곡으로 아울렀다. 귀까지 호사하게 만든, 처음 참가해 본 북콘서트는 좋았다. 작가는 오랫동안 취재해서 그런지 어느새 선생님을 닮은 듯 겸손하고 조용했으며, 선생님께 누가 될 것 같다며 말을 아꼈다. 성자를 우리에게 알려준 그가 고마웠다. 그게 글 쓰는 사람, 기자의 소명이거늘. 유식한 이들은 인플루언서(Influencer)라 할 터이지만, '선한 영향력'을 끼치는 사람이라고 말하자 어른 긴장하기 그렇고, 작가가 쓴 또 다른 책 『풍운아 채현국』의 선생님이 그렇다. 그분들의 삶이야말로 우리가 평생 본받아야 할 '인생 거울'이다. 아무리 사회가 뒤틀려 돌아가도 그분들이 계셔 가느다란 희망을 품게 되는 듯하다.

작가에게만 들을 수 있었던, 말수조차 적은 어른 김장하의 유머 세 토막에 청중이 모두 웃었다. 사돈 부부가 식사를 같이했다. 하필이면 초대받은 바깥사돈이 밥을 먹다가 돌을 씹는 우지근 소리가 났으니 초대한 사돈이 얼마나 민망했을 것인가? 죄송해 어쩔 줄 모르는 사돈에게 즉석에서 "그래도 돌보다 쌀이 많다"고 해 어색한 분위기를 눙쳤다는 얘기다. 당연히 돌보다 쌀이 많아야 밥이 되듯, 세상에는 악한 사람보다 선한 사람들이 훨씬, 아니 몇천 배 많으니 이 사회가 돌아가는 게 아니냐는 것을 비유하는 것 같다. 또 하나, 빌 게이츠는 노래를 어떻게 부르냐고 물어 아무 답변도 하지 못하자 "마이크로 소프트하게 부른다"고 하여 좌중을 웃게 했다고 한다. 세 번째, 머리를 감을 때 맨 먼저 어디부터 감느냐고 묻고는 아무도 대답을 쉽게 못 하니 "눈부터 감는다"고 했다던가. 이 정도면 하이 퀄리티 유머이지 않은가.

작가가 어른의 어록이나 선행, 덕행의 숱한 일화 그리고 무수한 사람의 증언을 기록해 놓지 않았다면 영원히 묻혔을 수많은 일들. '왼손이 한 일을 오른손이 모르게 하라'는 말처럼 소문 없이 도와준 장학금이 1천여 명에 30억이 넘는다는 작가의 추산인데도, 종이쪽지 한 장에도 기록하지 않아 영원한 수수께끼로 만들어버린 어르신. 선생님의 거듭된 고사를 뿌리치고 경상국립대학교에서 반강제로 드린 명예 문학

박사 수여식에서 지역 언론의 기자가 유일하게 기록해 남게 된 선생님의 즉석 어록을 보라. "똥은 쌓아두면 구린내가 나지만 흩어버리면 거름이 되어 꽃도 피우고 열매도 맺는다. 돈도 이와 같아서 주변에 나누어야 사회에 꽃이 핀다" 그 신문은 제목을 〈돈은 똥, 쌓아두면 구린내, 흩으면 꽃〉이라고 달았다고 한다. 선생님 어록의 특징은 띄엄띄엄, 조용조용, 도무지 거칠지 않고 부드럽다. 상선약수(上善若水), 공성불거(功成不居), 외유내강(外柔內剛), 빛나는 '진주정신(晉州精神)'의 화신이신 것을.

"아름다운 부자" 김장하 선생님이야말로 이 시대 참으로 존귀한 '참어른'이 아니던가. 보시(布施. 베풂) 중의 으뜸인, 어떤 집착도 없이 한도 끝도 없이 베푸는, 무주상보시(無住相布施)를 한평생 진짜 말없이 실천궁행하시다, 비록 '진짜 기자'의 눈에 띄어 세상에 알려졌으나, 결코 본의가 아니었음은 물어볼 필요조차 없는 일인 것을. 책과 다큐는 묵묵부답이었으나 〈영화 김장하〉는 몹시 부담스러워하신다고 했다. 선생님을 지켜본 '진주문고'의 여태훈 대표는 "한겨울 아침에 일어나서 정신이 몽롱할 때 정수리에 퍼붓는 한 바가지 찬물 같은 분"이라고 말했다. 한겨울 새벽에 정수리에 퍼붓는 바가지 찬물, 정신이 번쩍 들지 않겠는가.

경청하는 청중, 누구라도 공감하는 짧막한 질문 몇 개, 긴시치이자 책풍의 촌장 박영진의 "기름진 인문학적 삶을 같이 살자"는 말씀도 좋았다. 이런 북토크는 열 번이라도 참석하겠다. 진솔한 김주완 기자의 건필과 건강을 빕니다. 당신은 그 누구보다 이 나라의 참 언론인입니다. 또한 그 무엇보다 팔순의 나이(1944년생)에 처음으로 사모님과 아파트 생활을 하시고 계시는 김장하 선생님, 부디 오래오래 강녕하시기만을 빌고 빕니다. 영원히 녹슬지 않을, 이 땅의 진정한 '빛과 소금'인 선생님, 알지 못하고 뵙지도 못했지만, 가슴 깊이 사랑합니다.

인문학당 책풍 『줬으면 그만이지』 저자 초청 강연회

들꽃은 역천(逆天)의 무도함을 허용하지 않는다.

그리고 적도 두지 않는다.

그래서 들꽃은 평화이고 소통이고 순리이자 희망이다.

5장

책에서 지금, 우리를 만나다

정치인 이해찬의 퍼블릭 마인드

2022년 10월 10일

지난주 이틀에 걸쳐 『이해찬 회고록-꿈이 모여 역사가 되다』(2022년 돌베개 발간, 567쪽)을 통독했다. 그 소회를 쓰지 않을 수 없는 까닭은, 나와 동시대 친구들을 비롯한 40~50대들이 꼭 한번 읽었으면 하는 바람에서다. 내 졸문의 독후감이 얼마나 자극될지는 알 수 없지만.

한 마디로 "놀라웠다". 이승만의 독재와 박정희-전두환 군사독재 30년으로 이어진 우리 현대 정치사의 태반이 꼬일 대로 꼬이고 기구절창한 가시밭길의 연속이었지만(애꿎은 사람들이 너무 많이 죽고 고통을 당했다), 그럼에도 불구하고 1987년 6월항쟁은 마침내 '대한민국의 민주화'를 완성하지 않았는가. 그리고 그 이후 문민정부, 국민정부, 참여정부, 이름조차 붙일 수 없는 이명박근혜정부 그리고 문재인 정부 그리고 또 오늘의 '참담한 정부'의 소용돌이 속에서 '민주적 국민

정당 건설'을 지상 최대의 목표로 온몸을 불사르고 은퇴한 정치인 '이해찬'(1952~)이 엄연히 실존하고 있다는 사실을, 창피하지만, 이번에야 처음 제대로 알게 되었다는 것을 고백하지 않을 수 없다.

엊그제 모처럼 상경하여 지난 9월 23일 문을 연 창덕궁 옆 〈노무현시민센터〉를 둘러보면서, 이 센터를 짓는데 '주역'이었다는 이해찬이 고마웠다. 그가 아니었으면 이 센터가 빛을 봤을 것인가. 자기 인생에 처음으로 경매에 참여, 입찰을 따낸 과정과 '개미'들의 십시일반 후원으로 세워진 이 센터는 '바보 대통령'의 유지를 계승하고 발전시키는데 '큰 몫'을 하리라 믿는다. 그는 유시민의 '알릴레오'에 출연, 겸손하게도 '개미센터'라고 말했다.

회고록으로 알게 된 그의 '진면목'은 많고도 많지만, 일곱 번 출마하여 한 번도 떨어지지 않은 7선 의원이었고, 전통 야당(여당에도 세 번 참여한 행운의 정치인)의 최고 선거 책사이자 정책기획의 '달인'이었다. 무엇보다 그는 일관된 '퍼블릭 마인드(public mind)'의 소유자였다. 퍼블릭 마인드는 무엇인가? 공적(公的)인 사람(公人)의 의식구조로써, 사심(私心, private mind)의 반대말일 듯. 그는 한 번도 여기에서 이제껏 한 발짝도 벗어나지 않은 듯하다. 20대 초(재수해 들어간 1973년 서울대 사회학과 1학년, 전체 대학 휴교령에 따라 청양 고향 집에 내려가 저녁 밥상에서 아버지가 넌지시 건넨 "이렇게 대학생들이 전부 내려와 버리면 4·19가 너무 아깝지 않으냐?"는 질책 아닌 질책 한마디에 다음날 짐을 싸 상경)부터 '대한민국의 민주화'를 위한 투쟁의 연속선상에서 기이하게 얽혀 '김대중 일당'이 되어 1988년 나이 35살에 '정치인 이해찬'으로 변신하게 된다.

최민희 전 의원(현 더불어민주당 의원)이 2년 동안 묻고 이해찬이 답한 문답식으로 이루어진, 유례없는 이 회고록은 죽을 때까지 진보 성향일 나의 특성 때문에 '팔은 안으로 굽는다'는 식일지 모르지만, 시종일관 진지하면서도 쉽고 재미있어 567쪽이 넘는데도 술술 읽혔다. 우리에게 생각하게 하는 대목들이 참 많다. 그저 감탄과 감동을 잘하는 나를 비웃을지 몰라도, 이 땅에 이만한 의회주의 정치인이 얼마나 있는지를 묻고 싶었다. 교육부 장관과 국무총리를 지내면서 이 나라에 무엇을 얼마나 공헌했는지 몰랐던 게 부끄러웠다. 민주화를 이루었으면서도 왜 꽃이 활짝 피지 못했는지를 아프게 증언하고 있다. 또한 많은 사람들의 꿈이 모여 역사가 되었던 경위들을 하나하나 들으면서, 때로는 찬탄을, 때로는 탄식을 했다.

그와 거의 비슷한 길을 걸었던 '지식 소매상' 유시민은 독후감 발문에서 이렇게 말했다. "내가 본 사람 가운데(한 사람을 제외하고) 이해찬만큼 철저하게 사사로운 욕망을 억누르면서 공적인 인생을 살았던 이는 없었다. 남은 시간 동안 그가 사적인 욕망을 충족하는 즐거움을 한껏 누리기를 응원한다. 이 책을 읽을 독자들은 내 심정에 공감할 것이다." 이해찬은 최근 어느 대담에서 자기의 많은 별명 중 가장 마음에 드는 게 '사무사思無私 이해찬'이라고 말했다. '속이는 사邪'자가 아닌 '사사로운 사私'자임을 주목하자. 여생을 사적 욕망 충족하는 즐거움을 누리라는 충고 아닌 충고, 세상에 이런 찬사를 받을 수 있는 위인이, 정치인이 몇 명이나 될까, 책을 덮으며 생각해 봤다. 지금 유시민이 이해찬에게 조언하듯, 마치 '선계 仙界의 사람' 같았던 김대중 대통령이 세 번째 낙선하고 은퇴 선언을 할 때, DJ를 향해 마음속으로 수없이 "꽃길만 걸으소서" 기도를 했던 기억을 불러내지 않은가. 왜냐하면 그들은 당연히 그럴 자격이 있으니까.

그는 말한다. 정치인이 끊임없이 생각해야 할 최대의, 유일한 덕목은 "책임과 열정, 균형"이라고. 책임감이 없으면 어찌 '공인 公人'이라고 할 수 있겠는가? 나는 개인적으로 '공의롭다'는 말과 '공의로운 사람'이라는 말을 좋아한다. 5천 년 역사상 수많은 의병과 일제강점기 항일 독립투사들은 100% 공의(公義)로운 사람들이었다. 공무원들을 '공복(公僕)'이라 하는 이유도 그렇다. 퍼블릭 마인드로 충만한 사람은 '공민(公民)'이라 불러도 될 것이다. 그의 지론은 또 역사와 현실을 함께 사고(思考)하는 '사회과학적 안목'을 가져야 한다는 것이다.

사회과학적 안목이란 우리나라의 역사 전개 과정의 통시적 흐름을 알고, 우리나라를 구성하고 있는 공시적 구조를 파악하며, 현재 이 나라에 사는 중산층과 서민의 삶을 항상 의식하는 것 등 세 가지라고 덧붙였다. 그는 김대중도, 노무현도, 문재인도 아닌 또 한 명의 큰 정치인이었다. 거물 같지 않으면서도 진정한 거물 정치인, 그는 이번 대선 결과를 단적으로 이렇게 말했다. 선거는 누구라도 언제든 질 수 있지만(김대중은 네 번의 도전 끝에 되지 않았는가), 이기는 비결은 의외로 간단하다. 이번 선거의 패배 이유는 더불어민주당이 대선에 임하는 데 있어 진정성과 정성이 부족했다. 자격과 준비가 없는 야당이 0.73% 신승한 이유는 국민을 탓할 게 아니고 무조건 여당 책임이라고. 금배지들은 저마다 가슴에 손을 얹고 생각해 보라. 우리에게 얼마나 진정성이 있었던가? 그리고 얼마나 정성을 기울였는가? 그가 일곱 번이나 한 번도 지지 않고 당선된 이유(일곱 번마다 소속 당 이름이 달랐다. 재밌지만 씁쓸하다)는 그가 유권자들에게 가슴을 열어 보여주고 정성을 다하였기 때문이었을 것이다.

혹시 틈이 난다면 한 번쯤 읽어보라고 추천하고 싶은 게 정치인들의 평전과 회고록이다. 하기는 왜곡투성이인 전두환 회고록도 있으니, 무슨 말을 하랴.

"가치는 역사에서 배우고 방법은 현실에서 찾아야 하는 법"이거늘. 대의명분만 가지고 우겨대면서, '시대정신이 마치 정권교체'인 것처럼 부나비처럼 날뛰는 엉터리 정상배들에게 정권을 뺏길 수 있다는 교훈을 얻고 우리가 배워야 하지 않을까? "인생은 갈수록 아름답고 역사는 발전한다"는 김대중 선생의 어록을 마음에 담는다. 좌절은 없다! 또 하면 된다!

심리학자 김태형

2023년 11월 8일

사실 '공정권'이 출범하지 않았다면, 심리학자 김태형 씨를 여태껏 몰랐을 것 같다. '가수 백자'와 함께하는 유튜브 '쓰ㄷㄱ(싸대기)' 방송을 애청하면서 알게 된 김태형 소장. 투박한 촌놈처럼 생긴 데다 잠바 차림의 수수한 외모. 말씨도 어눌한 듯한데, 툭툭 던지는 코멘트가 갈수록 매력 있고 정곡을 찌른다. 중독성도 있다. 무엇보다 '사람(그게 오늘날의 정치가든 쟁쟁한 역사 인물이든)의 심리'를 파악하는데 바늘처럼 콕콕 찌르며 정통하다. 아주 간단한 예를 들어가며 쉽게 설명한다. '사람들은 왜 그렇게 행동하고 또 왜 그렇게 행동했을까?'라는 문제에 대한 적확한 대답은 이 심리학자의 프로파일링에 몽땅 근거한다. '그 사람'을 조금만 공부하면 다 나온다고 한다. 읽다 보면 '정말 정답이네!'라는 생각에 소름까지 끼친다. 심리학 박사라는 게 결코 불로소

득이 아님을 알게 된다.

최근 그분의 책 두 권을 연달아 읽었다. 이것은 통독이 아니고 숙독이고 정독이다. 『심리학자, 정조의 마음을 분석하다』(2013년 역사의 아침, 380쪽)와 『한국인의 마음속엔 우리가 있다』(2023년 온더페이지, 287쪽). 앞의 책은 '사람은 누구나 네 가지 심리적 유형의 쌍(내향 Introvert-외향 Extrovert, 감각 Sensation-직관 Intuition, 감정 Feeling-사고 Thinking, 실천 Judgement-인식 Perception)을 갖고 있다'는 그의 '성격이론'을 바탕으로, 조선의 '문제적 인물'(정조, 이이, 허균, 연산군)의 마음을 분석했다. 역사학자 뺨치게 기록과 일화들을 심리학적으로 해석해 이들의 인생을 추적했다. 우리가 평소 이 네 인물에 대해 궁금해하고 의심했던 여러 일(사건)들이 시원스럽게 풀린다.

사람들은 누구라도 이 네 가지 심리적 유형이 각각 다른 유형과 결합함으로써(예: ISTJ, ISTP, ESTP, ESTJ 등), 그들만의 독특한 심리적 특성을 만들어낸다는 것. 하여, 어떤 사람은 자신을 성취인으로, 어떤 사람은 자신을 파괴하기도 하고, 어느 임금은 국가를 발전시키며, 어느 임금은 역사를 퇴행시키기도 한다. 흥미로운 주제를 시종일관 재밌게 풀어간다. 우리는 살아가면서 가깝거나 멀거나 나와 관계되는 사람을 이해해야 하지 않은가. 그가 왜 그렇게 행동했을까? 물음에는 앞으로 그가 어떻게 행동할까의 답도 들어 있다. 김태형의 프로파일링에 걸려들면 '외수'(빠져나갈 길)가 없다. 철저하게 재단하고 분석하여 해답을 내놓는다. 놀라운 내공이다. 거의 신기에 가깝다. 심리학이란 학문을 새로이 봤다.

올해 나온 신간 『한국인의 마음속엔 우리가 있다』는 우리의 마음을 거울 들여다보듯 심리와 역사와 문화로 낱낱이 파헤친다. 도대체 유사 이래로 한국인에게 공통으로 체화된 의식은 무엇일까? 첫째, 한국인은 일심동체와 이심전심을 추구하는 '집단주의'라는 것이고, 둘째, 한국인은 인간을 가장 사랑하며 존중하는 '인간 중심성'이라는 것이다. 셋째, 한국인은 신이 아닌 오직 인간을 위한 종교를 따르며, 넷째, 한국인은 도덕적으로 살아갈 때 비로소 행복해진다는 것. 그리고 마지막으로 한국인은 슬픔 속에서도 해학으로 즐거움을 찾는다는 것이다. 이 다섯 가지 한국인이 가지고 있는 공통된 '민족심리'를 한 단어로 관통, 커버하는 것이 바로 "우리"이다.

우리는 '너와 나'라는 좁은 의미의 단어가 아니다. 공동체, 커뮤니티, 집단을 뜻하는 광의의 개념인 것을. 외국인들이 한국에서 가장 당황한 말이 '우리 마누라'라고 한다. 'my wife'가 아니고 'our wife'이게 말이 되는가? 아버지도, 어머니도, 집도, 나라도, 말과 글도 모두 '나의'가 아닌 '우리'이다. '우리'를 떠나서는 단 하루도 살 수 없는 우리에게 '우리'는 대체 무엇인가? 오죽하면 '우리나라' '우리집' '우리말' '우리글' 등 네 단어는 붙여 쓰는 걸로 사전에 올라와 있을까? 띄어 쓰면 맞춤법에 어긋나는 것을 모르는 이도 많을 터. '우리 손자'

는 유치원에서 배웠는지, 꼭 '내 집' '윤슬이 집'이라고 말해 바로잡아 주는데 아무 소용이 없다. 손자 세대부터는 '내 집'이고 '자기 집'인 모양이다.

아무튼, 저자는 우리 한국인의 마음(민족심리)에는 너무나 긍정적인 '우리'(우리주의(主義), 우리 의식, 우리 감정, 우리 성(性) 등)가 있으므로, 그것을 정확히 알고, 그것에 맞는 방향으로 그리고 그것을 높이 발양하는 방향으로 나아가야 한다고 역설한다. 그래야 우리나라에 미래가 있고, 우리 국민이 행복해진다는 결론. 개인주의가 팽배한, 아니 개인주의로 체화된 서양인들이, 동양인, 특히 한국인의 '우리주의'를 어떻게 이해하고 알 수 있겠는가? 미국에 '한국인의 우리주의(URIISM)를 연구하는 학회'가 있다고 들었다. 바보 같은 놈들이다. '우리'처럼 쉬운 게 어디 있다고, 그것을 학문적으로 연구하고, 관련 학회지 「우리」를 정기 발행한다니 우스운 일이다. 우리를 우리라고 하지, 그럼 뭐라고 할까? 은행도 우리은행인데, 스펠링이 URI가 아니고 WOORI인 것이 WORRY(근심, 걱정)인 것 같아 마음에 걸린다.

희한한 일 하나를 고백하자. 내가 대학 때 무엇을 안다고, 「씨알의 소리」라는 잡지에 졸시를 투고했는데(1979년 12월호), 그 마지막 구절이 〈너와 난, 언제고 우리이어야 한다〉였다. 그때 썼던 필명이 〈최상(崔相)〉이었다. '서로 상'의 '서로'도 '우리'였을까? 그 우리와 심리학자가 말한 '우리'가 같은 의미일까? 모를 일이지만, 신기한 일인 듯하다.

이어령의 유작 『너 누구니』

2022년 6월 13일

이어령 선생의 첫 번째 유작 『한국인 이야기: 너 누구니』(파람북 2022년 발행, 325쪽)를 최근 열흘에 걸쳐 정독, 통독했다. 그분의 저서는 늘 그렇지만, 이 책은 더욱더 나를 놀라게 했다. 물론 1권 『한국인 이야기: 너 어디에서 왔니』도 그랬지만. 우리가 밥을 먹을 때 별생각 없이 사용하는 '젓가락' 하나만을 가지고 풀어내는 한중일, 아니 지구촌까지 확장하여 풀어내는 문화유전자(MEME, 밈) 이야기가 흥미진진, 자꾸 읽지도 않은 뒷장까지 떠들어보게 했다. 어쩌면 이런 석학이 있을까? 암 투병 중에도 마지막 순간까지 당신의 마지막 야심작 『한국인 이야기』 열 권을 마무리하려고 집필을 계속했다는 이 박사는 하나의 거대한 도서관이자 박물관이라 말할 수 있겠다. 우리는 도서관 하나를 잃은 것이다. 그 열정의 배경에는 무엇이 도사리고 있었을까? 눈물 나게 고마웠다.

　문화유전자, 즉 밈은 생물학적 유전자(GENE)인 DNA와 달리, 태어나 학습 등으로 몸에 밴 '어떤 것'을 말한다. '젓가락질'은 늘 보고 해보는 등 배우지 않으면 할 수 없는 것이다. 젓가락질이 왜 중요하고, 못 하면 안 되는지는 우리의 조상이 5000년도 더 전에 물려준 문화유전자이기 때문이다. 젓가락질을 못 하면 전통문화가 단절되는 것이다. 포크와 나이프에 익숙한 한국인은 더 이상 한국인이 아니다. 젓가락이야말로 우리의 가장 오래된 미래이며, 거기에 우리의 무수한 유전자 암호가 담겨 있기 때문이다. 이런 글을 읽어보신 적이 있는가? "젓가락은 양(陽)이고 숟가락은 음(陰)이다. 건더기는 양, 국물은 음이다. 양으로 양을 집고 음으로 음을 뜨면서 음양이 조화를 이룬다." 기상천외하게 여기에서도 음양론(陰陽論)이 등장한다. 숟가락은 중국이나 일본에서도 쓰지 않고 우리 민족만 쓴다. 그러기에 우리는 '수저'를 한 세트로 쓴다.

　젓가락을 알면 우리의 미래가 보인다는 이 박사 특유의 젓가락 예찬론은 끊임없이 이어진다. 그런데 놀랍게도 하는 말씀마다 고개를 끄덕하게 한다. 젓가락은 우리의 가락을 맞추는 생명의 리듬이며, 짝을 이루는 조화의 문화이자 천원지방(하늘은 둥글고 땅은 네모지다)의 디자인 원형이라고 한다. 또한 젓가락은 음식과 인간의 인터페이스이자 하드웨어라고 단언한다. 따라서 젓가락질은 소프트웨어이다. 자, 우리 젓가락을 사랑해 보자. 밥을 먹으며 자신이 젓가락질하는 것을 감상해 보자. 어떻게 하더라? 아하. 내가 몇 살 때부터 이렇게 젓가락질했을까? 누구에게 배웠을까? 되뇌어보자. 신기하다. '사랑하면 알게 되고, 알면 보이나니, 그때 보이는 것은 이전하고 180% 다르다'는 말도 있지 않던가. 그러니 이 박사가 숨을 거두면서까지 우리에게 남겨주고 싶어 안절부절못한 이 책을 읽어보자. 어찌 고마운 생각이 들지 않겠는가.

해마다 11월 11일이 무슨 날인지 아시는 분이 있는가? 혹자는 '빼빼로 데이'라는 '천박하게' 기억할지 모르지만, 이날은 '세계 젓가락의 날'이다. 2015년 11월 11일 오전 11시, 충북 청주시에서 한중일 3국이 공동으로 '젓가락의 날'을 선포하며 젓가락 페스티벌을 개최한 것을 아시는가? 당시 이 박사는 동아시아 문화도시 명예 위원장으로, 이 행사의 아이디어 등을 주관했다. 당연히 젓가락에 관한 국제 학술 세미나도 열려 많은 연구 발표가 있었다. 한중일 3국은 문화, 과학, 산업과 연관된 젓가락의 중요성에 대해 재인식하고 공통의 젓가락 문화유전자를 확인하며 '젓가락 문화'의 유네스코 유산 등재를 추진하기로 했다. 획기적인 일이다.

젓가락과 젓가락질에 눈을 뜬 것은 우리나라, 우리가 먼저 아니고, 서양이 먼저였다는 것을 믿을 수 있는가? 그들이 젓가락질을 왜 체계적으로 배우는 걸까? 전 세계 포크와 나이프로 식사하는 인구와 민족이 3분의 1, 젓가락으로 하는 민족이 3분의 1, 나머지 40%는 손으로 음식을 집어 먹는 등 손으로 한다고 한다. 식품과 민족의 특성이 달라 그러겠지만, 젓가락 문화의 과학성에 눈을 떴기 때문에 배우는 것이지만, 우리는 굳이 배울 필요가 없는 한민족 특유의 문화유전자가 있다. 어릴 적부터 부모가 하는 것을 보며 자랐기에 조금만 연습하면 누구보다도 잘할 수 있는 게 젓가락질이 아닌가. 이 박사는 'ICT(정보통신기술) 젓가락'이 상용화될 날이 머지않았다고 장담한다. 젓가락질하면서 당사자의 혈압, 혈당, 고지혈 등의 수치가 바로 나타나는 젓가락은 실제로 만들어진 것도 있다. 어디 그뿐인가. 먹으려는 음식의 유질(油質)과 산도, 온도, 염도 등 4가지도 측정할 수 있으므로, 어떤 음식이 암을 일으키는지 빅데이터도 만들 수 있다.

　젓가락과 젓가락 문화에 대한 모든 것이 망라된 책, 현란하기까지 하다. 세계의 석학들이 수시로 등장한다. 일단 재밌다. 유익하다. 생각하게 만든다. 우리의 우수한 문화유전자인 젓가락질에 대해 알아보자. 아니, 그보다 먼저, 우리의 아들 손자들에게 젓가락질하는 법을 가르쳐야 한다. 젓가락질을 못 하는 것은 정말 창피하고 부끄러운 일이라는 것을 알자. 한국의 젓가락 문화가 세계평화를 앞당기는 지름길이 된다는 것이 결코 허언이 아님을 알게 될 것이다.

　불교에서 말하는 천국과 지옥, 양쪽의 환경은 조금도 다르지 않다고 한다. 길이가 3척 3촌(1m) 되는 젓가락으로 음식을 집어 먹는 것까지도 같은데, 사용 방법이 다르다고 한다. 지옥에서는 그 긴 젓가락으로 음식을 집어 자기 입으로 넣으려고만 하니, 도저히 입에 넣을 수 없어 바짝 굶어 죽어가는 데 비해, 천국에서는 그 긴 젓가락으로 상대방 입에 넣어주면서 평화롭게 살아간다는 것이다. 같이 더불어 나눠가면서, 먹여주면서 사는 것이 천국이라는 이 예화가 어찌 재밌지 아니한가.

어찌 됐든, 이 박사의 유작이 계속 나올 것이라 하니 기대가 자못 크다. 세 번째 저서의 제목은 『너 어떻게 살래』이고, 네 번째 저서 『너 어디로 가니』라 한다. 한평생을 살면서 우리가 어디에서 왔고, 대체 누구이며, 앞으로 어떻게 살아, 어디로 가는지만큼은 알고 살아야 하지 않을까?

동물생태학자 최재천 박사의 경고

2024년 7월 28일

흔히 '개미 박사'로 불리는 최재천 박사, 이름 석 자는 많이 들어보셨겠지요? 이미 고전이 되어버린 『생명이 있는 것은 다 아름답다』라는 책을 펴낸 게 2001년이니, 강산이 두 번 변한 세월입니다. 정말, 정말, 정말, 대단한, 세계적인 곤충학자이지요. 지금 추천하는 이 책 『최재천의 곤충사회』(2024년 열림원 펴냄, 279쪽)의 표지사진에서 보듯, 1954년생인데도 여전히 동안이고 개구쟁이처럼 해맑게 생겼죠. 세상에 개미와 2mm도 안 되는 '민벌레'라는 동물만 연구하여 세계적인 학자가 된 분입니다. 오죽하면 세계 동물학자 600여 명을 이끄는 총괄편집장이 되어 『동물행동학 백과사전』을 편찬했을까요?

그는 학계에 '통섭(consilience)'이라는 단어를 처음 선보였지요. 지난 25년 동안 영양가 있는 책 100권을 펴냈다는군요. 그중에 대표적으로 널리 알려진 책이 『생명이 있는 것은 다 아름답다』인데, 당시 대단한 센세이션을 불러일으켰지요. 자연과학자로서 인문학적 소양이 엄청 풍부하고, 글쓰기의 내공도 고수급입니다. 이 책은 그가 2013년부터 2021년까지 여러 곳에서 강연한 내용과 지난해 출판사와 한 밀도 있는 인터뷰 내용을 바탕으로 한 것이어서 읽기가 편합니다. 전문적이면서도 비전문적인, 보통 사람들이 듣고 읽어서 곧바로 고개를 끄덕이며 수긍할 내용들이 몽땅 담겨 있습니다.

그가 줄기차게 주장하는 것은 "동물의 세계가 너무 아름답다"(심지어 2mm도 안 되는 민벌레의 사회도)는 것이고, 만물의 영장이라는 우리 인간, 즉 호모 사피엔스가 그들에 비해 잘난 체할 것이 '1도' 없다는 것입니다. 지금도 계속 눈에 보이지 않게 죽어가고 있는, 우리가 사는 초록별 지구의 위기에 어떻게 대처해야 하는가, 화두와 대안을 연속적으로 던지고 있습니다. 이렇게 다이나믹한 사람은 도올 김용옥이나 얼마 전 돌아가신 이어령 박사 등을 제외하곤, 솔직히 몇 분 안 계시지요. 무엇보다 책 100권을 펴낸 학자가 얼마나 있을까요? 그가 열정이 넘치다 못해 '죽을 지경'인 것은 순전히 호모 사피엔스를 사랑하기 때문이라고 생각합니다. 그래서 전 지구적으로 '생태적 전환'을 해야 하고, 우리는 '호모 심비우스 Homo Symbious'로서 다른 생명체들과 이 지구를 공유하고 공생해야 한다는 겸허한 마음을 가지고 거듭나야 한다는 것입니다.

그가 난데없이 벼슬아치(공직자)를 잠깐 한 것이 국립생태원(충남 서천 소재) 초대 원장이었습니다. 2년 원장을 하면서 이룩해놓은 업적들을 찬찬히 훑어보세요. 그의 애정 시작과 끝이 어디인지 알 수 있습니다. 틀림없이 그가 주장해 복원해 놓았을 데이비드 소로의 '오두막집'을 보고 살풋 감동을 받았습니다. 우리는 잘나가는 사람을 보면 질투와 시기가 본능인 것처럼 '깨부수는(씹는)' 못된 습성이 있습니다. 학자의 이론이나 결론 그리고 주장이 잘못되었으면 학문적으로 비평을 하고, 더 나은 방향으로 나아가는 것이 정도일 터인데, 논리적이 아니고 감정이 앞서는 경우가 비일비재하지요. 이리저리 검색하다 보니 최 박사에 대하여, 아니 최 박사의 주장에 대해 논란을 위한 논란이 눈에 띄더군요. 그래서 그가 최근 『숙론(熟論)』이라는 책을 펴냈을 것입니다. 저는 자연과학에 대해선 완전히 문외한입니다. 다만, 그가 인문학적 소양을 바탕으로 풀어내는 이 지구의 최대 위기 상황에 대한 문제의식에 100% 공감하고, 우리가 지금 천착하고 넓혀가야 하는 부분이 무엇인지는 알 것 같습니다.

최 박사가 작년 서울대 하계졸업식(코스모스 졸업) 때 한 15분짜리 축사를 한 번만 정독한다면(이 책 98~105쪽 전문 게재), 그의 진정성이 고스란히 전달될 것을 믿습니다. 21세기를 살아내려면 '통섭형 인재'가 되어야 하고, 쉼 없이 배우고 일해야 하는 이유가 다 들어있습니다. '진정한 공정'이란 것이 무엇인지도, 왜 지식인이나 지성인이 '따뜻한 리더'가 되어야 하는지도 말입니다.

저는 최재천 예찬론자는 아니지만, 그의 모든 글을 통틀어 '그른(잘못된) 말'이 한 마디도 없는데, 이 정도의 칭찬도 못 해줄까요? 그의 저서 한두 권만 통독한 독자라면 '꽃길'을 떨치고 번번이 힘든 연구와 글쓰기를 하는 그의 인간에 대한 '애정'을 생각하며 눈물겨울 것이 틀림없습니다. 학자의 미션이라는 게 그런 것이겠지요. 대통령을 비롯한 정치가들의 미션도 그러할진대, 지금은 세상이 온통 뒤죽박죽, 거꾸로 가고 있는 게 안타까울 따름입니다. 이것은 5년 임기로 끝나는 게 아니고, 뒤 세대들이 공정과 상식, 법의 정의를 지금처럼 잘못 알고 배우고 체화할까, 그것이 두렵습니다.

그는 말합니다. 기후변화, 즉 이상기온의 현상들을 우리도 피부로 느낄 때가 많지요. 굉장히 위험하고 무서운 일인데, 어쩌면 이보다 더 직접적이고 이른 시일 내에 우리 인간을 괴롭힐 게 '생명 다양성의 감소'라는 겁니다. 따라서 기후변화와 관련한 과학 연구(climate change science)와 생명 다양성 생태학(diversity ecology), 이 두 주제의 연구를 집중적으로 해야 한다는 것입니다. 생명 다양성 감소는 피부에 와닿지 않지요? 하지만, 이게 더 시급할 수도 있는 문제라는데 공감하시나요? 팬데믹, 에피데믹이 우리에게 주는 교훈과 경고를 잊어버리면 안 된다는 것입니다. 해답은, 정답은 '자연보호'랍니다. 오죽하면 프란치스코 교황이 2019년 '생태적 죄(Ecological Sin)'를 인류의 원죄에 포함한다고 선언했겠습니까? 최종 결론은 "손잡지 않고 살아남은 생명은 없다"는 것입니다.

유홍준의 『나의 인생만사 답사기』

2025년 5월 14일

　　유홍준, 그를 '대한민국 최고의 글쟁이'라고 말하면 지나친 걸까? '글'에 대한 여러 정의가 필요하겠지만 "최고의 글쟁이 맞다"는 게 나의 생각이다. 그가 『나의 문화유산답사기』 11, 12권을 펴냈다고 해 완독한 느낌을 쓴 졸문을 찾아보니 2022년 12월이다. 어제 군립도서관에서 빌려 읽은 『유홍준 잡문집-나의 인생만사 답사기』(초판 2024년 1월 창비 펴냄, 363쪽) 부록 '나의 글쓰기'를 읽으며 나의 생각이 맞음을 3년 만에 다시 확인했다. 그는 일개 문사(文士)를 넘어 우리나라 명사(名士)가 된 지 오래인 '문화귀족'이다. 질투에 앞서 정말 멋진 일이다. 그만한 재주와 특기를 갖기는 쉽지 않은데, 아주 겸손해하면서도 은근한 잘난 체를 책머리에 써놓았다. 〈풍이불여일언 약이불실일사(豊而不餘一言 約而不失一辭). 〈풍부하되 한마디 군더더기가 없고, 축약했으되 한마디 놓친 게 없다)는 뜻이다. '좋은 글쓰기를 위한 15가지 조언'이란 끝의 마무리를 이렇게 멋지게 끝내놓았다. 당송팔대가 한유가 어느 편지에 썼다는 문자로 수많은 독자의 기를 죽인다.

출간하자마자 사려다 어쩐지 그동안 읽은 글들과 중복되는 게 많을 것 같아 망설이다 끝내 도서관에서 빌렸다. 실망은커녕 더욱더 흥미진진했다. 어쩌면 그렇게 맛깔스럽게 쓰는 재주가 있을까? 그 요령이 부록 '나의 글쓰기'에 나와 있다. 책의 제목에 어울리는 사적인 고백의 글(1장 인생만사), 북한과 중국 답사할 때 낙수(落穗)의 글(3장 답사여적), 그의 전공에 걸맞은 문화인들에 대한 얘기(4장 예술가와 함께), 그 이름만 들어도 황홀한 리영희, 백기완, 신영복, 이애주, 박형선, 홍세화, 김민기와 얽힌 관계의 글(5장 스승과 벗)들을 단숨에 읽어제키며, 언제나 그랬지만 거듭 놀랐다.

솔직히 예사로운 글이나 재미없거나 딱딱한 글은 '1'도 없었다. 그런데도 '인생도처유상수(人生到處有上手)'라며 너스레를 떤다. 우리의 인문학적 삶을 윤택하게 만드는 그를 비롯하여 도올 김용옥, 최재천, 유시민, 김누리 등이 있어 우리는 마냥 행복하고, 앞으로도 행복할 시대의 행운아라고 생각한다. 그가 꿈꾸는 세계에 자랑스러운 '문화의 나라' K-컬처의 현주소는 어디쯤 왔으며, 어디로 가고 있을까? 이제 문화의 깊이와 확장에 관해 이야기해야 할 때이고, 얘기와 공론을 넘어 꽃을 피워야 할 때이라고 생각한다. 그만큼 우리의 문화 역량이 축

적됐기 때문이다. 한마디로 대단한 나라이다. 백범 선생이 꿈꾸던 나라가 도래한 것 같은 착각도 든다. 반세기가 가깝게 독재 정치의 그늘 아래, 그 언저리에서 우리의 문화가 겪은 시련과 아픔이 커도 너무 컸다. 숨구멍이 없을 정도였으니. 그래도 그 중심에 미술평론가이자 문화해설가인 그가 있어 '얕은 숨'이나 쉴 수 있어서 얼마나 다행이었던가.

1993년 처음 펴낸 『나의 문화유산답사기』 1권 머리말에서 그는 우리나라는 전 국토가 박물관이라고 말했다. 또한 "사랑하면 알게 되고 알면 보이나니 그때 보이는 것은 그전과 판이하다"는 멋진 말로 그만이 쓸 수 있는 '문답사'의 포문을 터트렸다. 불과 1년 사이에 문답사 1권이 1백만 부가 팔리는 바람에, 그는 졸지에 '문화권력'이 됐다. 아마도 그도 놀랐을 것이다. 내 가족도 덩달아 '남도 문화 답사 1번지' 강진 지역을 그가 '시키는 대로' 그대로 다녀왔으니. 그를 알아주는 사람이 있었던 것도 그의 홍복이었다. '바보 대통령' 노무현은 취임 직후 그를 문화재청장(현 국가유산청)으로 스카우트했다. 그가 청장 3년 동안 오직 그였기에 한 일은 너무나 많다. 노 대통령의 지시이긴 하지만 북악산 일반개방도 그렇다. 불행히 어느 미친 늙은이가 남대문(숭례문)에 불을 질러 중도에 하차한 것이 아쉬운 일이다. 그는 헌칠한 키에 어수룩하게 보이는데도 남들은 흉내도 낼 수 없는 말빨과 글빨로 백기완 황석영과 함께 '조선의 3대 구라'로 등극했다. 그뿐인가. 이어령 김용옥과 함께 세칭 '3대 교육 방송'으로까지 불렸다. 재야와 지식계를 통틀어 '구라 2관왕'이 되었으니 무슨 말을 더 보태랴. 그 어머니 전신영 여사는 장남이 얼마나 대견하고 든든했으랴.

　나는 그를 알지 못하는 미지의 독자이지만, 그의 안타까움과 속상함을 충분히 이해한다. 미륵사지의 동탑이 잘못됐다는 것도, 불국사의 모든 길을 모두 콘크리트로 철갑을 두른 게 바보짓이라는 것도, 석굴암이 나라 전체가 자랑해야 할 우리나라 1등의 세계적으로 자랑스러운 문화유산이라는 것을 알게 해준 그가 어찌 고맙지 않을 것인가. 이 땅에 '김지하의 미학'을 이해하는 유일한 사람이라는 것도, 민중미술의 전설이 된 오윤의 판화를 제대로 해설할 수 있는 사람이라는 것도, 전위예술가 백남준의 장례식에 개인 자격으로라도 문상했던 까닭도 그의 글을 읽으며 이해하고 십분 공감할 수 있어 좋았다. 100년 뒤 지정될 국보와 보물이 과연 있을까를 염려하는 그의 우려와 일본 답사기를 그가 왜 다섯 권이나 썼는지 그 까닭도 알게 됐다.

　특히 개인적으로는 부록에 실은 그의 독서이력의 역사를 담은 '나의 문장수업' 글을 나의 독서 이력과 비교해 보는 재미도 있어 좋았다. 그의 글쓰기가 결코 중단되면 안 되는 이유는 많다. 무엇보다 그의 글을 기다리는 수백, 수천, 수만의 독자들이 있음을 그도 잊지 않고 잘 알 것이라고 믿는다. 그의 글에는 그만이 할 수 있는 소금 같은 하이 퀄리티의 유머가 있으므로.

　처음 안 사실은 그가 아마추어 바둑 고수라는 것이다. 한국기원 공인 5단, 기원 바둑 강 3급, 아-그보다는 조금 약하지만, 두세 점 깔고 그와 수담을 나눌 기회가 온다면 기분이 째찔 듯한 영광이겠다. 그런 날이 오길. 그의 건필이 부디, 반드시 100세까지 지속되기를 빈다. 강추!

'페스탈로치'는 어디에든 있거늘….

2023년 8월 23일

　나와 20여 년 동안 인연이 깊은 대학 교수님이 정년퇴직 직후인 2년 전 모교(중동고) 교장선생님으로 부임했다. 그분을 아는 사람들이라면 누구라도 "임자를 제대로 만났다." "모교의 홍복"을 믿어 의심치 않았을 터. 나 역시 그랬다. '화제의 메이커'라고 하면 실례의 말이나, 여기의 화제는 '좋은 일(good thing)'이라는 것을 알 것이다. 아니나 다를까, 근 반세기 만에 모교의 교육 책임자로 오셔 학부모들에게 진심으로 우러난 편지를 해마다 썼다. 지난해에는 전국의 학부모들에게 화제가 되었다.

　내용이 궁금하신가? '성적은 행복 순'이라며 자녀들에게 공부, 공부, 공부만 하라고 채근하지 마시라는 말과 함께 "힘은 긍정의 마음에서 나오는 것이므로, 학부모의 아이이니 긍정적으로 바라보고, 남들이 뭐라 해도 학부모의 아이이니 믿어보시라"고 신신당부하면서, (제발 적선하고) 서울대, 서울대, 그 '망할 놈의 S대' 타령만 하며 학교의 존재 의미가 마치 거기에 있는 것처럼 자녀 교육의 우선순위를 두지 말라는 것이 줄거리였다. 누구나 다 아는 아주 '쉬운' 이야기인데, 왜 화제가 되었을까? 그것은, 우리 사회가, 특히 교육이 온통 비정상적으로 수십 년간 돌아가고 있다는 방증이 아닐까?

"내 마음을 덜어낼수록 아이는 지혜로워집니다."

아무튼, 그분이 어제 따끈따끈한 신간을 보내왔다.『부모, 쉼표』(이명학 지음, 책폴 펴냄, 211쪽)가 그것이다. 출판사 이름도 재밌다. '너와 나, 작고 큰 꿈을 안고 책으로 폴짝 빠져드는 순간'의 줄임말. 고전(古典) 고사(故事)성어(成語) 그리고 수많은 예화(例話)을 바탕으로 어느 일간지에 연재한 칼럼과 지인들에게 편하게 쓴 글들을 모은 책이다. "역쉬"가 절로 나왔다. 아주 평이한 이야기를, 말하자면 아주 겸손하게 '요점만 간단히' 짚어낸 교육칼럼집이었다. 내가 이 글들을 학부모로서 30~40대 읽었더라면 좋았을 텐데라는 생각이 들었다. 한 편 한 편 분량이래야 200자 원고지 5~6장, '천자 칼럼'이라고 해도 되겠다. 그분의 다른 저서 두세 권도 그랬지만(『어른이 되어 처음 만나는 한자』『한문의 세계』『옛 문헌 속의 고구려 사람들』 등) 실감이 온몸으로 배어드는 글들이다.

그분은 내가 아는 한 '모교애(母校愛)의 화신'이다. 한껏 긍지를 가

질만한 학교다. 모교의 교육 책임자 3년 동안, 그분으로선 한국의 중등교육 현주소를 알게 되면서 실망과 애정이 수없이 교차했을 것이다. 애증이라고 할까? 무엇이 문제인지 적확히 파악하고, 진단과 분석을 하면서 해결 방법이 워낙 고질적이어서 난감했다는 느낌을 편편이 토로했다. 자녀를 사랑하는 학부모들도 거의 100% 공감할 이야기들이다. 마음을 새로 하는 실천이 안 되는 것이 문제지만.

글은 심각하면서도 재밌기까지 하다. 붓글씨에는 '서여기인(書如其人)'이라는 말이 있지만, 나는 그분에게 '문여기인(文如其人)'(글이 딱 그 사람이다)이라는 조어를 돌려드리고 싶다. 글은 말과 달리 기록이므로, 거짓말을 할 수 없다. 그래서 청사(靑史)이지 않은가? 언행일치처럼 중요한 말이 어디에 있는가? 노랫말처럼 '속 다르고 겉 다른 당신'을 그 누가 좋아하겠는가? 그분의 글이 바로 그분의 진면목이다. 54편의 칼럼을 줄줄줄 읽으면서, 학교 운동장의 유리 조각을 환경관리원 복장으로 줍던 '교육의 아버지' 페스탈로치(1746~1827. 스위스의 교육자, 사상가) 선생이 떠올랐다. 하여, 이 졸문의 제목을 "페스탈로치는 어디에든 있거늘…."이라고 정했다. 어찌 '한국의 페스탈로치'가 이 교장샘뿐만이겠는가? 참교육자들은 많고도 많을 것이다. 이 교장샘은 그들을 대변하는 것일 수도 있겠다.

페스탈로치는 "가정이여, 그대는 도덕의 학교이다"는 말을 남겼다. 또한 "이 세상에는 여러 가지 기쁨이 있지만, 그 가운데 가장 빛나는 기쁨이 가정의 웃음이다. 그다음의 기쁨은 어린이(자녀)를 보는 부모들의 즐거움인데, 이 두 가지 기쁨은 사람의 가장 성스러운 즐거움이다"는 말씀도 남겼다. 아이는 부모를, 부모는 아이를 바라보는 즐거움, 이것 말고 우리가 바라고 추구하는 일보다 더 즐거움이 어디 있겠는가? 가정이 바로 서야 학교도, 나라도 바라 설 것이라는 말이 아닐까? 자녀를 사랑한다면, 당신의 자녀들일 것이므로 믿고, 이해하고, 끝없이 사랑해야 한다는 말이 아닐까? 가정이 바로 서려면 학부모들의 '교육철학'이 제대로 확립되어 있어야 한다. 그렇다면, 이 책을 침대 머리맡에 놓고, 하루 한 편씩이라도 읽어보시기를 바란다. '고전 명구'로 마음 수업을 해야 할 까닭이 바로 이 책 속에 고스란히 담겨 있다.

고전을 왜 '내일을 여는 옛길'이라고 했는지를 새삼 알게 되었다. 고전은 삶의 진리를 끊임없이 꺼낼 수 있는 보물창고, 가야 할 길을 일러주는 인생의 나침반이기 때문이다. 고전으로부터 위로를 받고 힘도 내야 한다. 학교는 학교답게, 학생은 학생답게, 선생님은 선생님답게, 학부모는 학부모답게, 사람은 사람답게, 하늘을 우러러 한 점 부끄럼 없기는 어렵겠지만, 그래도 우리 노력하며 살아가야 하지 않을까? 방송인 황수경 님이 쓴 뒤표지 멘트도 인상적이다. "한 아이의 엄마로 이 책을 읽으며 후회와 반성을 많이 했다. 지금 부모로서의 고민이 많은 모든 분께 꼭 권해드리고 싶다"고. 왜냐하면, 군사부일체(君師父一體)라는 말이야 이제 화석(化石)이 되었지만, 학부모와 학생들은 언제나 숨 고르기와 휴식이 필요할 것이기 때문이다. 고전 구절마다 지혜와 위로, 응원의 울림이 크다는 것을 금세 느낄 것이다. 책 읽는 내내 하나밖에 없는, 눈에 넣어도 아프지 않을 여덟 살 손자를 생각했다.

부기

이명학 선생님은 대학교수로 재직하면서 2012년 'SBS 100대 좋은 대학 강의상'을, 대학교수로서 '제1회 대한민국 스승상'을 받았다.

참스승 최규동

2024년 4월 4일

　세계 위인전을 읽지 않았대도 '교육의 아버지'라 불리는 페스탈로치(스위스의 교육학자. 1746~1827) 이름을 모두 아실 터. 페스탈로치는 20세기 초 '어린이'라는 말을 처음 만들어 어린이 사랑에 짧은 생을 바친 방정환(1899~1931) 선생보다 먼저, 어린이들을 하나의 인격체로 존중한 사상가였다. 페스탈로치의 묘비에는 '빈민의 구원자, 민중의 목자, 고아의 아버지, 민중 학교의 창설자, 인류의 교사'라고 쓰여 있다는데 "모든 것을 남을 위해 바치고 자기에게는 아무것도 남기지 않았다. 그의 이름 위에 축복이 있기를"이라는 마지막 구절이 인상적이다. 이런 상찬의 묘비명이 어디 몇 개나 있으랴.

　이 새벽, 서양의 페스탈로치를 꺼낸 이유는 어젯밤 동양에, 아니 우리나라에, 그것도 일제강점기에 '조선의 페스타롯치'로 추앙받은 교육

학자 최규동 선생에 대한 『백농 최규동 평전』(이명학 지음, 176쪽, 비매품)을 읽었기 때문이다. 수년 전부터 그분의 존성대명은 알고 있었지만, 짧은 평전을 통해 그분의 생애와 사상을 제대로 알게 된 기쁨이 컸다. 어지러운 구한말, 1882년 경북 성주에서 태어나 한학을 공부하다 상경하여 신학문을 배웠는데, 선생은 그중에서도 산수(算數)의 마력에 빠져 수학 선생님이 되었다. 선생은 1900년대 초 도산 안창호(1878~1938) 선생과 뜻을 같이해 평양 대성학교에서 수년간 교사 생활을 했다. 경북 성주에는 또 한 분의 큰 인물로, 백절불굴의 독립운동가 심산 김창숙(1879~1962) 선생이 계신다.

1914년 폐교 위기에 빠진 중동학교(중동고등학교 전신)를 인수하여 시종일관 '민족 자제(子弟)의 교육'에 헌신했다. 오죽했으면 3부제 수업으로 하루 13~14시간씩 1주일에 58시간 이상 살인적인 수업을 감행한 '노동적 교육가'라고 당시 신문이 기록했을까. 엄혹한 일제강점기에 얼마나 평판이 좋았으면, 동아일보 1940년 1월 1일 자에 〈一意精進(일의정진)의 今日〉이라는 큰 제목으로 소제목이 〈朝鮮의 페스타롯치 崔奎東氏〉라는 기사가 실렸겠는가. 평전에 실린 그분의 일화 몇 가지만 봐도, 믿기 어려울 정도로 민족교육에 생애를 불태웠다. 광복 이후 1948년 제자인 안호상 장관에 의해 서울대학교 총장으로 추대되어 일하다 한국전쟁 때 납북되어 평양에서 돌아가셨다(명실공히 초대 총장이다).

일제 치하 창씨개명을 끝끝내 거부하고, 일본인 교사를 가장 적게 고용하고, 조선말로 가르치며 말하다가 당한 남모를 수난이 무릇 기하였을까? '의리(義理)' 하면 중동고를 떠올릴 정도로 동문의 단합이 잘 되는 까닭은 평소 "의롭게 생각하고 당당하게 살라"고 가르친 중동학교의 실질적 설립자 최규동 선생의 '백농정신(白儂精神)'이 면면히 이어진 때문이라고 하면 지나친 말일까? '역사를 모르면 미래가 없다'는 말처럼, 중동인들이 그 역사를 잘 알고 그 정신을 체화하고 있기 때문에 결코 지나친 말이 아닐 것이다. 선생의 호 '백농'('나는 백의민족의 자제들을 교육 농사시킨다')에도 백의민족의 자제를 올바로 가르쳐 나라를 되찾고 국가의 간성으로 올바르게 길러내겠다는 교육철학의 의지가 고스란히 담겨 있다.

1940년 동아일보 신년 호(1월 1일자)에 선생이 쓴 〈어린이들에게 보내는 신년 훈화〉는 지금 읽어봐도 우리 학생들에게 교훈을 주는 좋은 글이다. 시대에 뒤떨어지지 않고 고리타분한 잔소리가 아님을 알 수 있다. "自尊心이 강하라-새해부터 이것을 직히라(지켜라)"라는 큰 제목에 "男兒의 一言은 生命-信義와 氣慨잇는 快活한 사람되라"는 작은 제목을 보라. 태평양전쟁 막바지, 식민 통치 억압에 지칠 대로 지쳐 죽지 못해 살 때였다. 어린이가 미래이고 꿈이지 않은가. 이명학 교장(중동고 67회)이 수년 동안 엄밀하게 취재하여 집필한 몇 편의 글을 추려 모은 '평전 아닌 평전'을 읽으면서, 선생이야말로 안창호 선생과 어깨를 나란히 한 진정한 민족의 사표이자 민족 교육가로서 우리의 '참스승'임을 알 수 있어, 옷깃을 여몄다. 우리에게도 전대에 이렇게 훌륭한 교육자가 계셨다는 게 자랑스럽다.

'중동인'이 아닌 국민의 한 사람으로서, 결코 중동학교 교장에 국한되지 않았던 선생이 이 땅에서 구현하고자 한 이상이 무엇인지, 그리고 이를 통해 이 혼탁한 세상에서 우리가 해야 할 일이 무엇인지를 성찰해 봐야 하는 까닭이 여기에 있다. 2015년 교육부 주관으로 선생이 〈이달의 스승〉에 선정되자, 일부에서 일제하 어느 잡지에 쓴 칼럼이 친일 아니냐는 논란이 있었던 것은 '취모멱자(吹毛覓疵)'(털을 헤쳐가며 그 속의 흠집을 찾는다)여서 안타까웠으나, 여러 사료가 잇달아 발굴됨에 따라, 선생의 진가가 더욱 빛을 발하게 된 것은 다행한 일이다.

김누리 교수의 저서 두 권

2022년 4월 5일

수년 전 한겨레신문에서 김누리 교수가 쓴 칼럼을 읽은 기억은 있지만, 곧 잊어버렸다. 얼마 전 유튜브에서 〈차이나는 클라스〉의 김누리 교수(중앙대 독어독문학과) 특강을 잠깐 봤는데, 와락 구미가 당겼다. 그 얘기를 서울 친구에게 했더니 김 교수의 최근 저서 두 권을 곧바로 보내주었다. 이렇게 고마울손! 내가 인덕이 좋은 건가? 역쉬 친구는 잘 사귀어놓고 볼 일이다. 『우리의 불행은 당연하지 않습니다』(해냄, 259쪽) 『우리에겐 절망할 권리가 없다』(해냄, 318쪽)가 그것이다. 첫째 권은 2019년 10~11월 2회에 걸친 JTBC 〈차이나는 클라스〉 강연을 풀어쓴 것이고, 둘째 권은 2013년부터 7년간 한겨레에 연재한 칼럼 모음집이다.

사나흘 동안 그 책에, 그 글들에 몰입했다. 원래가 감동, 감탄을 잘

하는 편이지만, 이분의 울분과 한숨, 지적, 대안 등은 모두 너무 훌륭했다. "맞아, 맞아, 이렇게 해야 해. 이래야 선진국이지." 그동안 몰랐거나 외면했던 대한민국의 '불편한 진실'을 한꺼번에 너무 많이 알게 돼, 마치 개안한 느낌이었다. 그 얘기를 해볼 참이다. 먼저, 정치 이야기이다.

촛불혁명으로 인한 '정치 민주화'만 이뤄지면 '장땡'인가? 이번에 김 교수의 글을 통해 '보수'와 '진보'가 무엇인지 확실히 알게 된 것이 가장 큰 소득이었다. 민주주의자가 없는 민주주의? 형용모순 같은 이 창피한 말이 맞다니? 그렇다. 우리는 아직 멀어도 한참 멀었다. 게다가 이번 대선 결과를 보시라. 분단 체제 해소, 통일 등 달려가도 부족할 터인데, 또다시 몇 년을 터덕거린다고 생각해 보라. 이 엄청난 '기회비용'은 고스란히 국민의 몫이다. 더불어민주당이 진보인가? 천만의 말씀, 만만의 콩떡이다. 국민의힘이 보수인가? 더더구나 천만의 말씀, 서천의 소가 웃을 일이다. 수구와 보수 진영의 흙탕물 싸움에 다름 아닌 22대 대선, 어찌 됐든 그나마 보수인 여당이 정권 재창출을 해야 했거늘. 아, 이 나라에 '좋은 보수'임을 표방하는 정당 하나가 없단 말인가? 식자들은 하나같이 '뭉(문)가의 잘못'이라고 지적한다. 백번 맞는 말이다. 문 정권 5년은 마땅히 '촛불 정부 1기'가 돼야 했다. 그런데 그러하지 못했다. 왜냐하면 여당은 그동안 진보가 아니었고, 야당이 된 이 마당에도 앞으로도 오래 그러할 것이기 때문이다.

한국 현대 정치 70년이 '수구-보수의 과두체제'로 점철되고, 거기에서 한 치도 벗어나지 못한 '답답한' 이 현상과 현실을 우리는 언제까지 감내해야 할까? 솔직히 이 책을 통해 처음 알게 된 '모든 억압된 것으로부터의 해방'을 주창하여 완성한 유럽의 '68혁명', 그 세계적인 거대한 흐름을 왜 대한민국만이 타지 못했을까? 대한해협을 통해 넘어왔었다면? 안타깝고 또 안타까운 일이다. 정치 민주화만 이룩하면 무엇할까? 경제민주화, 교육민주화, 문화민주화의 길은 아직도 까마득히 요원한 것을. 아프다.

일독, 숙독, 정독을 강추하는 마당에 무슨 말을 더 하랴. 이 책의 목차만을 덧붙이는 까닭이다.

〈제1장 민주주의자 없는 민주주의〉

1. 우리의 혁명은 도착하지 않았다

2. 빼앗긴 주인의 권리를 되찾기 위해

3. 68혁명, 모든 형태의 억압을 거부하다

〈제2장 대한민국의 거대한 구멍〉

1. 왜 한국에만 68혁명이 없었는가

2. 위대하고 위태로운 86세대

3. 경쟁의 덫에 걸린 한국 교육

4. 자기 착취와 소외에 병들어가다

〈제3장 악순환의 연결 고리를 찾아서〉

1. 시대착오적인 헬조선의 자화상

2. 야수가 활개 치는 사회

3. 정권 교체만으로는 바꿀 수 없다

4. 미국보다 더 미국적인

〈제4장 우리는 함께 웃을 것이다〉

1. 독일 통일에 대한 오해의 진실

2. 남과 북, 다치지 않고 손잡는 법

3. 성숙하고 평화로운 통일 한반도를 위하여

아하-, 이제야 알겠다. 1, 2차 세계대전을 주도하고 패배한 독일이 어떻게 민주 선진국이 되었는지? 과거에 대한 진정한 반성과 사과가 무엇인지? '깨시민(깨어있는 시민)'이 무엇인지? 우리는 어떻게 살아가야 하는지? 왜 '헬조선'이 되었는지? 자살률이 OECD 국가 중 왜 수년째 1위인지? 분단체제 해소가 왜 안되는지? 통일보다 분단 체제 해소가 왜 먼저인지? 교육개혁이 왜 그렇게 시급한 문제인지?

'학자의 힘'은 이런 것인가? 놀랍고, 고맙다. 그의 말과 글을 들어보고 읽어보시라. 이렇게 심플한 성찰을 어디에서 접할까? 명징하고 명쾌하다. 우리 국민 모두 '민주주의자'가 되어야 한다. 그는 오늘도 대학 입학시험을 없애라! 대학 서열을 없애라! 대학 등록금을 없애라! 그리고 그것만이 대한민국의 교육 민주화를 앞당기고 대한민국의 살길이라고 외치고 있지 않은가.

한겨레에 연재한 칼럼을 모은 『우리에겐 절망할 권리가 없다』는 아주 '심각한' 내용인데도 불구하고, 쉽게 읽히고 핵심 키워드가 머리에 쏙쏙 들어온다. 김 교수의 주장이 어찌 혼자만의 '개똥철학'이자 지론일 것인가? 오늘날의 독일을 이끈 '일등 공신' 빌리 브란트의 언행에서 배우라! 귀 있고 눈 있는 자, 보고 들으라! 이 땅의 수백, 수천의 정치인들은 답하라. 위정자들은 반성하라. 곧바로 정책에 반영하라. 우리의 불행이 어찌 당연하면 되겠는가? 또한 우리에게 절망할 권리는 없다. 있는 것은 오직 '존엄하게' 생활할 권리만 있을 뿐이다.

『요즘 역사』의 황현필

2024년 4월 17일

한국사 일타강사이자 구독자가 100만 명이 넘는다는 유튜브 크리에이터 황현필의 동영상 강의를 한두 편은 보았으리라. '다혈질'인 그의 얼굴과 목소리가 금세 떠오르지 않은가. 그 황현필을 〈아름다운 사람〉 21번째의 주인공으로 삼는 까닭은, 수식어 '아름다운'이 그와 어울리는 것 같지 않아도, 그의 강의와 저서가 '훌륭하고 고맙기' 때문이다. 신간 『요즘 역사』(2024년 역바연 발행, 300쪽)가 너무 재밌어 어젯밤 서너 시간 만에 통독했다. 그가 잇달아 펴낼 『요즘 역사』 시리즈 1권으로, 근대사(1863~1910)를 다뤘다. 1863년부터 경술국치 1910년까지 47년 동안 이 작은 한반도 조선이라는 나라에서 얼마나 많은 사건들이 명멸했던가?

대원군 집권(1863), 병인박해, 병인양요, 제너럴셔먼호 사건, 오페르트 도굴 미수사건, 신미양요, 고종 친정, 강화도조약, 각국 수교, 임오군란, 갑신정변, 동학농민혁명, 갑오개혁, 을미사변, 을미개혁, 아관파천, 독립협회, 대한제국, 항일의병운동, 애국계몽운동, 러일전쟁, 가쓰라-태프트밀약, 을사늑약, 경술국치(1910) 등 굵직한 사건만 훑어봐도 어지러울 정도이지 않은가. 그렇다. 격동의 연속인 역사를 전직 국사 선생인 그가 쾌도난마식으로 풀어내는 우리 근대사를 보자니 가슴이 미어진다. 땅을 치게 된다. 우리 선조들은 어찌 그리 못났을까? 한없이 답답했다. 명성황후가 아닌 민비의 전횡은 차마 봐줄 수 없을 정도이다. 어찌하랴. 부정하거나 외면할 수 없는 우리의 역사이거늘.

수많은 사료를 바탕으로 엮어내는 그의 현란한 글빨과 입담은 가히 타의 추종을 불허한다. 특히, 최근 영화 〈건국전쟁〉이 '가짜 독립운동가' 이승만 찬양 일색이라며, 자체적으로 그 영화에 반박하는 영화 〈독립전쟁〉을 제작하겠다고 기염을 토한 것이 인상적이었다. 황현필이 제작 특강한 "이승만이 국부가 될 수 없는 25가지 과오"는 영화 〈건국전쟁〉이 방영되기 수개월 전에 유튜브를 통해 화제가 됐는데, 이 영화가 불에 기름을 끼얹은 격이 된 셈이랄까, 감독에게 "팩트 체크해 보자"며 맞짱을 공언했다. 여기에서도 '가짜뉴스' 논란이다. 도대체 어디까지가 진짜 팩트이고, 어디까지가 가짜인가? 왜 우리는 이 소모적인 논란에 허송세월하는 것인가? 솔직히 황현필 등의 존재가 나타나기 전부터, 우리의 뒤틀린 역사의 비하인드 스토리를 알고 있었다고 하면 건

방지다고 말할 것인가(나도 듣는 귀, 읽는 눈이 있는데 말이다)? 아니다. 해방 이후 우리의 굵직한 현대사만 봐도 분명하게 알 수 있고, 누구라도 짐작할 수 있는 일들이 아닌가. 따라서, 황현필에게 '한 표'를 던진다. 그의 노고에 무한한 찬사를 보낸다. 우리의 역사에 조금이라도 관심이 있다면, 그의 신간 『요즘 역사』를 어떠한 편견이나 주관을 갖지 말고, 처음부터 끝까지 객관적으로 곱씹으며 읽어봤으면 좋겠다.

아무튼, 그는 '작가의 말'에서 이렇게 말하고 있다. 근현대사는 우리 모두 꼭 알아야 할 '요즘 역사'라고, '요즘 역사'를 알고 나면, 우리가 살고 있는 시간과 공간에 대한 진정한 이해가 가능하고, 삶에 대한 올바른 방향을 설정할 확률이 높아진다고, 역사가(저자)의 해석을 듣기 싫으면 사료를 찾아보라고, 정치가 시끄럽고 자꾸 역사를 왜곡하는 것은 '요즘 역사'에 무지한 사람들이 많기 때문이라고. 그러기에, (저자는) 결단코 분단과 매국과 독재를 추종하는 세력과 함께할 수 없다고. 그러고는 독자들에게 묻는다. "이 땅에서 사람다운 생각을 하고 산다는 것이 무엇이냐?" "정말 대한민국을 올바르게 사랑하는 방법은 무엇이냐?"고. 이제 우리가 대답할 차례이다.

연내에 나올 2권은 1910~1945년 일제강점기 역사, 3권은 1945~1948년 해방정국이다. 내년 출간될 4권은 1948년 이후 '현대사'이다. 출판사 '역바연'은 그가 설립한 '역사바로잡기연구소'의 약칭이다. 기대된다. 기다려진다.

의로운 검사 이성윤

2023년 11월 29일

지난 11월 23일 2쇄를 인쇄한 이성윤 검사의 『꽃은 무죄다』(아마존의나비 펴냄, 268쪽)라는, 그야말로 따끈따끈한 책을 숨 쉴 새 없이 읽었다. 27일 새벽 〈오마이TV〉에서 책 펴낸 사실을 알았기에, 그를 응원하는 건 책 한 권 사주는 것밖에 없다는 무력감을 안고 곧장 전주 홍지서점으로 달려갔다. 이름 석 자, 이성윤만 겨우 알 뿐이었는데(윤석열 전 검사와 날이 서 있어 불이익을 넘치게 받고 있다는 정도), 오연호 대표 기자와 얘기를 나누는 것을 보니 그의 눈길에 한 치의 거짓이 없게 보였기 때문이기도 했다.

책을 다 읽은 후 그를 알만한 이들에게 물어 가외의 사실 몇 개를 알게 됐다. 1962년생, 고창 출신 전주고 58회, 경희대 졸업. 언제 어디서나 그렇듯 '공정과 상식'이라는 말은 쉽고도 어려운 말인가? 그는 그 과정에서 광주 어느 조폭의 칼에 맞기도 했단다. '기면 기고 아니면 아니다'는 신념으로, '심어진 곳에서 꽃 피우라(Blossom where you are planted)'는 좌우명으로 시작했고, 검사 생활 수년 동안 이런저런 이유(김학의 차관 출국금지 조치 등)로 '유배'를 당하기도 했다. 그런데, 이 책이 〈대한검(檢)국〉의 실상을 폭로하는 시평이 아니고, 야생화 이야기여서 더욱 놀라웠다. '꽃개'(야생화의 향을 좇아 귀신같이 소중한 야생화를 찾아냄)라는 별명의 남편과 그 꽃들의 세밀화를 그리는 어느 아내의 부부 사랑 이야기여서 신선했다.

그렇지만 아무리 '검사의 눈'을 잃어버린 채 '야생화의 눈'으로 세상을 본다 해도, 무엇이 두렵고 겁이 나 언제까지 입을 다물고 있을 것인가? 행간은 물론이거니와 불쑥 튀어나오는 한 문장 한 문장에서 그의 결연한 속내를 엿볼 수 있었다. 어찌 보면 현자의 어록 같다. 어록 몇 토막을 보자. 복수초 단상이다. "불과 한두 해 만에 우리 사회 곳곳에서 목도되는 무뢰한 자들의 무도한 행태를 보며 불현듯 복수를 떠올리게 되지만, 나는 얼음을 뚫고 나오는 복수초의 강인함에서 절제와 인내를 배워가며 우리 사회의 진정한 복수를 꿈꾼다." "타심통은 다른 사람의 생각을 아는 능력이라는데 닻꽃 덕분에 그 말을 알게 되었다." "내 동생 멕시코소철은 세상에서 일컫는 반려 식물을 넘어 나와 '함께 하는 삶'의 중심에 우뚝 섰다." 그는, 대한민국 검사인 그는, 뿌리, 잎, 꽃 세 부위가 모두 하얗다는 삼백초를 보며 나태주 시인의 시 〈내가 좋아하는 사람은/슬퍼할 일을 마땅히 슬퍼하고/괴로워할 일을 마땅히 괴로워하는 사람/(중략)/내가 좋아하는 사람은/미워할 것을 마땅히 미워하고/사랑할 것을 마땅히 사랑하는/그저 보통의 사람〉을 떠올린다. "입만 열면 '공정'과 '상식'을 외쳐대면서도 대중들의 '상식'을 처참하게 무너뜨려 버리는 일이 비일비재한 요즘일진대 하물며…."

책에서 언급한 42개의 식물(양지꽃 개망초 금강초롱꽃 큰구슬붕이 강아지풀 꽃마리 병아리풀 가을벚꽃 민들레 담쟁이 인동덩굴꽃 구절초 물봉선 엘레지 영춘화 낙우송 히어리 풍년화 미선나무 금꿩의다리 미국실새삼 변산바람꽃 노루귀 처녀치마 석산 달맞이꽃 납매 금잔옥대 등) 중 서너 개만 알 뿐이지만, 어느 해 산에 오르며 '노랑망태버섯'을 보고 경이로웠다. 세상에 어쩌면 이렇게 요상한 버섯이 있단 말인가? 그는 이 버섯을 보고 이렇게 썼다. "겉은 화려하지만, 어떤 것도 포용할 수 없고, 내용물도 없으며 세상 누구도, 심지어 자신조차 품을 수 없는 그 텅 빈 화려함에 그저 쓴웃음이 나올 뿐이다. 오만불손한 권력의 과거와 현재 그리고 미래의 스펙트럼을 한눈에 보여주는 듯했다. 겉은 번지르르하지만, 내실은 없어 일시에 쓰러져 녹아내리는 그런…."

어느 소설가의 "야생화는 진실하다. 나는 다시 피어난 시대정신의 향기를 이 책에서 맡았다. 눈 밝은 자들은 들꽃 속에 감추어진 진실을 찾아낼 것이다. 더불어 따뜻한 인간애와 정의의 색깔도 함께 즐기기를 바란다"는 짤막한 추천사로도 이 책의 가치를 충분히 알 수 있다. 한마디로 아주 빼어난 좋은 책이다. 글도 그림도 사진도 아주 깔끔하고 준수하다. 미물인 꽃 한 송이로도 세상은 충분히 볼 수 있다. 조선시대 선비들은 대나무 구멍 하나로도 세상을 다 본다고 했다.

  닭의장풀을 보며 하늘의 별이 된 어머니를 떠올리고, 팽나무를 바라보며 팽목항의 비극과 악몽이 떠올라 그 가지가지마다 주렁주렁 걸린 아픔에 짓눌리며, 더러운 진흙에서 고운 존재로 피어나는 처염상정(處染常淨)의 상징인 연꽃을 '정말 멋지다'고 생각하는 이 남자는 수줍고 선한 사람임이 틀림없다. 4부로 구성된 챕터 제목을 보라. 1부 〈화〉, 2부 〈통〉, 3부 〈순〉에 이어 4부 〈그리고 희망〉이다. 느낌이 화악 다가오지 않은가. 들꽃은 역천(逆天)의 무도함을 허용하지 않을 뿐 아니라 적도 두지 않으므로, 평화이고, 소통이며 순리이자 희망이라고 말한다. 그러기에 꽃은 언제까지나 무죄(innocent)라고 조용조용히 얘기하고 있다. 세상이 내일 망한다 해도 '꽃개 남편'과 '세밀화 화가' 부부의 발걸음이 계속되고, 늘 또 다른 "화 봤다"를 외치며 착하게 살고 기죽지 말기 바란다. 민족의 지도자 백범 김구 선생의 짧은 주례사는 "너를 보니 네 아버지 생각이 난다. 잘 살아라."였다고 한다. 문득 "꽃을 가꾸는 마음으로 살아보라!"고 했다는 그의 한결같은 주례사와 임은정 검사가 펴낸 책이 생각나는 11월 말의 아침이다.

"계속 가보겠다"는 임은정 검사

2022년 8월 7일

　우리 이 사회에, 우리 이 시대에 공룡보다 더 무시무시한 조직이자 기관이 무엇인 줄 아시겠지요? 바로 '검찰'입니다. 그 조직의 직전 수장이었던 분이 현재 우리나라의 대통령입니다. 한마디로 무소불위라 할 것입니다. 검사들의 숱한 일탈에 비하면, 정치인들의 '내로남불'은 아예 새 발의 피라 할 것입니다. 이 시대 최대 명제가 왜 '검찰 개혁'이고, 왜 '검찰 공화국'이라고 하는 줄 아시는지요? 솔직히 저도 문외한으로 그렇게 깊은 관심을 가지지 않은 '죄인'이기도 합니다.

　그러나 지난해 3선급 초선 최강욱 의원의 공저 『권력과 검찰: 괴물의 탄생과 진화』을 읽으며 통탄을 한 게 한두 번이 아닌데, 엊그제 이틀간 어느 검사의 피 터지는 10년간의 내부고발 기록서를 통독한 후, 그 전모를 알 것 같았습니다. 『계속 가보겠습니다』가 바로 그 책입니다

(임은정 지음, 메디치 2020년 발행, 328쪽). 임은정 검사? '거룩한 그 이름'을 들어보신 분들이 적지 않을 테지만, 누구라도 자세히는 모르겠지요. 제가 '거룩한'이라는 수식어를 썼지만, 더 우러를 단어가 있으면 좋겠습니다. 읽어본다면 제 말이 백퍼 실감날 것입니다.

저 같은 민초야 검찰을 무서워하거나 겁낼 필요가 없지만, 이리저리 얽힌 사람들은 '검찰'하면 치를 떠는 까닭을 알게 됐습니다. 예를 들면, BBK의 김경준에게 검찰이 무엇이냐고 물으면 무어라고 할까요? 어느 법무부 장관의 성 접대 동영상을 보고, 대다수의 국민이 "그놈이 그놈"이라고 하는데, 검찰만 왜 유독 "그놈이 그놈이 아니다"고 고집할까요? 최강욱 의원은 단적으로 검찰을 괴물이라며 그 탄생과 진화 과정을 조목조목, 일목요연하게 밝히고 있더군요.

『계속 가보겠습니다』는 1974년생 부산 출신의 여성 검사가 2001년 임관 이후 지금껏 겪고 있는 파란만장한 투쟁과 다짐의 기록입니다. 검찰이, 아니 검찰의 수뇌부가 이렇게까지 희망이 없는지 놀라고 또 놀랐습니다. '유전무죄 무전유죄'라는 말은 들었어도 이 정도까지인 줄은 몰랐습니다. 법의 잣대가 '검사'들 마음대로인 줄도 확실히 알았습니다. 그 아사리판에서 외로운 내부고발자로 완전히 찍혀버린 용기 있는 검사의 말과 글에 귀를 잠시라도 기울여줬으면 좋겠습니다. 저자의 간곡한 부탁이 책머리에 쓰여 있습니다. "함께 꾸는 꿈의 힘을 믿습니다. 우리 함께 가요" 얼마나 애가 닳고 속이 터졌으면 부끄러운 기록을 공개하며 "계속 가보겠다" "함께 가자"고 국민들에게 선언과 호소를 했을까 싶어 안쓰럽기까지 하더군요.

자기 조직의 비리와 불법과 불합리, 숱한 성추행사건 등을 무조건 틀어막고 철옹성처럼 방어하는 검찰, 그러고도 어떻게 힘(빽)없고 돈 없는 국민들에게는 엄정하고 근엄한 얼굴로 법 조항을 들이대며 기소와 구형을 일삼을 수 있을까요? 여기에는 법원도 예외가 아니지요. 양머시기라는 추한 대법원장 쌍판을 기억하시지요? 소위 '레거시 언론'은 또 어떻고요? 그까짓 임기 5년의 대통령이 무엇이라고, 그 대통령을 찍어내듯 만들어내는 언론 말입니다. '한통속' '침묵의 삼각 카르텔'이라는 말이 절로 나옵니다. 공익의 대표자여야 할 검찰과 법원 그리고 사회의 공기인 언론이 '비리와 부조리의 데칼코마니'라는 게 비극이 아니고 무엇이 비극이란 말입니까? 참으로 무서운 일입니다. 공고해도 너무 공고합니다. 저팔계가 바주카포를 들이댄다 해도 담 벽돌 하나쯤 빠질까요? 도대체 법과 정의가 무엇이냐는 말이 솟구치며, 자라나는 우리 후손들에게 얼굴이나 제대로 들 수 있겠습니까?

흥분하여 구체적인 사례들을 일일이 들 수 없지만, 열 개 중의 칠팔 개는 언론을 통해 이미 알고 있는 것들인데, 그 감춰진 이야기(비하인드 스토리)들이 펼쳐집니다. '아항, 그랬구나' 그 소용돌이 속에 임은정 검사가 홀로 '절대 왕따'가 되어 간신히 숨을 쉬고 버티고, 싸우고 있었다는 것을 알게 됩니다. 저는 그동안 그 검사를 '싸움닭'(투계. 일본말로 '겡까도리'라고 한다) '반골' 정도로만 알고 있었던 게 너무 미안하고 죄송스러웠습니다. 아니었습니다. 내부고발자, 딥 스로터(deep throater)는 아무나 못 하는 일입니다. 30년 군홧발 정치 시절, 엄혹한 조직(군, 공무원 등)에서도 양심선언을 하는 위인들이 있었습니다. 그분들의 용기로 세상이 휘까닥 제대로 바뀌지는 않았지만, 조금씩 조금씩 변화, 발전된 것이 아닐까요? 임 검사도 그렇게 확신하며 숱한 어려움을 헤쳐나가고 있지 않을까요? 프랑스의 지성 에밀 졸라가 드레퓌스사건의 누명을 벗기고자 쓴 위대한 격문 "나는 고발한다(J'Accuse)"를 떠올리며, 경향신문 〈정동칼럼〉의 연재를 통하여 "아이 캔 스피크(I can speak)"를 기록으로나마 남길 수 있어 얼마나 다행인 줄 모르겠습니다.

고전을 즐겨 읽고 인용하는 내공이나 필력도 대단하지만, 무엇보다 그의 최대 덕목은 용기라 하겠습니다. 세상을, 아니 그가 속한 중요한 기관인 검찰 사회의 부조리를 바꾸려는 용기, 정의가 무엇인지를 온몸으로 보여주는 그의 '감성적인' 논고문을 읽어보시라. 야물딱진 외모에서 한없이 두렵지만 절대 물러서지 않겠다는 결기가 느껴집니다. 그가 있어 한국검찰은 실낱같은 희망이 있고 출구가 보이는 것일까요? 그의 다짐대로, 믿어 의심치 않지만, 그가 여의도에 진출하지 않으면 좋겠습니다. 하지만, 그의 어깨에만 검찰 개혁이라는 무거운 시대의 과제를 맡겨서는 안 될 일입니다. 그에게 아낌없는 응원을 보냅니다.

힘내시라! 임은정 검사!

끝으로, 존경하는 언론인 김중배(뉴스타파함께재단 이사장) 선생의 추천사 한 구절을 인용합니다. 김중배 선생은 1980년대 D일보 고정칼럼 〈그게 이렇지요〉에서 격주로 장안의 지가를 올린, 진짜 대기자, 참 언론인임을 아는 사람들은 아실 겁니다. 물론 '전대머리' 탄압을 세게 받았지요. 그분의 뒤를 잇고자 당시 D일보 기자를 지망한 인간들이 부지기수였답니다.

> 〈"이 사람을 보라" 『계속 가보겠습니다』를 다 읽고 덮자, 가슴속 함성이 솟구쳐 올랐습니다. 임은정 검사의 책은 이 땅의 검찰, 이름 그대로 검찰다운 길을 걸을 수 있도록 하는 투쟁기록입니다. (중략) 나는 이 책에서 그를 바라보며, 흔들림 없는 믿음으로 명명하고자 합니다. 국민 앞에서 검찰의 전횡과 타락을 고발하는, 그 '반정'을 국민과 함께 이루어내자고 호소하는 검사 임은정은 단연코 '국민검사'입니다. 또한 민주 사회의 '시민검사'입니다. "사람은 책을 만들고 책은 사람을 만든다"지만, 임은정의 책은 사람다운 삶을 열어가는 한 사람을 보여줍니다. 책을 털고 나서도 울려오는 함성은 역시 이 한마디입니다. "이 사람을 보라"〉

김중배 선생이 첫마디와 끝마디로 얘기하는 '이 사람'이 고독한 투사 임은정 검사입니다.

"이로운 보수, 의로운 진보"

2025년 5월 24일

　최근 '최강 유튜버'로 불리는, 진짜 똑소리 나는 정치인(21대 국회의원. 터무니없는 해프닝으로 금배지를 찬탈당했다)이 있다. 유권자라면 누구라도 들어봤을 최강욱이 그이다. 헷갈리는 정치 상황에서도 언제나 폐부를 찌르는 촌철살인의 정치 논평도 그렇거니와(유시민과 어금지금하지 않던가), 서울대 법대에는 '내란과'와 '내란 진압과'가 있다는 이죽거림도 밉지가 않다. 순간순간 그의 순발력을 보면서 '진짜 머리가 좋은 천재인 모양'이라고 감탄한 적이 무릇 기하였지만, 지난 5월 15일 한겨레출판에서 펴낸 신간 『이로운 보수 의로운 진보』(최강욱·최강혁 지음, 355쪽)를 읽은 소감은 한마디로 혀를 내두르게 했다. 출간 열흘도 안 돼 4쇄를 찍어, 소위 말하는 베스트셀러가 되었으니 그 까닭이 있을 터. 목이 마르기 때문이다. 한없는 갈증, 타는 목마름으로 민주주의(정확히는 '민주주의'가 아니고 '민주제'여야 한다) 만세닷! '압도적 재미' 매불쇼의 최욱이 유력한 대선후보 이재명의 신간과 유시민의 『청춘의 독서』에 밀려 분통이 터지겠다고 놀라자 "두 분의 책은 봐줘도 되는데, 한강의 산문집도 하필 이 시점에 나왔다"며 싱긋 웃는 최강욱, 그가 동생과 공저로 펴낸 이 책이 궁금하지 않으신가? 나는 이런 책을 쾌저(快著)라 부르고, 역저(力著)라 부르면서, 민주시민의 필독서로 강추한다.

물론 이전에도 그가 쓴 『법은 정치를 심판할 수 있을까』와 괴물검찰의 탄생과 진화 그리고 그 흑역사(黑歷史)를 다룬 『권력과 검찰』을 읽으며, 그의 탄탄한 내공에 많이 놀라고 반했던 기억이 있다. 누구누구의 신간이 나왔다는 소식에 허겁지겁(헐레벌떡) 살 책이 있다는 것은 행운이고 행복이다. 우리가 그들에게 해줄 수 있는 건 그것(책 구입)밖에 없다. 지난 연말부터 터져 나온 도올 김용옥 선생의 『상식』과 최재천 교수의 『양심』 그리고 최강욱의 신간에 이어 아직 구입하지 않은 유시민의 신간 등이 그런 책이다. '상식'과 '양심'이 실종된 시대에 살고 있다는 것은 불행하고 슬픈 일이다. 오죽하면 교황청의 한국인 장관이 침묵을 깨고 '양심의 회복'을 말씀하셨을까. 아무튼 이 책을 사흘에 걸쳐 내용을 곱씹으며 통독, 정독했다. 저자는 잔머리를 굴리는 정치공학적 시각이 아닌 냉철하고 분석적인 정치학자(법률가?)의 시각으로, 도대체 보수와 진보가 무엇이길래, 그 실체를 잘 알지도 못하면서 뻑하면 진보네 보수네 하며 나라 꼴을 이 꼴로 만드는지, 언제까지 이 '지랄'을 할 것인지를 힐문(詰問)한다. 이렇게 공부하면 진보와 보수의 기원과 역사가 어떻게 되고, 그것이(정의) 무엇이고, 앞으로 어떻게 진화 발전할 것인지가 환히 보이는 것을 금세 알 수 있는 것을. 약간의 돈과 조금의 시간만 투자하면 자신이 왜 보수이고, 왜 진보인지를 알 수 있는데, 궁금하지 않으신가. 자신의 '정치 정체성(identity)'에 대하여 말로써 당당히 설명할 수 있게 되는 것을.

야당의 대선후보가 왜 '중도 보수'를 선언했는지(결코 진보가 아니다), 왜 현재의 여당이 '보수당'이 아니고 '수구(守舊)꼴통당'인지도 알게 된다('극우'가 극도로 우매함의 준말이라고 누가 말했던가). 교수인 박구용과 정진희의 추천사만 읽어도 호기심이 바짝 땡기는 이 책을 '최강형제'는 프롤로그에서 이렇게 말한다. 어느 날 식당 옆 테이블에 앉은 두 사람의 대화를 우연히 엿듣고 '보수와 진보의 참가치를 찾는' 책을 펴내는 일을 더 이상 미룰 수 없는 시대적 사명감에 사로잡혔다고, 특히 20대 젊은이들이 알고 싶다는 보수와 진보에 대해 최대한 쉽게 들려줘야겠다고 작정했다는 것이다. 참 가상하고 기특한 형제 덕분에 나까시 머리가 환해지는 지식과 경험을 쌓게 하다니.

술과 담배도 하지 않는다는 모범생은 영화와 음악에 상당한 조예가 있는 듯하다. 손에 잡힐 듯 말 듯한 보수와 진보의 개념을 숱한 사례와 논쟁, 영화 등을 통해 좀 더 쉽게 이해하게 했고, 민감한 주제에서는 양쪽의 입장을 가상의 인물인 '봉수'와 '진봉'의 대화를 통해 제3자식으로 균형 있게 반영하고자 한 노력의 흔적이 곳곳에 보였다. 수작(秀作)이다. 먼저 보수와 진보의 개념을 제대로 알려면 '프랑스혁명'에 대해 정확한 이해를 한 후 보수주의를 창시한 에드먼드 버크와 진보주의의 아버지인 토머스 페인의 논쟁을 알아야 한다. 어렵게만 생각지 말고, 상식과 교양 차원으로 이해하자. 보수와 진보는 세상을 보는 눈(가난, 평등과 복지, 능력주의와 학벌, 낙태와 사형, 태극기부대와 빈곤층의 보수성 등)이 왜 그렇게 판이한지, 혐오와 배척이 아닌 화합과 연대를 위해서 우리가 무엇을 노력해야 하는지, 거듭 말하지만 확연하게 알 수 있다. 워낙 일목요연하게 요점을 정리해 놓았다.

자, 이제 최강 형제가 박수치는 이상적인 정치의 모델, 세계적인 두 인물을 간략히 탐구해 보자. 독일 총리로 16년 동안 재임한 앙겔라 메르켈과 버락 오바마(이들은 풀네임으로 불러주자). 이 책의 제목이 된 '이(利)로운 보수'의 모범은 두말할 것도 없이 앙겔라 메르켈이다. 또한 '의(義)로운 진보'의 아이콘은 버락 오바마이다. 이들은 '거의 완벽'한, 정치가 무엇인지를 적확하게 꿰뚫고 있는 인물이었다. 우리는 왜 이런 정치인을 만나거나 갖지를 못하는가? 정치인의 잘못인가, 유권자의 잘못인가? 박정희는 누구이고 김대중과 노무현은 또 누구였던가? '사상의 스승'인 리영희 교수가 『새는 좌우의 날개로 난다』는 제목의 책을 펴낸 까닭을 아시는가. 이 책을 정독하면서 머리속에 '꿰미'라는 단어가 맴돌았다. 소싯적 냇가에서 피리 등 물고기를 잡으면 풀줄기를 꿰미로 만들어 거기에 꿰어서 갖고 오던 기억 말이다. 처음부터 끝까지 역사적으로 꿰뚫는, 이런 '통시적(通時的) 학자'의 저술을 통하여, 우리는 끊임없이 배우고 항상 의식이 열려 있어야 한다는 게 나의 오랜 지론이다. 수도 없이 많은 깨어 있는 '깨시민' 덕분에 비록 미완의 혁명으로 끝났으나 6년 전 촛불혁명을 낳았고, 최근 무혈(無血)의 '빛의 혁명'을 이룩하여, 드디어 마침내 완성을 향해 한 발 한 발 나아가고 있지 않은가.

부록으로 실은 '보수 유승민의 가장 진보적인 연설'과 '진보 노무현의 가장 보수적인 연설'의 전문을 인상 깊게 찬찬히 읽으며 생각하며 이 책을 접는데, 에필로그 마지막 구절이 기억에 남는다. "사람과 세상을 '이롭게' 하는 보수와 사람과 세상을 '의롭게' 하는 진보가 하루빨리 제자리를 찾아야 할 이유가 지금 바로 여기에 있습니다. 복잡한 세상사, 다양한 인간사 속에서 적어도 우리만큼은 보수와 진보라는 양 날개를 균형 있게 펼쳐 더 높은 하늘을 마음껏 활공할 수 있기를 바랍니다. 우리에게 좋은 날이 곧, 반드시 올 것입니다."

결론은 이로움과 의로움, 利와 義이다.

조국의 함성 들리시나요?

2025년 2월 20일

참 희한한 일이다. 지금 '택도 없는'(그렇다고 대법원의 판결을 개무시하는 것은 아니다) 죄목으로 감옥살이하고 있는 초짜 정치인 '조국(曺國)'의 이름이 하필이면 '조국'이어서 나라를 뜻하는 '조국(祖國)'과 종종 헷갈리게 한다. 물론 한자로야 다르지만, 무언가 중의적인 뜻이 있는 것만 같다. 노벨문학상을 받은 '한강' 작가의 이름만 해도 그렇다. 처음엔 필명인 줄 알았는데, 한반도의 거대한 물줄기인 '한강(漢江. HAN RIVER)' 그대로임을 알고, 그 아버지 한승원 작가의 혜안에 새삼 놀랐다.

한가하게 남의 이름을 얘기하려는 게 아니다. 오늘 따끈따끈한 신간 『조국의 함성』(조국 지음, 오마이북 2025년 펴냄, 351쪽)을 통독했다. 우리의 조국(祖國)이 아닌 내란수괴로부터 수년간 핍박받고 있는 조국

(曺國)이 쓴 책이다. 이 책 표지의 부제는 '가장 뜨거운 파란 불꽃이 되어 검찰 독재정권을 태워버리기 위하여 길 없는 길을 두려움 없이 가다'라는 긴 서술어로 되어 있다.

'함성(喊聲. Shouting)'은 "소리 질러!" 할 때의 함성인 것을. 교도소에서 복역 중인 조국이 유권자인 국민들에게 들려주고 싶은 육성을 담았다. 그러나 신선한 것은 아니다. 2024년 12월 17일 이후 감옥에서 쓴 '국민께 보내는 글'은 7편에 지나지 않고, 나머지 21편은 〈조국혁신당〉 창당 선언을 비롯해 부산 서면 연설, 광주광역시 충장로 연설 등과 기자회견, 언론 인터뷰를 한자리에 모은 것으로, 이미 공개된 것인 만큼 새로운 것은 없다.

그럼에도 한 편 한 편 새로이 읽으며, 그의 다부진 결기를 다시 확인하는데 울컥하는 그 무엇이 있었다. 잘 알다시피, 그는 〈3년은 너무 길다〉 〈검찰독재 조기종식〉이라는 슬로건으로 창당 2개월 만에 비례대표 의원 11명과 함께 '원내 제3당' 대표가 되어 국회에 당당히 입성했다. 그들은 '지민비조(地民比祖)'라는 신조어로 전국을 휩쓸었다. 쇄빙선(碎氷船), 예인선(曳引船)이라는 신박한 용어로 유권자들의 눈을 붙들었다. 690만 표를 획득했다. 한국적 정치 상황이 아니라면 기적 같은 일이 벌어진 것이다. 그가 "비법률적 방식의 명예 회복"을 언급하니까, 어느 기자가 '혹시 사적인 복수를 하려는 것 아니냐?'고 물었다(그야말로 천박한 기레기 수준의 질문이다). 그는 즉석에서 명쾌하게 대답했다. "불의한 강자에 대한 공적인 복수라고 한다면 그것은 사실"이라며 프랑스어 '르상티망(ressentiment)'을 거론했다. 르상티망은 '권력의지에 의해 촉발된 강자의 공격욕에 대한 약자의 복수심'을 일컫는 철학적 개념이다.

그는 짧은 기간에 대한민국의 내로라하는 인물들을 영입하는 데 성공했다. 어쩌면 그렇게 하나같이 '옹골찬 일당백'들을 고를 수 있었는지, 그의 안목에 탄복한 이들이 많았을 것이다. 얼마 전 국회 대표 연설에서 김선민 조국혁신당 대표 권한대행의 16분에 걸친 연설은, 흔한 말로 '역대급'이었다. 김대중 대통령이나 노무현 대통령의 연설을 보는 듯했다. 의사 출신 정치 초년병이지만, 조금도 주저하지 않고 오랫동안 준비된 '당대표' 같아 한없이 미더웠다. 그가 군더더기 하나 없이 조목조목 짚어간 정치 현안(내란 세력이 여전히 활개를 치고 있는 작금의 상황은 도대체 얼마나 엄중한가?)들은 더하고 뺄 것이 없어, 여당 같지 않은 여당의 '입'도 다물게 했다. 그의 대표 연설을 두 번 경청한 것처럼, 조국이 행한 20여 편의 연설문들을 새로 읽으며, 일개 독자로서, 일개 유권자로서 우리나라의 '좋은 꿈'을 꾸었다.

그와 당은 '사회권 선진국'의 비전을 갖고 있다. 사회권 선진국이라니, 그 화두가 낯설고 왠지 두려운가? 그의 저서 『가불 선진국』에 모두 나와 있다. 그 알짬을 진짜로 그 어떤 편견도 없이 들여다본 후 칭찬 하거나 비난하자. 그들이 꿈꾸는 나라가 과연 어떤 나라인지? 그들의 '진보 행태'가 얼마나 어설프고 무엇이 못미더운지를 얘기하자. 사회권 선진국은 아프면 쉴 권리, 부부가 함께 일하며 아이를 키울 권리, 집을 사지 않아도 안정적으로 살 권리, 나이가 들어도 가족에게 신세 지지 않고 돌봄을 받을 권리, 국민 모두 큰돈 들이지 않고 그 모든 권리를 보장받는 나라를 말한다.

그는 이제 교수도, 학자도, 관료도 아닌 정치인의 길을 걷고 있다. 감옥에서도 '조국의 강'을 뚜벅뚜벅 건너고 있다. 지난해 3월 13일 지역 중 첫 번째로 찾은 전주 경기전 앞에서 악수하며, 나는 큰 소리(함성)로 그에게 말했다. "조 대표, 끝까지 밀어붙이시요잉". 그때 잘생긴 얼짱 정치인이 웃었다. 그도 이제 제법 유머와 위트를 배운 듯하다. 고향인 부산에서 연설 말미에 부산 사투리로 "이제, 고마, 치아라 마~!"라고 했다. 어느 지역 즉석연설에서는 검찰에 대놓고 "너그 쫄았제?"라며 놀렸다. 그랬다. 검찰의 수괴는 그들(조국혁신당)이 무서바서(무서워), 너무 많이 쫄아서 친위쿠데타를 일으켰다. 그렇지 않다면 가당키나 한 일인가? 감옥 아니라 그 어디에 있든, 죄 없는 자는 쫄 일이 '1도' 없는 것을. 남아공의 만델라는 세상에나 28년을 감옥에서 투쟁했거늘. 다시 한번 '조국의 함성'을 들어보지 않으시렵니까? 우리의 조국이 아닌 우리의 조국, 그의 건강과 건투를 온몸으로 빈다.

유시민의 격려와 위로 "희망은 힘이 세다"

2024년 7월 1일

『그의 운명에 대한 아주 개인적인 생각』(생각의 길, 2024년 펴냄, 287쪽)이라는 유시민(정치평론가? 지식 소매상?)이 펴낸 책을 읽었다. 거의 다 아는 내용인지라 망설일 틈도 없이 줄줄줄 잘도 읽힌다. 한 달도 안 됐으니 그야말로 따끈따끈한 책을 부리나케 통독하고, 유시민이라는 인간에 대해 새삼 놀랐다. 여기에서 '그'는 누구인가? 말할 것도 없이 '윤석열'이다. 현 대통령을 소재로 이런 책을, 이런 글을 금세 뚝딱뚝딱 쓰고 펴내는 그의 현란한(?) 내공이 부러움을 넘어 찬탄 지경이었다. 그리고 그의 결론(아주 개인적인 생각이지만)에 박수를 보내지 않을 도리가 없다. 생각 같아선, 나의 주변 지인이나 친구들에게 읽는다고 약속만 하면 몇 권이든 구입해 선물하고 싶다. 신간이 나왔다는 소식을 듣고 '개인적인 생각'이라기에 사지 않으려 했으나, 이토록 일목요연하게 정리정돈을 깔끔하게 해놓은 줄은 몰랐다. 재밌다고 말할 수는 없는 일이고, 읽을수록 내가 사랑하는 우리나라가 서글펐고 한심하고 씁쓸했다.

입이 더러워질 것 같으니, 구구절절 국가 통수권자인 그의 정치행태, 국정운영에 대해선 말하지 말자. 더구나 '인형 아가씨'라는 배우자의 후안무치한 정치 개입 등은 말해 무엇할 것인가. '도자기 박물관'에 코끼리를 들어가게 한 것이 애당초(2022.3.9.) 우리의 잘못이었음을 알고 있다. 선진국에 갓 진입한 나라를 졸지에 후진국으로 퇴행시킨 책임을 '괴물 코끼리'에게만 묻기에는 우리의 책임이 너무 크다. 그것을 논하자면 열 권의 책으로도 부족할 터.

저자는 말한다. "그(윤석열)의 운명에 대한 나의 주관적인 생각이 틀렸으면 좋겠다. 하지만 그럴 것 같지 않다. 그래도 대한민국은 괜찮을 것이다. 모든 것은 지나간다. 윤석열의 시간도 지나간다. 그가 어떻게 되든 우리의 삶은 계속된다. 역사는 나쁜 때가 지나면 좋은 때가 온다고 말한다. 그 격려를 독자와 나누고 싶다. 희망은 힘이 세다"고. 그렇다. 나도 안다. 나쁜 시절이 지나면 호시절이 올 것이나, 우리 당대에 또는 우리 아들이나 손자 세대가 그 '기쁨'을 맛보지 못할 것 같은 불안감이 짙어지기 때문에 '화딱지'가 날 대로 나는 것이다. 그러나, 희망은 힘이 세다고 하지 않는가. 그래서 그의 격려가 위안이 된다. 나뿐만 아니라 지금 '윤석열이라는 병'을 앓고 있는 사람들은 후딱 이 책을 읽었으면 좋겠다. 언제, 어디에서부터 이런 병의 단초(실마리)가 시작되었고, 깊어지는 이 병이 어떻게 치유될 수 있는지를 알게 될 것이다.

  민초인 나도 알고 있다. 오직 믿을 것은 "민주주의의 최후 보루는 깨어있는 시민들의 조직된 힘"이라는 것을. 서울 종로구 인사동 '아르떼 숲' 갤러리에서 기획 전시 중인 '사진가 이호 초대전'을 본 것은 행운이었다. 사진가 이호는 '혼불'을 사진으로 기록해 오고 있다. 그의 앵글에 담긴 민중은 인파가 아니라 무섭게 타오르는 혼불이라는 것을 말없이 사진으로 증명하고 있다. 2022년 10월 22일 〈촛불행동〉이라는 시민조직이 시동을 건 날부터 광장에서 지금까지 찍은 수만 장의 사진을 313쪽의 사진첩(『촛불 그리고 사람들』 내일을 여는 책, 2023년 발행)으로 만들었다. 역시 글이든 사진이나 그림이든 그 자체가 역사인 것을. 사진첩의 부제 〈찰칵찰칵 사진을 찍고 있어/반짝반짝 별이 빛나는 이유〉도 의미심장하다. 이제껏 광장에서 촛불을 든 낱낱의 씨, 그 '낱것'들이 모여 혼불이라는 '온것'이 된 것이다. '혼불'을 아시는가? 그렇다면 제2의 촛불혁명은 충분히 가능하다. 역시 대한민국은 위대하다는 것을 온몸으로 느낄 수 있다. 촛불행동을 이끄는 김민웅 목사와 박재동 화백도 뵐 수 있어 좋았지만, 가수 백자는 만나지 못해 아쉬웠다. 망설임 없이 사진첩을 사는 것은 지극히 사소한 일이지만, 나로서 할 수 있는 최선은 아니다.

아무튼, 그(윤석열)는 유시민이 선의로 하는 최고의 충고를, 그야말로 '똥명청이'이므로 '개무시'할 게 틀림없을 터지만, 그(유시민)의 충고를 되뇌어 보자. 그대는 어떻게 생각하는가? 막다른 골목(탄핵)에 이르기 전에 '자진사퇴'를 한다면, 지은 죄야 하늘을 찌르지만, 워터게이트사건의 닉슨처럼 '죄'를 더 이상 묻지 않고 사면해 주자는 것이다. 물론 사면법을 개정해야 하는 문제가 있다. 그것을 '놀리 프로시콰이(Nolle prosequi)'라고 한단다.

불후의 정치인 김대중 대통령이 말씀한 "춘향이의 한이 이도령을 만나서 푸는 것"처럼 전두환-노태우를 사면해 주듯, 우리 정치사에 더 이상 악순환이 계속되어서 될 일인가? 그거야 유시민 씨의 '아주 개인적인 생각'이고, 나는 그렇지 않지만, 한 번쯤 고려해 볼 수도 있겠다. 하지만, 그는 결국, 끝끝내 오기와 몽니를 부리며 갈 데까지 갈 것이다. 비극이다. 3년은 길어도 너무 길다. 오직 '국민의 힘'(오해하지 마시라. 양아치 정치업자들의 정당인 '국힘당'을 말하는 게 아니다)을 믿을 수밖에. 희망은 아주 힘이 세므로.

김대중 『다시, 새로운 시작을 위하여』

2024년 6월 20일

    모처럼 김대중 선생님의 책을 읽었습니다. 저로선 '전 대통령'이란 지칭보다 '선생님'이 훨씬 더 편하고 어울린다고 생각합니다. 『다시, 새로운 시작을 위하여』(개정 신판 1쇄 2024년 김영사 발행, 364쪽)가 그것입니다. 1쇄를 펴낸 게 1993년 12월. 그동안 70쇄에 개정판 23쇄를 발행했더군요. 마침, 올해가 선생님 탄생 100주년입니다. 연초에 〈길 위의 김대중〉이라는 영화도 나왔지요. 제가 갖고 있는 책은 94년에 나온 46쇄입니다. 이 책을 쓰게 된 계기가 머리말에 나옵니다. 세 번의 대선 도전에 실패한 후 정계 은퇴를 선언하고 영국 케임브리지에서 공부할 때 출판사에서 에세이 형식으로 당신의 생각을 쓰시라고 집요하게 꼬드겼답니다. 개정판 서문은 1998년 썼지만, 개정 신판의 머리말은 영영 쓸 수가 없게 됐지요(2009년 별세).

글자 하나 빼놓지 않고 이틀간 정독하며 느낀 것은 "역시 선생님이구나"였습니다. 선생님만의 정치적인 식견, 민족화합을 위한 혜안, 불굴의 집념과 열정 그리고 국민 사랑에 새삼 놀랐습니다. 언제나 '존경하고 사랑하는 국민 여러분'으로 시작하는 연설 첫마디는 명확한 진실이었습니다. 이 개정 신판에는 부록으로 세 편의 명연설이 실렸습니다 (1969년 7월 삼선개헌 반대 시국 대강연회 연설, 1998년 2월 15일 제15대 대통령 취임사, 2009년 6월 6·15 남북공동선언 9주년 기념식 특별연설). 찬찬히 음미하며, 그분만의 독특한 억양과 뉘앙스를 생각하며 읽는데, 감동이었습니다. 그 어떤 편견도 모두 제쳐두고, 최소한 대한민국 국민이라면 선생님께 진 '마음의 빚'을 생각해서라도 소리 내어 읽어봤으면 좋겠습니다.

선생님은 정치가이기 이전에 돌아가시는 순간까지 끊임없이 공부하는 학자였습니다. 아니 사상가라 해도 손색이 없을 정도로 저술도 많이 남겼습니다. 라오따오쉬에(老到學), 죽을 때까지 학생이라는 신념으로 끊임없이 독서와 사색을 했습니다. 마음은 한없이 여리고 겁이 많은 분이, 오직 하나 나라를 사랑한 '죄'로 1957년 정치를 시작한 이래 수많은 역경과 시련, 오해와 편견 속에서 연금과 투옥은 말할 것도 없고 사형수에 두 번의 망명을 한 '정치 9단'의 민주투사로, 마침내 네 번의 도전 끝에 '대권'을 거머쥔 '오뚜기 대통령'이 되었지요. 전대미문의 국가적 위기 IMF를 조기에 졸업시킨 '엄청 많이 준비됐던' 대통령으로 통일의 청사진도 설계했습니다. 오죽하면 모스크바대학교에서 종신교수의 직함을 줬을까요?

사형선고를 받고 절체절명의 위기에 놓였던 1981년 1월, 중앙정보부 조사를 받던 중 최모 수사관에게 4분 25초간 인터넷 시대에 대해 강의하던 모습의 미공개 동영상을 보았습니다. 동영상은 어찌 된 연유인지 영화 〈길 위의 김대중〉에는 나오지 않더군요. 감옥에서 정보통신 시대의 이모저모를 꿰뚫어 보는 그분의 선견지명에 놀랐던 기억이 생생합니다. 〈사랑하는 젊은이와 존경하는 국민들에게 바치는 이야기〉라는 이 책의 부제처럼 현세대와 다음 세대에 애정을 듬뿍 가지고 들려주는 선생님의 진솔한 고백은 결단코 '원로 꼰대'의 말씀이 아니었습니다.

'알부남(알고 보면 부드러운 남자)'의 세상을 사는 지혜를 들어보지 않겠습니까? 사랑하는 젊은이들에게 바치는 최고의 인생 조언, 정치는 예술 그 자체라고 불굴의 정치인이 말하고 있습니다. 우리가 왜 '끝이 없는 길'을 가야 하는지, 바로 옆에서 도란도란 자상하게 얘기해주는 듯합니다. 어느 대목에선 환청이 들리는 듯도 합니다. 우리가 선생님의 말과 글에 귀를 왜 기울여야 하는지 그 이유를 알 수 있습니다. 선생님의 탄생 100주년을 맞이하여 이 책이 우리에게 던져주는 과제가 무엇인지도 알 수 있습니다. 지나간 역사야말로 오늘의 거울이기 때문입니다. 다시, 새로운 시작을 위하여, 우리가 힘을 내야 할 때입니다.

Antman 최재천 교수

2025년 3월 14일

아무리 책을 읽지 않은 시대라 해도, 꼭 읽어야 하는 책은 쌔고 쌨고, 또 그 책을, 기를 쓰고 읽는 사람도 많다는 것을 느낍니다. 어제 하루 종일 동물생태학자 최재천 교수가 펴낸 신간 『양심』(최재천과 팀최마존 글, 더클래스 펴냄, 203쪽)을 읽으며 든 생각입니다. 불과 두 달좀 넘어 4쇄라니 드문 일일 것입니다. "역시"라는 말이 절로 나옵니다. 200쪽도 안 되니 얼른 읽으셔야 합니다. 아니, 읽지 않으셔도 됩니다. 양심(良心, conscience)을 모르는 사람이 어디 있을라구요? 그러나, 반드시 읽으셔야 하는 까닭은, 우리가 지금 '양심 실종 시대'에 살고 있기 때문입니다.

저자도 그렇지만, 우리도 어릴 적에 많이 들어왔던 말이 양심입니다. "사람이라면 누구나 양심이 있는데, 저놈은 양심도 없는가 봐." "양심에 털이 났어." "아이고, 지 애비가 누구인지 양심이 한심하다." 등의 말이 언제부터인가 일상대화에서 사라진 것처럼 느껴집니다. '양심의 가책' 등 살려서 자주 써야 하는 우리말인데도 말입니다. 그런데요? 양심이라는 게 무엇일까요? 사전이나 법률적 정의와 관계없이, '사람마다 원초적으로 지니고 있는 마음의 소리'라고 생각합니다. 원초적인 마음의 소리는 어떠한 일의 옳고 그름을 판단하는 기준이자, 내 안의 깨끗한 그 무엇일 것입니다. '깨끗한 그 무엇' 때문에 우리는 욕망을 자제하기도 하고 실현하기도 합니다.

자연과학자로서 이름이 많이 알려진 저자의 '양심'과 관련한 직간접적인 글 7편을 꼼꼼히 읽으며, 머리가 환해지는 것을 여러 번 느꼈습니다. 그가 2023년 서울대 졸업식에서 후배들에게 한 축사(15분)를 유튜브에서 새로 들으며, 한반도에서 벌어지는 작금의 정치 상황을 초래한 국회의원을 비롯한 위정자, 고위 관료들에게 귀가 터지라고 읽어주고 싶은 충동을 느꼈습니다. 명문이어서도 그렇지만 단연코 감동적입니다. 선배, 학자 교수로서, 인간으로서, 그 모든 것을 걸고 '진심 그 자체'가 고스란히 담겨 있기 때문입니다. 지금 제 졸문 읽기를 중단하고 유튜브 검색해 들어보시기를 바랍니다.

단언하건대, 서울대 법대 출신들이 지금, 이 나라를 허벌나게 망가뜨리고 있습니다. 어느 유튜버가 말했지요. 그들 중 구제 불능의 70%는 바다에 빠트려버려야 한다구요. 그들은 양지에서 한평생 한 번도 마음속에 있는 '양심'이라는 고귀한 가치를 끄집어내지 못하고 살고 있는 '가련한 동물'에 다름아닙니다. 양심이 실종된 사회는 너무 슬픕니다. 우리가, 우리 인간 사회가 가장 먼저 회복해야 하고, 잊지 말아야 할 최고의 덕목이 본래의 양심이 아닐까요? 양심을 회복하고, 상식대로 사는 게, 바로 공정하게 사는 것일 텐데요. 저자가 명명한 '호모 심비우스'는 '공생하는 인간'을 뜻합니다.

그 길이 그렇게 지난한 길일까요? '두 마음(兩心)'을 없애고 마음 깊숙이 내재해 있는 '양심(良心)'을 소가 되새김하듯 끄집어내어 끊임없이 마음을 기르는 게 '양심(養心)'일터인데, 그게 그렇게 어려운 것일까요? 지난 연말에는 철학자 도올 김용옥 선생이 피를 토하는 심정으로 20여 일간 글을 써 펴낸 책이 『상식』(common sense)이었습니다. 우리의 어깨를 으쓱하게 한 모처럼의 쾌저였지요. 역사를 바라보는 시각을 정립해 줍니다. 사탄이라고 말할 수밖에 없는 멧돼지 부부는 아예 차치하고, 저 한 줌 거리도 되지 않은 '친윤 부역자'들의 망동을 보면서, 일희일비하지 않을 지혜를 알려주더군요. '양심 불감증'에 걸린 그들은 입만 열면 거짓말입니다. 도산 선생은 "꿈에서라도 거짓말을 하지 말라"고 했거늘. 가슴에 손을 얹을 줄 모르는 그들이 어찌 일반적인 우리와 같은 종의 인간일까요? 부끄러운 줄을 모르는, 예의염치가 없는 인간들이 차라리 가엾기까지 합니다. '양심적인 인간, 상식적인 인간, 공정한 인간'이 어찌 우리 삶의 목표가 될 수 있을까요? 이 세 가지 덕목은 인간이라면 누구나 지니고 있고, 언제나 변할 수 없는 '기본 바탕'일 것이니 말입니다. 세종대왕과 진배없는 현군이자 성군이었던 정조대왕은 정적에게도 '서신 정치'를 했습니다. 한자투성이이지만, 그 속에 '뒤죽박죽'이라고 쓴 언문을 발견하고 웃음을 터트린 적이 있습니다.

'내란 이전'과 '내란 이후'로 대별해 봅니다. 저는 소위 말하는 '2찍'들을 미워하지 않습니다. 살면서 누구나 잘못 판단하거나 실수를 할 수 있습니다. 허나 일국의 지도자인 대통령이라면 그런 치명적인 실수를 하면 안 되겠지요. 잊지 않아야 할 것은, 지금 우리가 보수와 진보의 진영과 이념싸움을 벌이고 있는 게 아니라는 것입니다. 크게 보면 '극우와 야당을 비롯한 범보수 간의 백척간두' 싸움입니다. 민주당이 진보인가요? 아무리 뒤죽박죽한 상황이어도 정신을 똑바로 차려야 할 때입니다. 양심을 회복하고, 상식선에서, 공정한 사회를 위하는 공생하는 인간들이 되어야 할 판인데, 허송세월이 웬 말인지요? 국가적으로 엄청난 낭비입니다. 21세기 초정보사회, 대명천지 세상에서 말입니다. 안타깝기 그지없습니다.

곤충과 동물사회에서 배우라고, 이제껏 어느 생명도 하나 허투루 다루지 않은 자연과학자(Spiderman이 아닌 Antman)의 '외로운 외침'에 귀를 기울여야 하겠습니다. 부단히 읽고, 좋은 강의(특강)도 듣고, 생각하며, 배워야 할 것이 너무 많습니다. 시간이 별로 없습니다.

어차피 태어났으니, 왜 태어났고 왜 죽는지? 무엇이 가치 있는 삶인지, 제대로 알고 살며 죽어야 할 것이 아니겠는지요? 언제까지나 눈이 건강하고, 머리가 명철하고, 가슴이 따뜻해야 합니다. 저는 그것이 걱정입니다.

　'서울대 졸업식 축사'를 비롯한 기념비적이고 기록적인 '양심'에 관한 글 6편을 읽어보지 않으시렵니까? 비하인드 스토리가 무궁무진하더군요. △동물 복제에 대한 윤리적 고찰 △제돌이와 그 친구들을 아시나요 △벨라(돌고래)의 자유를 찾아주세요 △실험실을 떠나 시위 현장으로 향한 과학자 1,000여 명 △한국 과학계의 현실과 미래 △호주제 폐지에 앞장선 까닭 등이 그것입니다. 학자의 양심을 갖고 고군분투한 그의 이야기와 글에 눈물까지 납니다. 그 나이에도 아주 해맑은 얼굴의 소유자인 저자는 'consilience'를 '통섭(通攝)'이라고 처음으로 번역했습니다. 그의 신조는 "알면 사랑한다"이고 "나누고 공존하자"입니다. 감정을 앞세워 핏대만 세우지 말고, "토론을 넘어 숙론하자"고 합니다. 그래야 우리는 '호모 심비우스(공생하는 인간)'이 된다고 말입니다. 저자가 언제까지나 건강, 건필, 건승하기를 기원합니다. 영원한 독지 신새벽 절합니다.

도올 김용옥의 『상식』

2025년 1월 27일

시애틀의 잠 못드는 밤이야 연인들의 밀당 때문이었을 테지만, LA의 밤(13~23일)도 잠이 깊이 들지 않았다. 시차 때문이 아니었다. 우국지사는 아니지만, 솔직히 '나라 걱정' 때문이라고 말하자. 현지에서 도올 김용옥 선생의 『주역 계사전』 유튜브 특강을 들으며, 『상식』(1월 23일 통나무 펴냄, 238쪽)이라는 책을 펴냈다는 소식에 화들짝 반가웠다. 귀국하자마자 살 생각을 하니 마음이 설렜다. 최근 시국에 대한 철학자다운 진단과 분석 그리고 전망이 담길 것이 확실했다.

자정부터 몰입해 완독하니 5시 20분. 시종일관 진진했다. 머리를 연속 끄덕이게 했다. 지금 이 시점에서 전 국민의 필독서라고 자신 있게 강추한다. 좀 어려운 고전 부분은 슬쩍슬쩍 넘겨도 좋다. 저자가 불과 20일 만에 만년필로 써 내려간 통렬한 '대강'의 뜻을 이해한다면 어렵지 않게 술술 읽힐 것이다. '석학은 이런 것인가?' 혀를 연신 내두른다. 박식 때문이 아니고, 그의 투철한 역사관과 혜안에 따른 명쾌한 진단과 분석 그리고 미래 전망에 대한 생각이 놀라웠다.

부제 〈우리는 이러했다〉도 인상적이었다. 우리는 어떠했는가? 여기에서 '우리는'은 '우리 민족'을 가리킨다. 3쪽에 걸친 목차를 본다. 비상계엄을 막고 윤석열의 탄핵 가결을 이끈 것이 국민들이 이뤄낸 "인(仁)의 승리"라는 서막의 글을 시작으로, 단군(아사달)에서부터 고려, 조선, 구한말, 일제, 미군정까지 더 트는, 종횡무진의 글을 읽으면, 그동안 '망나니' 한 놈 때문에 움츠러졌던 두 어깨가 점점 펴지며, 무한한 민족적 긍지를 느끼게 된다. "사랑하면 알게 되고, 알고 나면 보이며, 그때 보이는 것은 그 전과 천지 차이"라는 말은 여전히 진리인 것을. 책 말미를 장식한 송창식의 〈토함산에 올랐어라〉 노랫말이 절로 흥얼거려진다. 진짜다. 조금도 의심하지 말고, 읽어보시기를 바란다.

책 제목 『상식(常識)』을 생각해 보자. 앎이나 알고 있는 것(識)의 일상(常)이 상식이다. 흔히 '상식적으로 생각해 보라'는 말을 하지 않은가. common sense. 그렇다. 우리는 모든 사람이 공유할 수 있는 '항싱스러운(常) 식(識)'에 의존하여 살아가고 있다. 그것을 벗어나면 '상식 밖의 인간'이 되어 비난받기 일쑤다. 지금의 윤석열은 처음부터 상식과 거리가 멀더니, 급기야 비상식과 몰상식의 극치를 달리고 있다. 한마디로 사람이 아닌 것이다(非人也). 전북의 방언으로, 온 국민을 뛰다 죽게 할 정도로 '애송(스트레스)'을 받쳐도 너무 받친다. 최소한의 염치도 없는, 그저 '똥자루' 그 이상도 이하도 아니다.

 동서양의 철학을 넘나든 현학과 석학의 상징인 도올 선생이 화가 미칠 듯이 났다. 엉덩이에 뾰루지가 난 지도 모르고 20일 동안 펜을 휘갈겼다. 탈고 후 짜내니 고름이 어마어마하게 나왔다던가. 역시 발본색원이 중요하다. 친윤 부역자들은 기다리라! 너희는 이미 죽은 목숨. 준엄하게 내란의 수괴를 꾸짖고 있다. 이 나라가 어떤 나라였는지, 우리 한민족이 세계적으로 얼마나 자랑스러운 민족인지를 고대로부터 차근차근 밝히고 있다. 우리나라의 영원한 역사혼(?)인 〈홍익인간(弘益人間)〉을 모르는 분들은 없을 터이지만, 그 뒤를 잇는 대구 〈재세이화(在世理化)〉의 깊은 뜻을 아시는가. 환웅천왕이 신시(神市)를 베풀고 그곳 세상에 있으면서 모든 것을 합리적으로 변화시킨다는 뜻이다. 모든 것을 합리적으로 변화시키는 것이 정치인 것을. 홍익인간의 '인간'은 우리가 지금 쓰는 '인간(man)'이 아닌 '사람 사이(人間)'을 의미하므로 '인간세(人間世)를 널리 이롭게 한다'는 뜻이다. 환웅이 우리 인간세를 탐낸 것은 보편적인 도덕이 발현되는 인간 세상을 이 땅에서 만들 수 있다는 희망을 발견했기 때문이라는 것을 잊으면 안 될 일이다. 서로가 서로를 이롭게 한다는 것은, 맹자의 사단(四端), 즉 측은지심, 수오지심, 사양지심, 시비지심이 발현되는 사회를 이름이다. 이 네 가지는 각각 인, 의, 예, 지(仁義禮智)의 실마리가 된다. 가여워하고, 부끄러워하며, 사양하고, 옳고 그름을 아는 마음이 없다면(그리고 부족하다고 생각하여 노력하지 않으면) 사람이 아닌 것이다(非人也).

'사람에게는 누구나 차마 어쩌지 못하는 마음을 가지고 있다(人皆有不忍之心)'는 것을 아시리라. 불인지심(不忍之心)이 바로 '차마 어쩌지 못하는 마음'이다. 그 기본조차 깡그리 무시하는, 정치의 정자도 모르는 이 땅의 '정치 양아치들'에게 경고하는, 마음만큼은 청춘인 한 철학자의 애소가 차라리 서글프다. 그러면서도 알아야 할 것은, 고려 500년이고 조선 500년이다. 아니, 그보다 더 공자가 선망한 '군자의 나라' 동이(東夷)의 세상과 고도로 발달한 문명국가, 옛 대한민국의 궤적을 훑는다. 팔만대장경을 제작하고 세계 최초의 금속활자를 만든 고려시대 비하인드 히스토리를 곰 새겨 보자. 세종대왕이 창제한 훈민정음 28자는 우리 민족에게 무엇인가? 임진왜란을 극복하고 숱한 역경을 극복한 우리나라는 비록 '고난의 여왕' 길을 밟았지만, 유엔에서도 인정한 선진국의 위상을 다시 회복했다. 그러나 그 역사적인 의의를 눈곱만큼도 알지 못하며, 관심조차 없는 잘못된 지도자로 인하여 미몽 속의 '무속의 국가'로 한순간 나락에 빠져, 지금 우리는 일촉즉발 국가 존망의 기로에 놓여 있다.

이제 어떻게 할 것인가? 왜 방법이 없겠는가? 제자 자로가 "선생님의 인생 목표가 무엇이냐?"고 공자에게 여쭈었다. 이른바 "자왈(子曰)"이다. "나는 늙은이들을 편안히 사시도록 해드리고(老者安之), 친구들에게는 신뢰감을 주며(朋友信之), 청소년(젊은이)들을 가슴에 품어주는(少者懷之) 그런 인간이 되고 싶구나" 이것을 "늙은이들에게는 편안하게 느껴지고, 친구들에게는 믿음직스럽게 느껴지며, 젊은이들에게는 그리움의 대상이 되는 그런 사람이 되고 싶다"고 해석한들 무슨 문제랴. 여기에 자유, 평등, 제도, 민주 등 거창한 말은 필요 없다. 정치는 감정이요, 생활이요, 생명이며, 만족이 아니겠냐는 도올의 의역이 돋보인다. 역시 도올 선생님답다. 더 나아간다. 늙은 사람들(老者)은 과거이고, 붕우(친구. 朋友)는 현재인데, 더 중요한 것은 젊은이들(少者. MZ세대)이 미래라는 것이다. 그러나 과거도 미래도 모두 현재를 바탕으로 엮어져 있지 아니한가. 그러니, 소자회지(少者懷之)가 가장 중요하다. 우리의 과거(역사)를 알고, 미래를 창조할 젊은이들을 한껏 껴안고 희망을 주도록 하자. 정치는 새로움의 진화인 것을, 창조적 전진인 것을. 유홍준 님도 극찬했지만, 도올의 '석굴암 예찬론'을 읽어보시라. 전 세계에 우뚝한 보물 문화재라는 것을 확연히 알 수 있다. 이 새벽 〈토함산에 올랐어라〉 노래를 힘차게 불러본다.

토함산에 올랐어라/해를 안고 앉았어라

가슴 속에 품었어라/세월도 아픔도 품어 버렸어라

아-하

터져 부서질 듯/미소 짓는 님의 얼굴에도

천년의 풍파 세월 담겼어라

바람결에 실렸어라/흙이 되어 남았어라

임들의 하신 양/가슴 속에 사무쳐서 좋았어라

아-하

한 발 두 발 걸어서 올라라/맨발로 땀 흘려 올라라

그 몸뚱이 하나/발바닥 둘을

천년의 두께로 떠받쳐라

산산이 가루져/공중에 흩어진

아침 그 빛을 기다려/하늘을 우러러

미소로 웃는 돌이 되거라

힘차게 뻗었어라/하늘 향해 벌렸어라

팔을 든 채 이대로/노다시 천년을 더하겠어라

아-하

세월이 흐른 뒤 다시 찾는 님 하나 있어

천년 더한 이 가슴을 딛고 서게

아-하

한 발 두 발 걸어서 올라라/맨발로 땀 흘려 올라라

그 몸뚱이 하나/발바닥 둘을/천년의 두께로 떠받쳐라

산산이 가루져/공중에 흩어진

아침 그 빛을 기다려/하늘을 우러러

미소로 웃는 돌이 되거라

하하-. '도오올' 선생이 미소로 웃는 '돌'이 되자고 읊조린다. 〈2024년 12월 20일 밤 7시 42분 붓을 들고, 2025년 1월 11일 밤 8시 52분 탈고. 2025년 1월 23일 1쇄 펴냄〉. 새삼 거듭 도올 김용옥 선생님께 경의를 표한다.

[부록 1] 아버지 고맙습니다

2024년 3월 5일자 문화일보

대처(서울) 생활 42년을 청산하고 귀향한 지 5년 만인 엊그제, 인사동에서 출판기념회를 가졌다. 귀향 보고서라 할 수 있는 '생활글' 80여 편을 모아 책을 펴냈다. 인생 도반이라고 할, 강호의 제제다사한 선배와 지인, 친구, 후배 등 60여 명을 좁은 식당에 초대해 이루어진 그날 모임의 콘셉트는 '막걸리 한잔'. 분위기가 아주 좋았다. 지난 2008년 대학로에서 108명을 초대한 출판기념회에 이어 16년 만에 이뤄진 만큼, 주인공인 나의 인사말이 길었다. 원고를 준비하려다 어색해 즉석에서 소감을 밝히는데, 울컥한 그 무엇이 있었다. 소설가나 시인, 수필가는 아니지만, 생활칼럼니스트나 생활글 작가를 자처하는 만큼 '글쟁이'라 할 수 있겠는데(그동안 8권의 책도 펴냈으므로), 알량한 글쟁이가 된 실마리가 100% 아버지로부터 시작됐다고 말하는 대목에서였다.

나의 고향은 임실 오수. 면 소재지에서 4㎞쯤 떨어진 시골이다. 국졸 출신 아버지는 전형적인 농촌 마을에서 4남 3녀의 총생을 기르고 가르치느라 얼마나 고생이 자심하셨을까. 보지 않았대도 비디오가 아니던가. 7형제를 전주로 유학시켰다. 아들 넷 가운데 책(독서)을 유난히 뻗치던 내가 열다섯 살, 중학교 2학년 때였다. 10리를 걸어야 하는 오수장에 나를 데려가 면 소재지에 처음 생긴 서점에서 사고 싶은 책을 맘껏 고르라고 했다. 지금도 기억이 뚜렷한데, 그때 월탄 박종화의 『삼국지』 5권, 역사소설 『자고 가는 저 구름아』 5권, 김교식의 『광복 20년』 5권을 사주셨다. 무엇을 안다고 『광복 20년』을 골랐을까? 모를 일이다. 아무튼 어린 내가 책 15권을 묶어 10리 길을 낑낑대며 혼자 힘으로 가져왔다. 동네 사람들이 들어주겠다는 것도 거절하니 '참 이상한 녀석'이라고 했다. 그때보다 기분 좋았던 때는, 두 아들을 낳았을 때 빼고는 없었던 것 같다.

당시만 해도 집에는 읽을 책이 거의 없었다. 유일하게 돌아다니는 것이 500쪽이 넘는 『이조 오백년 야사』. 몇 번을 읽었던지 지금도 조선의 야사는 훤하다. 그러고는 월간 「새농민」뿐이었다. 그러니 글에, 책에 얼마나 목이 말랐을 것인가. 그날 생각지도 않은 아버지의 '몽땅' 책 선물이 나를 지금껏 '책 귀신'으로 만든 게 아니었을까? 이후 활자 중독자가 된 듯 이런저런 인문학 책들을 닥치는 대로 읽어제꼈다. 주로 문학책을 읽으며 작가가 되기를 꿈꿨다. 어쨌든 '좋은 책' 감별사가 됐고, 거기에 몰입했다. 그 결과였을까? 기자도 됐고, 대한민국 홍보맨도 됐으며, 오늘날 생활글 작가가 돼 이런 작지만, 소문난 출판기념회도 갖게 된 게 아닐까 생각하며, 이 일화를 고백하니 좌중이 숙연하고, 나도 졸지에 목이 메었다. 그렇다. 일찍이 '문학가'라고 나를 인정해 준 아버지 덕분에 오늘날 내가 있는 것은 불문가지. 목이 메는 까닭은 또 있다. 1927년생 우리 나이 98세, 어머니가 돌아가신 후 5년. 이제 천수를 다 누리셨는지 올해 초 전립선 비대증이 악화돼 90년 동안 살았던 고향 집을 떠나 요양원 입주를 앞두고 계시니 생각만 해도 울적했다. 하필이면 출판 잔치에 아버지 생각이 났으니 어찌 울컥하지 않았겠는가. 문학가는 제 아들 이름을 항렬에 따라 짓지 않아도 된다며 손자의 한글 이름까지 용납해 준 우리 아버지, 어찌 이 하해 같은 은총을 잊어버리겠습니까? 고맙습니다. 사랑합니다.

[부록 2] 수능 치른 아들에게 보내는 독서 편지

「신동아」 2005년 11월호

큰아들! 잠든 네 얼굴을 가만히 들여다본다. 참 준수하게 생겼구나. 어제는 광명시민회관에서 수능 끝낸 고3생들 위로 축제가 있었다며? 아무튼 큰일 치르느라 욕 많이 봤구나. 너는 망쳤다고 투덜대지만, 그래도 모의고사 성적은 나올 것 같다니 그걸로 위안을 삼자.

이제 내년 3월이면 꿈에 그리던 대학생이 되는구나. 하지만 아직도 넘어야 할 고개는 많다. 가군, 나군 중 가고 싶은 대학을 정해야 하고 논술과 면접시험을 통과해야 하니 마음 놓기는 아직 이르구나.

수능 치른 날, 친구들과 밤 12시에 운동장에 모여 모의고사 문제지를 태웠다지? 그동안 얼마나 스트레스를 받았으면 그랬을까 싶다. 그 나이에 얼마나 하고 싶은 게 많을까. 그것을 다 억누르고 공부에만 매달린 1년이란 세월이 참으로 지긋지긋했을 게야.

우리 때는 수능을 '예비고사'라고 했는데, 시험이 끝나자마자 술집으로 달려갔다. 아버지의 고향 전주는 맛의 고향이기도 하지만 술의 고향이기도 하지. 한벽루 옆 천변에 죽 늘어선 선술집에선 오지그릇에 민물고기(피리, 붕어, 모래무지 등)와 실가리(시래기)를 넣고 끓인 '오모가리'라는 독특한 안주를 내놓았다. 거기에 막걸리 한두 잔 걸쳐봐라. 세상이 다 내 손안이다.

우리 때는 별 놀거리가 없어 막걸리를 밝혔을 테지만, 너희에겐 놀거리가 얼마나 많으냐. PC방, 노래방, 찜질방…. 방이란 방은 다 있고 당구장, 볼링장, 어디를 못 가랴. 집에선 컴퓨터로 실전을 방불케 하는 전쟁놀이도 실컷 할 수 있고.

책 욕심, 술 욕심, 친구 욕심

잔소리이긴 하지만, 시험을 치른 지금은 해방감에 들떠 일탈을 꿈꾸고 있을 때만이 아니라는 말을 하고 싶어 이 새벽 모처럼 자판을 두들긴다.

아들아, 어느 시간이라고 소중하지 않을 때가 있으랴만 올 1년만큼 네 인생에서 중요한 해는 드물 것이다. 대학과 무슨 공부(전공)를 할 것인가를 결정해야 할 뿐 아니라 네 인생관도 어느 정도 확립해야 하는 시기이기 때문이다.

그래서 하는 말이다. 올겨울은 시(時)의 고금(古今), 양(洋)의 동서(東西)를 막론하고 고전(古典)을 최대한 많이 읽기 바란다. 물론 친구들과 스키도 타고 싶고, 여행도 하고 싶을 것이다. 또한 여학생과 데이트도 하고 싶겠지. 그런 것들은 부디 조금 미뤄도 좋다. 책은 흔히 마음의 양식이라고 한다. 지금 두뇌활동이 가장 왕성하고 기억력이 팔팔할 때 읽는 몇 권의 책은 평생 마음의 재산이 될 것이다. 그러므로 어서 빨리 좋은 책을 집어들 일이다.

다행히 너는 초·중학교 때 그래도 책을 제법 읽은 편이었지. 그것은 앞으로 치를 논술시험 같은 데도 보탬이 될 게다. 하지만 아비의 욕심이긴 해도 난 그동안 읽은 페이지를 모두 네 앞에 펼쳐 보이며 그대로 읽으라고 강요하고 싶은 심정이란다.

아버지는 너도 알다시피 책 욕심(書耽), 술 욕심(酒耽), 친구 욕심(友耽)으로 살았구나. 앞으론 호(號)를 '삼탐(三耽)'이라고 해야겠다. 늘 책이, 술이, 친구들이 고팠다. 이 욕심들은 단지 술만 과도하게 탐하지 않는다면 나쁠 게 없을 거다. 이제 너도 술 마시는 것을 배워야 하리라. 언제 한번 나와 술 한잔하자꾸나. 모름지기 술이란 향기롭지만 과음하면 실수하기 쉽고 몸에 해가 되나니 항상 분수를 지켜 몸에 알맞게 마실 일이다.

아버지는 손에서 한시도 책이 떨어지지 않는다는 '수불석권(手不釋卷)'이라는 말을 좋아한다. 또한 '남아수독오거서(男兒須讀五車書)'라는 말도 마찬가지다. 앞으로 너도 그러하기를 진정 바라는 마음으로, 이 겨울 네가 반드시 읽어야 할 책들을 줄줄이 읊어보겠다. 진지하게 참조하기를 빈다.

아버지는 이상하게도 고등학교 때부터 어느 책이 좋은 책인가 한눈에 알아보는 감각이 있었다. 그때는 리처드 바크의 『갈매기의 꿈』을 읽거나 영자 시사지 '타임'을 청바지 뒷주머니에 구겨 넣고 다니는 게 유행이었다.

생텍쥐페리의 『어린 왕자』는 너도 이미 읽었지. 어른을 위한 동화, 이 책이 얼마나 마음에 들던지, 원문으로 보려고 프랑스어를 배워 어설프게나마 읽은 적도 있다. 한울아, "사막이 아름다운 것은 어딘가 우물이 숨어 있기 때문"이란다. 여우가 왕자를 사귈 때 한 말을 기억하니? 관계가 깊어진다는 것은 서로가 서로에게 어느 정도씩 길들여져야 (tame) 하는 거라는. 가슴 조이며 만남을 기다리는 여우, 코끼리를 삼켜 중절모같이 보이는 보아뱀, 발코니에 제라늄꽃이 활짝 핀 광경, 철새들의 다리에 끈을 묶어 저 B-612라는 소혹성에서 날아온 어린 왕자의 앙증맞은 여행. 별나라에 홀로 두고 온 장미와 인간들의 여러 유형.

아버지는 그 무렵 헨리 데이비드 소로의 『월든』이라는 책을 발견했다. 얼마나 심취했던지 대학에 입학하기 위해 서울로 오자마자 청계천 헌책방을 뒤져, 지금도 서가에 소중하게 꽂혀 있는 포켓북 원서를 구했다. 그때가 1976년이니 벌써 30년이 다 됐구나.

최근 몇 년 사이에 '월든'과 '소로' 바람이 부는 것을 보고 나의 '책 볼 줄 아는 눈'이 떠올랐다. '소로의 월든과 장자(莊子) 사상의 연관관계'에 대한 졸업논문을 쓰려다 중도에 그만둔 것이 지금도 몹시 아쉽구나. 그때부터 지금까지 소로만 파고들었다면 대한민국에서 2등 가라면 서운한 전문가가 됐을 터인데.

함석헌 선생과의 만남

그다음에 눈에 띈 책이 '영원한 들사람(野人)' 함석헌 선생의 『뜻으로 본 한국역사』였다. 지금도 나는 그 책을 발견한 것은 로또 당첨 같은 행운이라고 생각한다. 흥안령 마루턱에 우뚝 선 부리부리하고 활잘 쏘는 우리 배달민족의 원조 할아버지들, 만주벌판을 향해 사자후를 내지르고 말을 타고 달리던 모습을 상상해 보라. 최근 중국이 벌이는 동북공정(東北工程)이 웬 말이냐. 그 장면은 민족의 시원(始原)을 말할 때, 지금도 어디서고 인용하는 '절창(絶唱)'이다. 그때는 그 구절을 욀 정도였으니, 아버지의 말만 믿고 그 장면만이라도 꼭 찾아 읽도록 하려무나. 반만년 역사의 우리 민족이 왜 이렇게 뒤틀린 역사를 지니게 됐는지를 한눈에 알 수 있다.

민족의 맏형 고구려의 어이없는 멸망, 외세 당나라와 결탁한 좀생이 신라의 통일 청사진, 김부식의 사대주의, 묘청의 용틀임 등 고난의 역사가, 수난을 당한 여왕이 드러내고자 하는 뜻을 읽어내도록 해라.

그때는 함석헌 선생이 내는 「씨알의 소리」라는 얄팍한 월간지를 받아보는 게 얼마나 큰 기쁨이었는지, 너는 상상도 못 할 것이다. 졸시를 투고해 게재되는 환희도 맛봤구나. 동시대에 이런 훌륭한 분이 또 계실까 싶었다. 꼭 서울로 진학해 선생에게 세상을 배우고 싶었단다. 그 욕심으로 그나마 공부를 좀 해서 소원을 풀었구나.

처음 선생님 강의(노자 도덕경)를 듣는 데 어찌나 마음이 떨리던지. 지금도 생각난다. 명동의 전진상교육관, 서대문의 선교원, 이대 후문 독지가의 집. 이후 선생님의 팬이 되었단다. 흩어진 그 잡지를 거의 다 구하고 그분의 저작이라면 다 사 모았다. 용케도 1960년대에 나온 『수평선처럼』이라는 유일한 시집까지 갖게 됐으니.

그때 아버지는 이기백 교수의 『한국사 신론』이라는 한자투성이의 엄청 두꺼운 책을 독파했다. 보기만 하면 머릿속에 스캔한 것처럼 쏙쏙 입력될 때니까 국사 시험은 늘 100점이었다. 통사(通史) 성격으로 돼 있는데, 일목요연하게 볼 수 있어 좋았구나. 시간이 되면 고전이 된 이 책도 봤으면 좋겠다. 최근 일조각에서 이 책을 재편집해 발간했더라. 이기백 선생의 아버지께서 아들 둘을 앉혀놓고 유언했단다. "국가와 민족을 위한 일을 하며 살라"고. 하여 이기문 선생은 평생 국어에 천착해 학문의 일가를 이뤘고, 이기백 선생은 역사 공부를 하여 대가가 되었다는구나. 훌륭한 집안이다.

아리랑-태백산맥-한강

감수성이 한창 예민할 이때, 대하소설을 읽도록 하자. 가장 먼저 읽을 책은 역시 조정래의 『아리랑』(12권)과 『한강』(10권), 『태백산맥』(10권) 3질(帙)이다. 자, '민속의 백과사전'으로 불리는 최명희의 『혼불』(10권)은 또 어떠냐. '민족의 대서사시' 박경리의 『토지』(17권)는 이미 고전이 됐다. '우리말의 보고' 홍명희의 『임꺽정』(10권)도 봐야 한다. 황석영의 『장길산』(10권)은 지난번에 읽었지? 이것만 해도 50권이 훌쩍 넘는다.

이 시대 '왕구라' 황석영은 실천하는 지식인이다. 통일을 위해 옥살이도 마다하지 않았다. 그분의 소설집 중엔 좋은 게 많다. 『오래된 정원』, 『손님』, 『무기의 그늘』도 눈여겨봐야 한다. 1970년대 말, 1980년대 초 청바지 문화를 이끈 작가 최인호가 있다. 지금은 스님이 되고 싶다며 엄살을 피우는데, 집에 있는 『길 없는 길』(4권)도 읽도록 해라. 불교, 유교도 소설을 통해 우선 얼개를 아는 것이 중요하다.

김지하 선생의 생명사상이나 동학연구가 어려우면 다음에 읽어도 된다. 단지 시 1만 편이 무슨 대수냐는 고은 시인의 『만인보』 같은 것은 심심풀이로 읽어라. 그러니 놀 틈이 언제 있겠냐. 날밤을 여러 날 새워도 힘든 일이다. 그렇지만 반드시 읽어야 하는 책이다.

'불굴의 한국인' 조정래는 말한다. "일본인들의 죄악상은 잊지도 말고, 용서도 말아야 한다"고. 너, 토하젓이라고 아느냐. 민물새우로 담근 젓갈인데, 『아리랑』을 보면 너무나 분하여 눈물을 흘리지 않을 수 없단다. '한강의 기적'이라고 일컫는 박정희식 개발 독재 속에 묻힌 그 늘진 보통 사람들의 삶을 들여다보자. 어찌 그것이 옳다고만 할 수 있겠느냐. 아리랑-태백산맥-한강으로 연결 귀착되는 한국의 근대사, 어디 정사(正史)만이 역사더냐. 소설이 몇 배 더 곡진하다.

명창이자 국창이던 박동진옹은 말했다. "판소리는 전라도 사투리로 혀야 혀, 그 말이 아니면 맛이 안난당께"라고. 전라남·북도의 사라져가는 무수한 방언을 조정래는 고스란히 올려놨구나. 이문구가 충청도 사투리를 살려 『관촌수필』 등에 고대로 남겨놓았듯이.

'원조 보수' 이문열의 『삼국지』는 아예 보지 말자. 차라리 집에 있는 월탄 박종화의 『삼국지』나 장정일이 옮긴 것을 읽어라. 저 유명한 일본의 60권짜리 만화 삼국지는 페이지가 닳았지. 이제 글로 새롭게 보도록 하라. 제갈량의 『출사표』도 다시 읽으면 새 맛이 난다. 일생을 살면서 최소한 다섯 번은 읽으라는 고전이다.

자, 틈틈이 한자 공부도 하자. 고사성어의 유래와 뜻을 몇 개나 쓸 줄 안다고 생각하니? 50개? 50개만 정확히 알아도 많이 아는 거겠지. 이 겨울에 300개쯤은 제대로 익혀야 한다. 최근 좋은 책을 사 왔다. 『살아있는 한자교과서 1, 2』(휴머니스트 간). 학습서이지만 정말 재미있다. 우리가 무심코 쓰는 말의 어원을 아는 것은 기쁨 아니냐. 제발 바라건대 나와 같은 생각이길. 할 일은, 읽을 책은 많고 시간은 별로 없다. 깊은 겨울밤도 책 몇 줄 읽다 보면 금세 새벽이 오고 만다.

아버지는 군대 첫 휴가 10일을 받아 『장길산』 10권을 다 읽고 귀대하는데 기분이 좋아 웃음이 절로 나더라. 뭔가 충만한 듯하여 어깨가 으쓱해지는 기분을 너는 아느냐. 우리 집을 둘러봐라. 읽을 책은 수두룩하다. 좋은 책이 얼마나 많냐. 이런 책도 꼭 읽어라. 박노자의 『당신들의 대한민국』 러시아 사람으로 귀화한 한국통, 친한파인데, 한국 문화에 대한 비평이 적확하다 못해 아프기까지 하다.

나이가 들어가니 고전이 왜 고전인지를 이제야 알겠더라. 『춘추필법(春秋筆法)』, 사마천의 『사기』는 제대로 읽어봐야 한다. 마찬가지로 우리의 『삼국유사』도 정독할 일이다. 역사는 거울이다. E. H 카란 역사학자가 "과거, 현재, 미래와의 커뮤니케이션이 역사"라고 말했다. 그가 쓴 『역사란 무엇인가』라는 책이 있다.

아직은 권하고 싶지 않은 책이 있다. 헬렌 니어링, 스콧 니어링 부부가 쓴 『조화로운 삶』. 이 책은 나중에 네 가치관이 확실히 바로 섰을 때 읽어라. 『오래된 미래』라는 책은 들어봤니? 티베트의 어느 순진무구하여 행복하던 마을에도 이미 저 몹쓸 서구의 개발 바람이 불어닥치고 있다고 한다.

지금 당장 권하고 싶은 것은 마하트마 간디의 자서전이다. 간디는 비단 인도의 현자가 아니라 전 인류의 스승이다. 네가 얼마 전 고3인데도 김구 선생의 『백범일지』(돌베개)를 다 읽었다고 해서 무척 기뻤다. 백범의 애국심은 본받아야 할 게 어디 한두 가지랴. 그분의 통일 정신 맥을 장준하 선생이 잇고, 현재도 백기완 선생('자주고름 입에 물고 옥색치마 휘날리며'란 책을 추천한다)이란 분이 열변을 토하고 있다.

젊은 날을 풍요롭게 한 '예언자'

시간이 허락된다면 10년 전에 한 가족여행을 다시 하고 싶다. '남도 1번지' 문화유산 답사. 유홍준 선생이 시키는 대로 한 일주일, 너희는 어려 기억이 가물거리겠지만 그땐 너무 행복했다. "아는 만큼 보이고 전 국토가 박물관"이라고 외친 그분은 문화재청장이 됐단다.

신경림의 『시인을 찾아서』도 읽자. 만날 딱딱한 책만 읽으면 질리니까 운문(韻文)도 읽어야 맛이다. 사람 탓할 것 없이 작품으로만 미당 서정주나 섬진강 시인 김용택, '우체국' 시인 안도현의 작품도 틈틈이 읽어라. 아참, 『그리스 로마신화』는 새로 읽어야 한다. 이윤기 선생의 책 몇 권이 집에 있을 것이다.

또 있다. 사나이 중의 사나이, 그리스인 조르바를 아느냐. 아비의 머릿속에 조르바는 언제나 신화에나 나오는 거인 같은 인상으로 남아 있다. 흑백영화 시절 앤터니 퀸이 열연했다. 원초적 본능의 인간이 어떠한 존재인지 유감없이 보여준다. 사업이 망한 후 고기를 구워 먹으며 날렵한 춤을 추는 앤터니 퀸을 또 얼마나 좋아했던지, 지금도 그 장면을 떠올리면 실실 웃음이 피어난다. 니코스 카잔차키스(고려원에서 전집 발간), 그는 크레타섬을 지중해의 보물로, 아니 세계의 명소로 만든 큰 작가다. 『그리스도 최후의 유혹』도 읽어야 한다.

또 있다. 레바논의 시인이자 화가인 칼릴 지브란. 잠언집 같은 『예언자』를 펴 들라. 예언자가 하는 말마다 다 시(詩)더구나. 그들은, 그 책들은 내 젊은 날을 풍요롭게 했다.

나는 우리 아들이 이념적으로 편협한 사고방식을 갖길 절대 원치 않는다. 이런저런 분야의 책을 읽다 보면 네 주관이 서게 돼 있다. 사람은 자기가 하고 싶은 일을 다 하고 살 수는 없다. 그래도 이 분야의 공부를 하겠다는 생각이 서면 무소의 뿔처럼 그 길로 혼자 가라. 당당히 가라.

아비는 내일이면 50인데 이제야 앞으론 역사책과 한문 서적만 읽겠다고 마음을 정했구나. 온갖 짬뽕에 잡탕은 괜히 소화불량만 유발한다는 것을 지금 알았으니, 한심하다면 무척 한심한 편이겠지.

너도 알지? 로버트 프로스트의 '가지 않은 길'이라는 시를. '숲속에 두 갈래의 길이 있었다. 한 길은 풀이 무성하고, 한 길은 길이 잘 나 있었다…' 어쩌고 하는. 가지 않은 길은 항상 두렵긴 하지만, 또 언제나 미련이 남는 길이다. '그 길로 갈 걸' 하면서 말이다.

대학 생활을 앞둔 너에게 부담될 정도로 이 책 저 책을 말했다만, 반드시 읽어야 할 책은 하늘의 별처럼 부지기수다. '재수 없게' 서울내기인 너는 하늘에 촘촘히 박힌 별들의 모습도 잘 상상하지 못할 것이다.

조만간 시골 할아버지 댁에 다녀오너라. 찬 바람 쌩쌩 부는 한 밤, 마당에 홀로 서보라. 하늘을 우러러봐라. 북두칠성이, 카시오페아 자리가 어디에 있는지. 왜 북극성이 거기 있어야 하는지를 생각해 봐라. 등짝이 썰렁썰렁한 바람소리도 들어보고 온몸으로 심호흡을 하며 그 서늘함도 느껴보도록 해라.

너는 벽에 걸린 달력 문구를 유심히 보지 않았겠지. 『감옥으로부터의 사색』이라는 참한 글을 쓴 쇠귀 신영복 선생의 휘호 말이다. '夜深星逾輝(밤이 깊을수록 별은 더욱 빛난다).' 그 진리를 음미하면서 말이다. 아, 몽골 벌판에 텐트 치고 자다 일어나 보면 바로 눈앞에 별이 대롱대롱 달려 있다는데, 너랑 언제 그곳 여행을 할 수 있을까. 부자간에 팔베개를 하고 인생을 하염없이 얘기하고 싶은데.

내가 읽은 책들을 네가 고스란히 차례대로 읽을 수 있다면 하는 생각을 자주 한단다. 내가 읽은 모든 페이지를 너에게 그대로 펼쳐 보이고 싶다. 그것은 너의 재주와 능력이 아비를 훌쩍 뛰어넘을 것 같아서다. 아비는 재주가 없었다. 욕심도 없고 노력도 안 했다. 늘 반성하는 부분이 그것이다. 내가 치열하지 않았구나, 이래가지곤 될 일도 안 된다, 치열은 곧 열정이다. 왜 그렇게 욕심이 없었을까. 조금만 노력했으면 글도 잘 썼을 터인데.

주변의 자극이 없어서였다고? 그건 비겁한 말이다. 모든 것이 결국 나의 문제로 귀결된다. 사랑하는 아들, 너만은 결코 나를 닮지 않기를 소망한다. 치열해라. 어영부영해서는, 어리버리해서는 안 된다. 인생은 너무 짧다.

너도 알지? 30년이나 사귄 아버지 친구가 아비의 그런 나약한 점을 가장 싫어하여 불편하게 된 것을 말이다. 그나마 이젠 기억력도 떨어지고 집중력도 형편없단다. 아비도 한때는 '한 총기' 했었다. 천자문을 12일 만에 다 외워 책씻이를 했는가 하면 소동파의 〈적벽부〉, 도연명의 〈귀거래사〉, 정철의 〈관동별곡〉〈사미인곡〉, 바둑 정석 1000개(1년 새 10급에서 1급이 됐지)도 줄줄 외웠다.

한울타리를 이뤄라

아들아, 명심해라. 좌우명(座右銘)이라고 알지? 앉은 자리 옆에 경계하는 글을 새겨놓고 늘 보면서 그 뜻을 되뇌는 것을 말한다. 우(禹)임금은 목욕탕 반석에 '일신일신 우일신(日新日新 又日新·나날이 새로워라)'이라는 좌우명을 새겼다지. '소년이로 학난성 일촌광음 불가경(少年易老 學難成 一寸光陰 不可輕)….' 어쩌고 하는 한시를 아느냐. 소년(젊은 시절)은 금세 늙고 배움은 성취하기가 어려우니 매우 짧은 시간도 결코 가벼이 여기지 말라, 촌각을 다투며 공부에 힘쓰라는 뜻이다.

[부록 2] 수능 치른 아들에게 보내는 독서 편지

시간을 허투루 쓰면 안 된다. 우리 앞에 놓인 시간이 무한대 같지만 실은 유한대임을 알아야 한다.

너에게 기대를 걸고 부담을 주려고 하는 얘기가 아니다. 네 인생은 네 것이지만, 처음에 길을 잡을 때 방향등을 제대로 잡고 가면 훨씬 더 수월할 것이고, 그만큼 성과가 있을 것이기 때문이다. 부모는 너에게 죽는 순간까지 도움을 주는 사람이니까. 가장 사랑하는 사람이니까.

큰 성취 있길 바란다. 사랑한다. 아들아. 네 이름처럼 '한울타리' '큰 우리' '공동체'를 이루어라.

2004년 11월 19일 못난 아비, 신새벽에 비원(悲願)처럼 쓰다

『찬샘별곡』 속 책

ㄱ

거듭 깨어나서_ 백기완

건배_ 심연섭

걷는 독서_ 박노해

계속 가보겠습니다_ 임은정

그의 운명에 대한 아주 개인적인 생각
_ 유시민

길_ 조정래

김구응 열사 평전_ 전해주

김남주 평전_ 김형수

김성동서당(1,2)_ 김성동

김일로 전집_ 복포문화원

김택근의 묵언_ 김택근

꽃은 무죄다_ 이성윤

꿈꾸는 소리하고 자빠졌네_ 송경동

ㄴ

나는 빠리의 택시운전사_ 홍세화

난세일기_ 도올 김용옥

누구나 홀로 선 나무_ 조정래

누비처네_ 목성균

눈물꽃 소년_ 박노해

ㄷ

다시 새로운 시작을 위하여_ 김대중

대장경_ 조정래

독공_ 배일동

돌 위에 새긴 생각_ 정민

디케의 눈물_ 조국

뜻으로 본 한국 역사_ 함석헌

ㄹ

랑랑별 때때롱_ 권정생

ㅁ

마시지 않을 수 없는 밤이니까요
_ 정지아
매천 황현을 만나다_ 이은철
매천야록_ 황현
명정 40년_ 변영로
몽유도원(1,2)_ 김진명
문익환 평전_ 김형수

ㅂ

백농 최규동 평전_ 이명학
버선발 이야기_ 백기완
부모 쉼표_ 이명학
불편한 편의점(1,2)_ 김호연
뿌리 깊은 논어(상,하)_ 노상복

ㅅ

사랑도 명예도 이름도 남김없이
_ 백기완
사랑의 인문학 번지점프하다
_ 박영진
사필_ 고전번역연구원

상식_ 도올 김용옥

서재 탐험_ 김언호

서재여적_ 대학교수 수필집

소년이 온다_ 한강

소리 없이 울다 간 사람_ 곽효환

수간사본집_ 박영돈

수평선 너머_ 함석헌

시현실_ 원탁희

신경림의 시인을 찾아서(1,2)_신경림

신영복 평전_최영묵, 김창남

심리학자 정조의 마음을 분석하다
_ 김태형

쎄느강은 좌우를 나누고 한강은 남북을 가른다_ 홍세화

씨알의 소리_ 함석헌

ㅇ

아버지의 해방일지_ 정지아

언론 의병장의 꿈_ 조상호

엉금엉금 에베레스트_ 송경태

예언_ 김진명

오늘 햇살은 순금_ 이기철

오래 흐르면 반드시 바다에 이른다
_ 박수밀

요즘 역사_황현필

우리에겐 절망할 권리가 없다_ 김누리

우리의 불행은 당연하지 않습니다
_ 김누리

월든_ 헨리 데이비드 소로

유홍준 잡문집: 나의 인생만사 답사기
_ 유홍준
이로운 보수 의로운 진보_ 최강욱
이어령 마지막 수업_ 이어령
이해찬 회고록_ 이해찬

ㅈ

전라도닷컴_ 황풍년
조국의 함성_ 조국
줬으면 그만이지_ 김주완

ㅊ

처음 만나는 청와대_ 안충기
척독, 마음을 담은 종이 한장_ 박경남
촛불 그리고 사람들_ 이호
최재천의 곤충사회_ 최재천

ㅎ

한국인 이야기: 너 누구니_ 이어령
한국인의 마음속엔 우리가 있다_ 김태형
할아버지와 손자의 대화_ 조정래
황홀한 글감옥_ 조정래
후설_ 고전번역연구원

1026_ 김진명
THAAD_ 김진명

생활글 작가 최영록의 독서 에세이

찬 샘 별 곡

난세 속 새벽 하늘에 띄운 샛별 이야기

초판 1쇄 발행   2025년 6월 20일

지은이   최영록
펴낸이   박은희

기획   박진희
편집·디자인   박진희

펴낸곳   비아아트
출판등록   2021년 7월1일 제651-2021-0000042호
주소   제주특별자치도 제주시 관덕로15길 6
문의전화   064-702-7022
전자우편   eunheepk@empas.com
홈페이지   www.viaartjeju.com

ISBN   979-11-988213-2-4 (93540)

* 잘못 인쇄된 책은 서점에서 바꿔 드립니다.
* 이 책의 저작권은 저자와 비아아트 출판사에 있습니다.
* 저작권법에 의해 보호를 받는 저작물이므로 무단 복제와 무단 전재를 금합니다.